2022年欧阳山文学奖获奖作品集

《广州文艺》编辑部
——编

广州新华出版发行集团
广州出版社

图书在版编目（CIP）数据

2022 年欧阳山文学奖获奖作品集 /《广州文艺》编辑部编．—广州：广州出版社，2022.12

ISBN 978-7-5462-3543-1

Ⅰ.①2… Ⅱ.①广… Ⅲ.①中国文学—当代文学—作品综合集 Ⅳ.①I217.1

中国版本图书馆 CIP 数据核字（2022）第 204844 号

2022 年欧阳山文学奖获奖作品集

2022 Nian Ouyang Shan Wenxuejiang Huojiang Zuopin Ji

出版发行 广州出版社

（地址：广州市天河区天润路 87 号广建大厦 9 楼、10 楼

邮政编码：510635 网址：www.gzcbs.com.cn）

责任编辑 陈洁仪

责任校对 梁欣彤

封面设计 广州南牧文化传播有限公司

印刷单位 广州市快美印务有限公司

（地址：广州市白云区广从五路 410 号 邮政编码：510545）

规　　格 889 毫米 ×1194 毫米 1/32

字　　数 292 千

印　　张 12.25

版　　次 2022 年 12 月第 1 版

印　　次 2022 年 12 月第 1 次

书　　号 ISBN 978-7-5462-3543-1

定　　价 36.80 元

欧阳山文学奖
授奖辞

2022 年欧阳山文学奖

主奖

短篇小说/《福地》

作　者/田耳

“田耳是一个为世界复魅的写作者，他关怀底层生命的现实困境，又努力从现实深处取出灵性的经验，以轻盈的想象转化生命的沉重。他的小说是一曲乡土的挽歌，又努力靠近脱乡入城者的信仰之境。《福地》是田耳的又一短篇佳作，小说举重若轻，平淡中有沉痛。“福地”是传统世界斯土斯民命之所归，魂之所系。“福地”以彼岸之归宿支撑着今生之期待。《福地》站在城市化的浪潮之中回望空心化的乡土，既是城乡之书、生死之书，也是事关此岸和彼岸的哲思之书。”

2022年欧阳山文学奖

主奖

中篇小说/《小跳蚤》

作　者/李西闽

“**李西闽**是通灵的写作者，他为人称道的鬼故事超越了类型写作，而有更高的文学和精神品质。鬼魅幽灵，终是现实镜像，他关心的始终是人类的心灵世界。《小跳蚤》是李西闽的都市现实题材佳作。城市的异乡人，总在浪迹和告别。他写都市中一颗流浪的心，生而平凡，微如草芥，却又良善坚定，闪闪发光。生而漂泊，逐美而行，小跳蚤是城市灵魂的代言人。《小跳蚤》交织着现实与浪漫，伤感与理想。这是真正属于城市的小说，是李西闽为城市文学搬来的一束光。”

2022年欧阳山文学奖

主奖

散　文/《定格于青俊——杜牧二十题》

作　者/张炜

“张炜的写作，胸怀千年岁月，气吞万里河山。张炜所追求的，是同时成为小说、诗歌和文章大家。为文时，张炜览古以为镜，叹美之兴替，深入古人的精神世界，进行历史、哲学、美学、诗学的反复打量。《定格于青俊——杜牧二十题》透过时间的云烟，以历史之同情、诗心之共振，写杜牧之俊朗飘逸、英挺雄拔，写他宿命的贵气而多伤；写他精美剔透、铮然有声的诗行背后那多才而孤高的灵魂，是坚硬使其定格于青俊。文章小天地，社稷大文章。张炜以其写作实践重申了‘文以气为主’的文学准则。”

2022 年欧阳山文学奖

主奖

诗　歌/《屋子里的白鹭》（组诗）

作　者/霍俊明

“霍俊明既是充满理性和激情的批评家，也是想象沉静丰饶的诗人。作为批评家，霍俊明孜孜不倦地奔驰于当代诗歌现场，为无数声名显赫或默默无闻的写作者呐喊助威，堪称当代诗歌评论家的劳模及标兵。《屋子里的白鹭》（组诗）展示了作为诗人的霍俊明的情感内面。天地沧桑巨变，河流亘古如新，人世间两只避雨的白鹭，正在动与静、变与常、幻与真中辨认着此岸与彼岸。组诗诗思灵动，哲思深沉，书写了乡土之子面对乡土远逝的感伤与悲怆、叹息与缅怀。”

2022 年欧阳山文学奖

主奖

评　论/《当代文坛与王小波的经典化》

作　者/房伟

“房伟有学者和作家两副面孔：作家房伟有严格的学术训练经历、宏阔的历史视野和强大的信息挖掘能力；学者房伟有丰沛的激情、敏锐的才思和对文学精神追求的会心。《当代文坛与王小波的经典化》以史料挖掘机般的强悍，在当代文坛的千人千眼、众声喧哗中辨认王小波的当代性和经典化议题。房伟精研王小波，致敬王小波，将似水流年化为无尽怀念，意在为中国写下未来的寓言，为当代挽留一份别样的文学资源，眺望一种智趣兼备、通往无限可能的写作道路。”

目录

主奖

优秀奖

优秀奖

主奖

短篇小说／

福地

〇田耳

怎么又聊到各自怎么来的韦城？韦城外来人口多，这话题倒是常聊。现在轮到我说，好的，跟你们不一样，我像是被突然拽到这里，再被扔到这里，然后喜欢上这里。怎么说呢……来之前，我从没想过以后会落户韦城，甚至不知道这是省城，以为桂城才是。不光我，隔了省份，常识经常就变成冷知识。在我们老家，佴城，估计有一半人会把桂城当成西省省城，桂城毕竟比韦城名气更大。读书的时候，大家伙发愤读书，想去的地方只有北上广深，再往下数哪里都差不多，用现在的话说，就叫鄙视链中低端。

刚才老黄说，把一家人带到韦城，是祖坟冒青烟的事。我来这里，要捋一捋原因，也跟我家那块福地有关。福地，不是坟地，我来韦城那年，地还是空的，没有坟，我来以后，爷爷奶奶住了进去。

我们那里把坟地叫福地，墓碑大都是圭首三折碑身，圭首雕祥云纹，托起两个字“佳城”。佳城就是坟墓。记忆里小时候环着县城四周全是坟，城里住活人，城外住死人，热热闹闹的。现在到处都在扩城，城郊没有了，祖坟也没有了。按说现在的人大都被扒了祖坟，但人们该升官升官，该发财发财，祖坟冒不冒烟，谁在乎呢？

我家老人一直看重福地，我妈攒心劲，千禧年买下一块福地，半亩大小。那年，我刚参加工作。

跟许多小县城的人一样，我家也自建住房，1981年买的地皮。在那之前几乎都是住单位宿舍，1980年以后可以买地建房，就形成风潮，每一家人都买地建房，用不着和邻居扯皮，用不着家长里短，关起门过日子。楼房都没有设计图，自己画张图纸，请亲戚帮忙，和泥砌砖，多快好省，因陋就简，楼房一片片翘了起来。

我家三姐弟，我行二，头上一个姐姐，下面一个弟弟，爷爷奶奶一块住。小时候家里还有两个小姑没嫁人，因自建住宅，乡下亲戚说我家房子多，把这当旅馆，一桌吃饭经常十几口人，每天都热闹。现在日子各自单过，一想那种热闹，都有点不真实。等到我上班工作，找女朋友，才知道这种热闹并非谁都能适应。上班头一年，我谈了一个女友，姓姚，彼此看着还合眼，话能往一处讲，见几回面就一块喝酒，白的，那说明小姚对我还蛮放心，其实她酒量大，敞着喝只有我先趴下。快要过年的时候，我想着把她往家里带，因为我们那里的习俗是要带回家过一个年，往下才好谈婚论嫁，要不然往后推一整年。我想我有些性急，还没足够热乎就带她回家，一家人约齐了吃饭。小姚当晚还蛮懂礼貌，跟我爸喝了几杯，我爸连夸这女孩孝顺。到再见面，小姚说，你能不能自己买个房？我家三口人，我都嫌不清静。你交个首付，要还有缘分，后面我们一起想办法。我说我家从来都是一堆人凑一起过。小姚说，你是你，你们一家一直住一块；而我是我，你家人越多，往后越不好磨合。我一想也是，结了婚，再不能惦念那份热闹，要有二人世界。我回家跟我妈讲到这事，我妈异常惊讶，说家里这么宽，怎么要往外面住？小姚跟你有什么说法？我发现我妈竟然有些难过，一时就不知道说什么。

我妈是那种把过日子当成奋斗终身的事业的女人，小县城里，算是有能耐的，家里日子安排妥当，十来口人凑一起过也井井有条。我确实从未想过离开这大家庭，以为这是唯一的生活方式。现在，说离开就离开，没那么简单，我想要从长计议。小姚那边，我支吾一阵。她很果断，说分手就分了。当时我已打算买房，小姚不肯相信，她见过我跟我妈说话的情形，认定我做不了主。小姚说，看见你妈和你在一起的样子，我想起旧社会，想起《金锁记》。分手以后，我才头一次看张爱玲的书，看曹七巧和儿子讲的那些话，有许多我妈确也跟我讲过。

还是一大家子住一起？我心里毕竟有了疑惑，想这是不是唯一的活法。我小时候需要被照料，所以跟随父母，现在他们渐渐老去，我却离开，又是否合适？我不想违拗我妈的意愿，她似乎希望一大家子一直住一块。我领导升职，他对我的印象还不错，我有机会往市里调。我妈首先表示支持，之后一连半月，坐下来，我妈却分析各种情况，我听着句句都是道理，明白我妈的意思，没有调离。

那块福地被我妈得手，是个偶然。住山顶的刘眼镜一天中午敲开我家房门，跟我父母说，给你们讲一桩事，应该算好事情，看有没有这缘分。我妈说那当然好，你讲一讲。刘眼镜跟我爸在一个学校教书，那两年身体不行，考虑自己的后事，每天去城郊逛一大圈，其实是选福地。终于，他相中太阳冲一处地方。他爱人去看过，也说好，买下半分地，约好合葬墓茔必须一个C、一个反C扣在一起，像一个“8”字没了腰身，这才合得紧。旁边还有一块闲置地，起码四分大小，够十个人用。这便是刘眼镜要说的事：主家姓覃，一个老光棍，急着出手，价钱自然不高。想来想去，把这个信息报给你，要是有缘，你们也买半分，以后接着做邻居。我妈说，这么多年当邻居，大家最信得过，以后也不要换。换一家邻居万一合不来，无尽的麻烦，是不是？我妈这么一说，刘眼镜开心地笑。这是我妈为人的能耐。

改天我妈约了刘眼镜两口子往那去，叫上我。我说要上班。我妈就叫我请假，说你们那单位，方便请假不就是唯一的福利吗？我说你去看，看着好，我来掏钱。我妈说这个用不着操心。

去了之后，我妈迅速拍板，事不宜迟，一个星期就把手续办下来。整块地差不多半亩，我妈一手付清。我没搞明白，说又不是建房子，买这么大一块？我妈说，四分多地，十来个人一起住进去，热热闹闹，三代同堂。她已规划好，掐起指头跟我算：两老，我跟你爸，你和你姐、你弟，还有你俩兄弟各找一个爱人，九口了……顺她的嘴，我想到荒野的坟茔，有一座竟是埋我。我头一回想象这样的场景，眼前几乎一黑。我不忘提醒：姐都嫁到朗山去了。我妈说，反正有那么大一块地。万一，那边没买着福地，你姐想搬回来一起住呢？万一你肖哥也愿意过来呢？我不能不给他俩留，那就整好十人，十全十美。以后，那里就是我家祖坟山，过年和清明节，你的儿孙辈也不用到处跑。我一听，“咝”的倒吸一口凉气，我妈确乎有着长远规划，爷爷奶奶还健在，但她已在为尚未谋面的孙子、重孙一站式上坟做规划。见我并不像她一样兴奋，我妈又找理由：现在城郊荒地都被地产商圈占了，物以稀为贵，福地越来越难买到。现在还按亩地按分买入，以后精准到平方尺。

我忽然有点后悔，那天应该请假，在办公室少喝两壶茶，跟我妈去太阳冲瞄一眼。但去了又能怎样？难道还能告诉我妈，不，我死了不想跟你们埋一块！

我没什么选择，就像无法选择怎么被生下来。我照镜子，看着里面那个自己，老想不通一件事：都说每个活人都是幸运儿，都是长跑冠军，从亿万个精子中间杀出重围，得赋人形，概率略低于两块钱买彩票中百万大奖。我想不通冠军竟然是长我这样儿。

那块福地，几个月后我见到了，是因为刘眼镜突然去世。其实也不突然，我妈分析，刘眼镜病得实在不轻，绷着劲找好福地，找好以后，刘眼镜一放松，也就撒手了。那天发丧，女宾到一座桥边止步，不能过桥，男客一直把刘眼镜送至墓地。我和我爸跟随送葬的队伍一路地走。坑已挖好，砖红壤很快裹住棺椁，埋一座坟比我想象中容易很多。旁边那块福地，我爸比画出位置。他还跟熟人讲，呶，旁边这块福地是我家的，刚买来，四分多地不到五千。说话时，脸上是有光彩的，给别人送葬，还叫朋友参观了自己以后的家。熟人惊呼，怎么能这么便宜呢。我爸说，是个老光棍，觉得自己有一天没一天，就还有几块菜地，便宜卖了换急钱。熟人更奇怪，一个老光棍，日子不多了，换急钱有什么用。我爸这时有些吞吐，说有什么用，咳……这老光棍只有一个爱好，喜欢去街边钻那些粉红色小屋，那种事情，全靠花钱。熟人就感叹，说原来还是个“老瓢虫”，人尽财空，活得真叫潇洒。我爸说，那也是人家的选择。还有个熟人，说这块福地这么大，要么也匀我家两坑？现在买一块好福地，还真不太容易，我们以后住一块也热闹。我爸就说，你知道我家里那个，最会划算，哪一块留给谁，早就有规划了，一个萝卜一个坑。我家从来都是一个萝卜一个坑，不多余。

我和弟弟私下交流这个问题，呶，福地都买好了，以后我们都有去处，还住一起。你什么看法？弟弟不像我，没这么操心，他说买了就买了。我说，你突然就知道自己最后要去哪里，知道一辈子所有的路径，难道没有一点看法？他竟然冲我笑，又说，不是不孝敬，按顺序两老走前面，他们一走，我们要往哪去往哪埋，他们哪又管得了？

我结婚都是买了福地十年之后的事情。那时爷爷奶奶还互相搀着去吃喜酒。女的姓郑，名碧珠，卖保险的，朋友介绍我去她那里办交强险，加了微信，发现彼此都爱看书，有时候看的书撞一块了，就交流阅读心得，她有什么心得我都表示赞同，这样有了往来。县城里面，读书的已经很少，还能撞着同样的书，不至于像彗星撞地球，也是极小概率事件。她也有担心，说你故意的吧，我说不是，正好撞着，其实天知道哩。小郑来我家，看着房屋宽敞，住着不挤，也就没说要在外面买房过二人世界。我松了一口气，心想就是她了。换一个人，要我搬出去，我妈那里又是一大堆事。

结婚有点晚，我想要小孩，我急她不急，每一次都要戴套，套被压在枕头底下，上床之前先检查，说哪天底下没这东西，就分床。当然，这也是小事情，她从女孩变成女人，从女儿变成妈，总要有点心理准备。她是个不冷不热的人，没一句多话。日子这么过，也有让我心惊肉跳的，比如每到大年初四，我妈就要把一家人带去那块福地，当是郊游。不光大年初四，我妈有几个老姐妹，退了休没事干，我妈时不时邀了她们去福地看一看，听她们啧啧地赞叹，说你家这块福地买得好哇。地皮在2000年以后涨得快，宅基地，也包括福地，2010年的时候，一个坑就要一万以上，而且离县城还老远。有老头老太太，得了阿尔茨海默病，但自己老不记得生病，挑好天气跑去自己福地瞄一眼。福地买得太远，山路多有几个拐，老头老太太如果走丢，很难找回，甚至再也找不回。这样的事，在县城发生不止一两回，我妈那些老姐妹，由此啧啧地赞叹，世上无难事，只怕有心人，有心的人，买块福地都比别人看得远。我妈喜欢把人往那里带，这些赞叹，她当然受用。这块福地还没用上，价格先蹿起，简直是我妈唯一的一次投资成功，怎能不沾沾自喜？不带朋友来看一眼，有如锦衣夜游，憋着难受。

结婚以后，挨近过年，我心里就好像堵着什么事情，到了大年初三，明白过来，是去福地的事。碧珠推销保险的时候是一个热情的人，别的时候恢复高冷，说话都闷在喉咙里，不过嘴，而我们看的书再也撞不到一块。她这性格，搞得我总有莫名的紧张。我妈买福地的事我没跟她说过，也不想她去那里。她早已成年，仍害怕死人。我家不远处有养老院，她下班必须从那门前走。养老院死人办丧事经常会有，碧珠白天上班从灵棚前面来往倒没事，晚上回家，不敢从灵棚前面走，打个电话，要我出门接她，带她回家。我俩上街从未搂搂抱抱，只有经过灵棚时，她会搂紧我，仿佛有一只手正拼命将她拽进无尽夜色中。所以，福地我不敢让她去，总担心她在那里会有意想不到的情况。用那些老头的话说，她火焰低，随时会被吹熄，易撞邪。

初四一家去福地，我想着不叫她为好，我妈喜欢去，一家人跟后面，但碧珠融入这个家庭需要一段时间。这时候，我就在想我为什么结这个婚，其实还是年纪大，撞见一个肯嫁我的人，就把婚姻当成一件麻烦事解决了。心里没底，有事总想敷衍过去。

碧珠喜欢打牌，初三我就把她带去朋友家里，由着她打，一把钱递过去告诉她，输了算我的。她就露出难得一见的笑，上了桌真不当输自己的钱。半夜我抽身回家，把她扔朋友那里，初四她回来，已是吃晚饭的时候。当然，自家这边，我也跟姐姐弟弟打了招呼，明着说，碧珠脾气古怪，暂时不带她去。姐姐弟弟自然要配合我的说法。到年初四，我妈问我，就说碧珠有事没回家。头一年就这么搪塞过去。第二年，我妈提前几天就跟我打招呼，初四碧珠要是没什么事，跟我们一块去太阳冲。我“噢”了一声，有了经验，初三晚上照样打发碧珠出门打牌，我抽身先回，路上想好一通理由。那年初四，我两个姑姑一早带家人过来，搞大队伍，一起往太阳冲去。那块福地，在我妈的苦心经营、长期宣传之下，仿佛成了一个景点。因为人多，少一个碧珠，我妈竟没清点出来。她只顾着高兴，纵是福地还没有坟墓，也叫我带几团响鞭，“先铺垫一下，跟周围邻居搞搞关系，认认门”。一年一年，周围的坟墓多了起来，林立的墓碑环绕着我家这块福地。那情形，让人感觉自家福地少点什么似的。

转眼，结婚第三年，又到年初三。我照样叫碧珠去外面打牌，自己抽身回来。初四一早天还没亮，睁开眼一看，碧珠就睡在我身边。本来也是正常，她不想打了就回来嘛，这帮牌客不是每一晚都能撑到天亮。但那一早借着微光看见碧珠，不知怎么，真像见了鬼。我起床往外走，手脚尽量轻，碧珠还是醒了。我说你接着睡哈，还早，反正没什么事。碧珠就说等会起来，还说你妈昨天跟我说了，今天要往那什么……太阳冲去，一起去。她说到我妈，永远是“你妈”。我想真是难为她了，还以为叫她去她未必肯去，没想到为了去，晚上打牌还赶回来。我就说你接着睡，补补觉，欠一晚觉十天都找不回。那地方不要去，我跟妈说一声。不说还好，一说碧珠偏就坐起来，跟我说，奇怪，昨天你妈叫我去，我还不知道什么地方，不想去。你妈就说，前两年叫你去你都不去，今天都第三年了，事不过三，去一去。我都搞糊涂了，前两年你叫过我？到底是什么地方，你故意不叫我？

我没吭声，碧珠就更加来劲，又问一遍。我就说，我妈没跟你说？碧珠告诉我，你妈很奇怪，知道吗？我问那是什么地方，她竟然跟我说，你去了就知道了。你知道你妈那种神秘的表情，仿佛一定会有惊喜。

她这么一说，我就脑补我妈那种表情。我怎么能不熟悉那表情呢，看着长大的。我妈的神经是有那么点大条，生性乐观，喜欢搞气氛，说话表情都有点夸张。她们是那个沉闷年代过来的，这种自娱精神几乎也是生活逼出来的，就像她常说的，“日子长啊，不讲几个笑话，看不到日落”。我想起，自己刚上班那一年，是个下午，我妈打电话到单位，要我早点回，“给你一个惊喜”。我自然踏着点下班，回家撞见一个陌生人，大我几岁，却不认识。我妈说，这是贵州六盘水来的亲戚小文，小时候有一阵，你俩简直形影不离。我不记得这回事，那个小文也说，是吗？我俩一时都发蒙，交换一下记忆，我想起以前是有一个贵州亲戚，叫小丰，一块玩过一个夏天。但我妈把小文和小丰完全搞混，小丰是小文的堂哥。而且，小丰早几年还死掉了，骑单车，马路上落石头，砸中后脑勺。那一天一桌吃饭，我看对面的小文脸色当然不好，神情一直恍惚，而我那个妈，还在一旁不断地自我解嘲：太像了，真是太像了哇。《李卫当官》剧终时有一句很拽的台词：我怎么生了这么个妈哟？当时，我也是这心情。

这时候，我非常明白，我妈可以把福地当成惊喜赠给别人，我不能这样做。我告诉碧珠，那是一块福地。她问谁的福地。我告诉她是我妈十几年前置下的，足够大，现在还没人进场。我想，这么一说，她必然不想去了，但她爬起来穿衣服。我说……我能说什么呢？她说去，为什么不去？今天天气那么好。其实，外面天还没亮起来。

那天的确有点邪乎，一家人聚好正要出发，我爸忽然说牙疼。他的牙疼是老病，不定哪时候就发作，牙疼不要命，只是很想死。陪我爸看牙必须是我的事，我认识人民医院的龙医生，由我带着去，他不收钱。我爸被那牙也折磨了好多年，他疼的时候就说要种新牙，但要先消肿，一消肿，他又往后拖。龙医生给最低折扣，种一颗牙也要几千，我爸受不了这价格，想去路边摊用几百块钱搞定，我又一回回制止。龙医生不收钱，他喜欢跟我讲话。我俩都是闷人，但我俩撞在一起，他跟我有很多话说，一边掏我爸的嘴，一边跟我说话。

我却一直在走神。想象我妈带这么多人去那片福地，到了地方，我妈的主人翁意识会被唤醒，会把自己的远景规划讲出来……呶，这一块是燕声的——燕声就是我爸；旁边那块当然是我的。我妈说话，往往一发不可收拾，我又想到，我妈很可能给碧珠比画好一块地……一想到这，我不但头皮发麻，腿脚都哆嗦：我妈脸上还是那种神经大条的笑，揽着碧珠一只手，碧珠不好拒绝，婆媳俩难得地牵手，又往前走了几步。我妈这才说，看，你是这一块！指尖大概比画了一个范围，二十平方米，抵一间大卧室。作为墓地，有这么大一块，堪称豪宅。用我妈的话说，以后一家人都归到这里，简直是住进联排别墅。当然，墓碑上不能敲门牌号，要不然，她会叫雕刻匠这么干，门牌号反正自己诌，一个劲带“8”。她期待着碧珠的惊喜，是的，我妈竟然期待着碧珠的惊喜！事情一定是这样。没想，碧珠像是突然撞了邪，支吾一会才问，我……为什么是这一块？我妈肯定大气地说，那好，你看你喜欢哪一块？

我带我爸先回的家，又胡思乱想好一阵，外面听见门响。一家人回来，碧珠走最后，有点累，进了家门直接上楼补觉。晚上，碧珠醒来，我把吃的东西端上去。她问我什么是“佳城”。也不奇怪，她一家也是迁居过来的，父母都年轻，可能还不用上坟。

前面说过，我们那里墓碑圭首位置都雕有“佳城”字样。小时候我一家出门找玩乐，没有车，去不了远地方，只在县城四周逛，说白了，印象里全是往坟堆堆里钻。我爸妈爱看墓碑上的字，字越多越来劲，看来看去，拐弯抹角都能算上亲戚。有什么办法，整个县城都这么沾亲带故，一潭死水。我在一旁，按语文课本从左到右的阅读顺序，问他们什么是“城佳”。我妈说那叫“佳城”，就是坟堆堆。我再问为什么坟堆堆要说是佳城，他俩都答不上来。后来还是我爸找了专门教语文的同事，查了查专门的词典，出处在《西京杂记》。那同事把故事讲给我爸听，我爸根本不相信自己那张嘴能把典故讲清，叫同事抄在纸上，让我妈讲。那时候，老一辈人做事情总有点认真和执拗，反正时间也有的是。我妈耐心地跟我讲这个典故，我忽然像是搞明白了，死是怎么回事。“佳城郁郁，三千年见白日”，那是无边无际的黑暗，无穷无尽的窒息。

那天我还问，妈你什么时候死呢？

……老黄老徐，原来都这样问过，就像是问我怎么来的？哈哈，长大了我们各有脾性，各不相同，小时候却都是涨大水时从河上游漂下来的。我妈有准备，她告诉我，不要催我，你爷爷奶奶、外公外婆都还排在前头。这样我就有直观的印象，死还离得很远，中间隔着两代长辈，像隔着两堵墙。

我在县里上班时，工作轻松，日子轻闲，要说压力，就是碧珠一直不生孩子。倒不是身体，每一次她都叫我用套，安全期也不给我一个裸泳。我妈那边催得紧，因我姐能生，嫁到朗山没几年生了三个，一胎一个。我弟弟有了一个，还跟我妈保证马上再生一个，现在我妈盯着我。我又不好跟碧珠提。做这事她也从来不主动，好像就是被我蹂躏一样，那表情，不快乐，不痛苦，就像坐办公室上班……当然不是我的问题，我算老实人，婚前也弄得别的女人鬼喊鬼叫，我没问题。

是她性情太高冷，当然也有例外，一切皆有例外。打雷下雨的时候，她像是醒了神，或者像鬼片里演的那样变了一个人，忽然来了热情。有一晚打雷，我俩躺床上，一摸她果然是比平时烫，示意我进去。我说不想戴套，她也不吭声，做起那种事，她忽然翻身，像是跃上马背，把我跨骑在下面。当然，我不在乎这个，事实上，现在的人都很懒，做那事，两口子都抢下位。谁总是占上位，够评劳模。只是，稍后，她忽然停下来，身体发僵。我几乎同时意识到，这种情况以前可没有过。她扭头往后面看，我喊她，她都听不见，怔住了。我知道事来了。和这样的女人生活，男人也会有第六感。我又问她几遍，怎么了，怎么了。终于，她缓过劲，告诉我，外面有人！我说怎么可能？

结婚以前，也有老头跟我讲，婚后两口子做事，碰到雷雨天一定要管住老二。我问为什么，他说易生邪怪。旁边另一个老头还进一步说明，做那种事容易把电直接导入房间。怎么可能，我当然不信，那么多年的教育让我成为一个坚定的无神论者，而且物理学的知识我好歹要比两个老头多那么一点。那一刹，当我不得不信的时候，为时已晚。

我俩的身体这时当然扯开了，我走过去打开窗户，雨就飘到我身上，都六月份了，却真有点冷，像是飘雪。窗外一片漆黑，我家窗外已经没有人家，一片荒坡，当然这片坡头还没有坟，买地建房的时候我妈都考虑过的。她是在乎自家的福地，但住宅不能贴着别人家的福地，一码是一码。下了荒坡就是小河。我就跟她说，怎么可能有人呢？这时又是一道闪电，光打在她脸上，是一副魂不守舍的样子，装可装不出来。我当时不敢多想，挨着她坐，搂着她，让她调整情绪。后来打雷闪电过去了，外面变得安静，我不知不觉睡了过去，她忽然又开口说话，告诉我，可能……最近我老觉得有一双眼睛在盯着我，无时无刻，无处不在……

我一醒，就彻底醒了，哪能听不出她话里有话？我几乎是脱口而出，你不就在说我妈吗？一句话把天聊死，屋里头很静，接下来谁都不再说话，说不出来。我也不知道自己是怎么睡着的，反正靠床头板坐着睡了一夜，一醒，碧珠已经起床离开，去上班。那一整天情绪都不对，总感觉昨晚的意外只是个开始，不知哪时算完。

之后一段日子，同样的事情……呃，也就是行夫妻之礼，做着做着，弄着弄着，碧珠忽然又不动了。她整个人突然变冷。变冷就变冷，不做就不做，多有几回我哪还敢碰她，后面就分了床，我睡地板。一旦睡了地板，再想回到床上，就非常不易，她很适应分开睡，有时候我半夜爬上床，她很警醒，说你这么一弄我就睡不着。于是我又滚下床。两口子嘛，分床总是灾难性的。

这样下去不是办法，就像电脑偶尔蓝屏，大不了重启；一天蓝屏好几次，只有联系售后了。两口子的事情没有售后，只能我自己解决。我反复地想，这事情还不好跟她疏导说理。我要是告诉她，屋子里不可能有那么一双眼睛，特别是黑夜里，不可能有双眼睛随时盯着你——她就会说，你都不肯信我，我还说什么呢？如果我相信她的话，承认是有这么双眼睛，那么按她的意思，刨根究底，追本溯源，这事要找我妈解决。她总有办法让我陷入两难。

后来，我只是问她，这事情要怎么解决，你说了算。她也不拐弯抹角，说我们离开这里，到外面租房子住。我说这事不好弄，我一直和家里人住一块，现在家里老人多，需要年轻人照顾，这时候我搬出去，说不过去。她就冷笑，说我搬出去，你住这里。我知道她是来真的，只好说，我跟我妈商量一下。她说，你是跟我过日子。我说，即便要搬出去住，也要打个商量，再说我妈经过的事情多，考虑问题也比我们周全。

我多说这么一句，是自找没趣。碧珠说，那是当然，我们怎么可能有你妈周全？连我们死后要往哪里埋，她都安排好了。她这么一说，完全证实，我先前的预感都没错。初四那天去了福地，我妈定然说了什么，她一直记着的。我说我会跟我妈讲一讲，然后我来租房子。碧珠答应缓一缓，只缓三天。我不好多问，心里想，为什么总是他妈的三日为期呢？

我不知道怎么跟我妈讲这事，开不了口，但我妈能看出来，恰好第三天，她把我拉到一边，问我是不是有什么事情。我干脆告诉她，要搬出去住。她问为什么，我那几天自然已经想了理由，说那地方离碧珠上班的地方近。我妈知道这哪是真正的理由，一个县城一共才多大？那天她看着我，像小时候我犯了事那样，她看着我，要我明着说，做一个老实孩子。我怎么说呢，说我家人多，碧珠待不习惯？但她明明待了两年多，怎么会不习惯？我妈会问从什么时候开始有这状况。一俟开口，我妈几番盘问，我也许会说出来，最近碧珠老觉得有一双眼睛盯着她，精神都变得有些恍惚。以母亲的能力，一直追着问，我哪能做到滴水不漏？她要是听出来和她有关，那就变成是我自讨苦吃。

我不多说，执意要搬出去住，还好，那天母亲没有过多纠缠，说由着我俩。又说，你什么都不肯说，我总觉得有什么事，你也没有搞明白。我不拦你，你赶紧去找房子。

小县城的房子好租，我在医院旁边棉麻土特公司家属楼租到一套，五十几个平方。住惯了一大家子凑一块的私家宅院，再去小宿舍过二人世界，确有一种意外的自在。只是，碧珠要求分房住，出租房正好有两间卧室，我和她各一间，分了就不好合，她说她觉得这样很好。我忽然反应过来，以前一间房，床上床下一分，我都再也上不了床，何况现在分了房？我有一种无力感，相信其实是我俩感情出问题了，我也许还懵然无知，但事实是明摆着的。果然，有一天我回到租住的房，碧珠那间房门敞开着，东西搬走了。我等了两天，收到她发来的消息，说她在韦城的友邦保险找了工作，直接是分公司经理。她不跟我讲是她已经决定好，讲不讲结果都一样，“省了扯皮吵架”。她还说有事打电话商量，要面谈过去找她，去到韦城，她会讲她的住址。

当时我感到很诡异，忽然怀疑自己是不是真的结过婚。如果结过，这算是怎么回事？两地分居？我相信我父母那一辈人不会碰到这样的事，他们的婚姻普遍挺有质量，掰不开摔不碎用不坏，不像现在这么多假冒伪劣。我恍惚了半年，后来还是我妈跟我说，要是不安心，你就请假去韦城那边看看，过一段时间，看看怎么回事。又说，要是有些事情弄不好了，也不要勉强，做个了结。我想不到她会这样说，但是她一说出来，我知道，事情本来就是这样。

所以我来韦城，是个偶然，我是冲着碧珠来的，那是2012年秋天的事。来韦城以后，我打算待一阵，索性在江滨新苑那里应聘售楼员，一面试就通过了。和本地人比，我讲普通话别人都能听懂，这也算个优势。我来了以后，跟碧珠见了几次面，完全不是两口子似的见面，我要打许多电话，发许多信息，她一再推托，推到不能再推才说，晚上一起吃个饭，聊一聊。能聊的还能是什么，只有离婚。我在单位办了停薪留职，在这边待了一年多，把婚离了。离婚后碧珠很快跟人结了婚，在此之前我还真没想到，她天生一个冷冰冰的人，我还以为……至少没那么快。她说是离婚以后认识的，我也信，不信又怎么样，反正离都离了。

我没跟我妈讲我离婚，更不会讲碧珠这么快又结婚，反正就在韦城这么待下来。也有小庆幸，当初没被我妈刨根问底，要是把问题追溯到她带碧珠去看福地的那一天，现在反倒尴尬了。她说的是对的，有些事情，其实是我没搞明白。

来到这里，拖着要离婚的一年里我想明白了很多事情。我不在乎她和别的人有什么样的故事，只在乎一件事：我跟她确实已经结束。这可能是我比父母那一辈通透的地方，没有再用背叛啊一类的字眼去定义感情。后面我回家，家里有亲戚安慰我，我感到很惊讶，心里在说，这都什么年代了？而他们看我这反应，又说我去了韦城，整个人都变了。

也许我真的变了，来韦城以后我很适应这里，一个省城，以前因为离边境太近不让发展，我过来，正好赶上韦城放开了发展。我卖楼的单价从一开始的三字头，再到每年两个字头地蹿起来，到现在都已破万。买涨不买跌，我算赶上时机，也是来了以后恰好发现自己搞销售还颇有点天分，赚钱肯定比碧珠快。后来碧珠和她男人买房，撞上了，我一点也不尴尬，主动迎接，真给他们搞到最优惠的价格。他俩一开始还不信，出去转了一圈，后面还是跑来找我，要我推荐的那套。为得到最大优惠，那套房我一分也不赚，我喜欢自己这个态度。

以前在县城一个破单位上班，以为一辈子就是这样了，后来母亲把福地买好，进一步感觉到无处可逃。县城还是太小，上一次街买东西，都要见到那么多熟人，打不完的招呼，我心里面很烦；晚上去吃烧烤，周围每一桌都是熟人，互相敬酒，心里骂娘，在说怎么又是认识的？来到韦城，虽不算特别大的城市，好歹有三百万人口。我觉得，一定要到人口足够多的城市，才可能感到安静，真就是诗里面说的：惟有王城最堪隐，万人如海一身藏。我有一种说不出的自在，我打算留在这里，置房以后，把户口也迁过来。要说更重要的理由，是我确实想离开老家。以前活在县城，感觉像一只风筝，线的一头拽在母亲手上，绑在福地的灌木桩子上；现在来了韦城，迁了户口，感觉扯断风筝线，一时真是，海阔天空的感觉。我发现我还年轻，真的不想知道自己以后死在哪里。

我是不是该感谢碧珠呢？

那年回家过年，我告诉父母，自己在韦城买了房，也就迁了户口。母亲的眼泪忽然就流出来，又说，是好事。我知道母亲就这么个人，能力很强，控制力很强，把一个家弄得井井有条，同时也不想让任何人离开，就这么守着，挤挤挨挨热热闹闹地住着，从摇篮到坟墓，从老宅到福地。她最爱跟我们说，她去过很多地方，去了之后才发现，只有我们佴城最好居住。小时候，我听得多了，就如洗脑，也相信，也不得不相信。但我终于离开，发现不对的，母亲其实没去过多少地方，小县城又太拥挤，能离开的都离开了，这不足以说明一切吗？

2015年的时候，县城大搞建设，开发商到处圈地，福地突然飞涨起来，一个坑，不到十个平方米，能卖两万。那时候别人就劝我妈，你家福地有半亩，整平了，规划好，能有三十个坑哩，自家根本用不完，何不趁着涨价卖，一坑一坑往外出手？只要消息放出去，转眼就能卖脱。但我妈不干，她跟别人说，自家人，住宽敞一点才好。跟自家人说，不能急，价格还要涨。要是那时候把福地拆卖了，能有六十万，在县城能买一百多平方米的商品房。

到前年，大家都知道，殡葬改革忽然就大力度推行。在我们县城，买了福地的，都不能用了，甚至建好了墓安好的碑，只欠一个棺材瓤子往里塞的，也不能入土，要到殡仪馆火化，骨灰放进统一的灵塔，有专人管理。人家就跟我妈说，你看，当年你不出手。机不可失，时不再来呀。我妈一声不吭，她想不到会是这样，买了福地，说住不进去就住不进去。

但一切都祸福相倚，以前父母不肯出远门，离家两天就归心似箭。福地没了以后，两人仿佛突然想通了，愿意出远门，去年冬天来到韦城跟我住，一住几个月也不怎么惦念佴城。我意识到，他俩其实也像风筝，只有断了线，才好去到更远的地方。老人家怕冷，这里没有冬天，适合他俩。我问我妈，这里跟佴城比，哪边好住？她就笑。今年父母一直在这边跟我住，而我离了婚打单身，也有一个福利，那就是行孝。要是拖妻带女，父母是不好住进来的。

放假的时候，我开车带二老在城里转。有一天去了西芦岭，那有外环线，环线下面有许多过路涵洞，穿过去，就会有一个小小的村落。那天我妈来了劲头，老是叫我钻过路涵洞，过去打望一眼。那些村落，格局也跟我老家一样，有山有水，不规整的田垄和菜地。车子绕村兜一圈，风景固然还不错，但我妈脸上却是失望。尽管失望，往前走又碰见一个涵洞，她总是说，来都来了，再过去看一看。多钻几个涵洞，我慢慢看出来，她其实是想找一找，这里有没有坟墓，有没有别人家的福地。如此连绵的一片山岭，山谷中一个个村子，却找不到一个坟堆堆，岂不是有点诡异？但是，确实，那个下午我们在西芦岭一带郊区没找到一座坟墓。沿着外环，还有无数的涵洞，我到底累了，不想再钻，不想再看那些大同小异的乡村风景。我忽然跟我妈说，韦城的殡葬改革，都推行几十年了，以前有的坟墓，因为统一规划，都已经迁走。我妈愣了一下，又说，是形势发展，是好事。我想，也只能往好处想。没了福地，故乡更模糊，去哪里都一样；再说现在出门容易，交通过于便利，去哪里其实都离家不远，不是好事吗？

中篇小说／

小跳蚤

○李西闽

后来，小跳蚤不见了，就像一缕青雾在阳光下消失，无影无踪，我怀疑她从未真实地出现过，只不过是一场梦幻。我试图寻找过她，但是无能为力，生活压得我喘不过气，养家糊口成了我最重要的任务。不过，小跳蚤还会经常出现在我梦中，蓬松的爆炸头和她那张瓜子般的小脸极不相称，小眼珠子还透出贼溜溜的亮光，似笑非笑的脸白净而又迷惘。梦中的她总是在和我告别，清晨寂静的街道上，她蹦蹦跳跳地离去，好像回过头，又似乎没有回头，有些义无反顾的味道。每次从梦中醒来，我心里莫名惆怅，偷摸地走到阳台上吸烟。我望着被城市灯火照亮的夜空，吞云吐雾，妻子宋楠鬼魂般飘到我身后，拍了一下我的肩膀："是不是又梦见小跳蚤了？"我吃了一惊："你怎么总是无声无息？要吓死人的。"她冷笑着说："没做亏心事，还怕鬼敲门？你为什么总是忘不了她？"我无语。

小跳蚤闯入我的生活，显得特别突兀。

那时我和宋楠还没有结婚，有一搭没一搭地谈着无所谓的恋爱。我没想过宋楠会成为我妻子，她也并非要嫁给我，我们都为了工作，狗一样奔忙，我们俩偶尔在一起，只是相互找个安慰。我在一家化妆品公司做销售，没有什么积蓄，在莘庄租了一间很便宜的房子，作为安身之所。宋楠住在哪里，我不清楚，也没有问过，她也没有告诉过我。我们约会的地方，大都在电影院，或者卡拉OK厅，有时会在低档的小饭馆撮一顿，两瓶啤酒便将我灌得脸红耳赤，在宋楠眼里，我就是一只煮熟的大虾。

上海最让人难熬的时光，就是梅雨季。潮湿沉闷，浑身上下总是黏糊糊的，每个毛孔都像被糨糊糊住了，无法透气，让人窒息。住所里散发出怪异的霉味，仿佛某个阴暗角落里，有死老鼠在腐烂。那年的梅雨季，我和宋楠才见过两次面，大多数时间里，只是偶尔在微信里发个消息，或者语音一会儿，证明相互还存活在尘世。

一个人生活，吃饭是个难题，我经常晚上下班回到狗窝般的住所，颓废地瘫在沙发上，不想动弹，直到肚子有一千只鸽子在咕咕直叫了，才想起晚饭还没有吃。我鼓足勇气从沙发上爬起来，走到冰箱前，迟疑着打开冰箱门，一股混浊的怪味钻进我的鼻孔，刺激得胃部一阵痉挛。冰箱里只剩几个西红柿，还发霉了，表皮上的斑块上长了毛。恶心，我强忍着不让自己吐出来，将那几个西红柿扔进了垃圾桶，收拾好冰箱。完全没有了食欲，继续瘫倒在沙发上，寻思着看个美剧什么的。就在这时，手机响了，我想是宋楠来的电话，拿起手机，发现不是，是个陌生电话。这年头，广告、诈骗电话太多，不胜烦扰，一般情况下，陌生电话我是不会接的，便摁掉了。

紧接着，手机铃声又急促地响起，还是那个陌生的号码，摁掉……一连八次，是的，那个陌生的手机号码连续“攻击”了我的手机九次。房间里进入短暂的沉寂，一只蚊子嗡嗡地在耳边飞过，我没有拍死它的想法，可是我想起了宋楠，今天一天都没有她的消息，不知道她现在在干什么。我心里突然产生了和她一起吃个晚饭的想法，于是，给她打了个电话。宋楠在电话里不耐烦地说：“我还在上班呢，哪有时间陪你吃饭？你自己去吃吧，不和你说了。”我觉得无趣，心里堵得慌。宋楠在港汇广场一家品牌服装店当售货员，每天忙得不可开交，搭理我的时间少之又少，我搞不清楚我们的交往到底有没有实实在在的意义，可是这世间，许多事情是没有意义也得去做的。

我的手机铃声又响了起来。

还是那个陌生的号码。

如果我不接这个电话，这个手机的主人会不会一整夜打下去？或者这个陌生人真的有事情找我，也可能是我熟悉的人换了手机号码，想想，还是接通了。

女性气急败坏的声音传来：“你有病呀！我打了那么多次电话，你竟然不接，你以为你是谁呀？了不起呀！你要手机干什么，不就是为了打电话、接电话吗？你还是把手机砸了，或者扔到黄浦江里去好了，竟然不接我的电话，什么玩意！”

我恼火地说：“你是谁呀？我认识你吗？？”

“认不认识我，很重要吗？重要的是我打你电话，你竟然不接！太过分了。我最讨厌不接电话的人了，无礼，自私，装。你牛什么牛，我都不知道你脑瓜里装的是脑浆还是大粪。你不是不接电话吗？现在为什么要接呀？有种就永远不接呀，傻叉！”

“你，你……”

“哈哈哈，语无伦次了呀，早干吗去了？你一开始就接电话，我才不骂你呢。给你个机会吧，出来陪我吃饭，我就原谅你了。”

“你，你在哪里？”

“地址发手机消息给你，只等你半小时，过期不候。”

此女仿佛有种诡异的魅力，我竟然被她吸引，好奇心被勾引得波涛汹涌，我得去瞧瞧这个女子到底是个什么妖精，就算给平淡无聊的夜晚增添些波澜。平常我是个谨小慎微的人，做事情都三思而后行，总怕出差错，下决心去见这女子后，心里还是有些忐忑不安，隐隐约约感到有点儿冒险。

我走入衡山路红房子西餐厅，目光搜寻，最后定眼在单独一桌的那个女孩子身上：顶着红色蓬松爆炸头，异常夺目，是一团燃烧的火，身上穿着一件白色的吊带短裙，瘦小身材，两条裸露的手臂像没有长好的枝条，却白得刺目。我走近前，小心翼翼地问：“你就是那个打电话让我出来的人？”狐狸般的瓜子脸和爆炸头极不相称，小眼珠子滴溜溜地转了转，然后盯着我，似笑非笑地说：“你就是那个挂了我九次电话的人？”我点了点头。她淡然地说：“坐吧。”我坐在她对面，扫了眼她面前空空的盘子和刀叉。她右手的食指神经质般在桌面上轻轻敲动：“你真听话，叫你出来，你真的就来了，以前我养的一条松狮也是这样听话。”

我脸上滚烫滚烫的，压低了声音，咬着牙说：“你到底是谁？要干什么？”

她的脸上露出了笑容：“认识我的人都叫我小跳蚤，我让你出来，只有一个原因，你能给我买单吗？”

这太离谱了，她打电话给我的目的是让我来买单，我们根本就不认识。我心里很不爽，但没有站起身拂袖而去，而是想看她还想要什么花样，也想更加深入探寻一下这个叫小跳蚤的女孩。

“你怎么知道我的手机号码？”

“切，我怎么知道这是你的手机号码？随便拨的，我经常会自己组合一个手机号码，然后拨着玩儿，今天你是中奖了，被我拨中了。”

“给我个理由，为什么我要给你买单？”

“实话告诉你吧，我吃完牛排后，发现自己身无分文了。我经常这样身无分文，傍晚时，我被房东赶出来了，因为我实在没有钱交房租了，我想吃块牛排的钱总归有吧，结果没有。我想碰碰运气，看哪个倒霉鬼接我电话，可以出来给我买单。没想到，你就是那个倒霉鬼，你运气真好，可以去买彩票了。”

“就这理由？”

“对呀，难道还要什么理由？编故事可不是我的强项，我只是个画画的。”

“画家？”

“称不上家，不过是画些插图和漫画。”

“好吧，我答应你，给你买一次单。”

“我想你会给我买单的，否则你不会来。对了，你吃过饭了吗？”

“没有，饿得不想说话了。”

“那你来点什么？”

我点了一份牛排和一瓶啤酒，问她：“你还要来点什么？”

“那就来瓶啤酒吧，看在你给我买单的分上，陪陪你。”

小跳蚤的话让我哭笑不得，我从来没有碰到过这样无赖又有趣的女孩子，其实我接触过的女孩子也不多，宋楠是我的初恋，她是那种中规中矩保守的姑娘，我不敢想象，她要是见到小跳蚤这种做派，会有怎样的反应。我很久没有进入西餐厅了，西餐厅对我而言，是那么奢侈，最近一次还是半年前，跟着上司去见客户，蹭了一顿西餐。那块七成熟的牛排被一小块一小块地切开，送进嘴巴里，我的吃相有些猴急。

小跳蚤边玩着手机，边对我说："别急，慢慢吃，没人和你抢。"

我不想和她啰唆，很快地吃完了牛排，一口气将杯子里的啤酒喝干。小跳蚤说："你是牛呀，也不怕被呛死。"她说着，端起酒杯，慢吞吞地喝了一口。我叫来服务员："买单。"不一会儿，服务员递来账单，我看到账单，有些傻眼，像身上被挖掉一块肉，疼痛不已。这顿饭钱，够我吃半个月快餐了。看了账单，我才知道，小跳蚤竟然吃了两份牛排。支付了近一千元，我站起身，头也不回地走了出去，我永远也不想见到小跳蚤了。

我朝地铁站走去，额头上冒出了汗水，不是因为天气，而是我心里窝了一团火，暗暗地骂自己是个地地道道的傻叉。当我就要进入地铁站时，阴魂不散的小跳蚤追了上来，挡在我面前，她还拉着一个旅行箱。我心里暗暗叫苦，她还想干什么？小跳蚤没等我开腔，就抢先说："你跑什么跑呀，不就是让你买了个单嘛，有什么了不起呀，你以为我是要饭的吗？一千来块钱算个屁呀，看把你心疼的，好像我打劫你了一样，一个大男人，小气巴拉的，好意思！"

奇怪的是，被她一顿抢白，我心里放松了许多，尴尬地笑了笑。

"大哥，你帮人帮到底，你能收留我一个晚上吗？否则我就要流落街头了。你想想，我花骨朵般的一个小姑娘，要是被人强暴了，你心里过意得去吗？"小跳蚤说着，流下了两行泪水，她极具表演天赋。小跳蚤的泪水泡得我的心又酸又软，我只好答应了她，让她跟我回住所，对付着过一夜。在回去的地铁上，我问她："小跳蚤，你这样相信我，不怕我是个坏人，对你做出什么残忍的事情？"她笑了笑说："看得出来，你不是那种人。"她笑起来，那张脸真的像狐狸。

宋楠和我结婚的那个晚上，问起了一件事情："那几个晚上，小跳蚤和你住在一起，你们到底有没有发生过什么？"我很清楚她的问题所指，我搂抱着她香软的身体，在她耳边说："我们真的什么也没有发生。"宋楠推开我，脸色沉下来，冷冷地说："你发誓。"我不喜欢发誓，因为发誓根本就没有用，很多誓言基本上都是谎言。沉默了一会儿，我诚恳地说："宋楠，她都已经离开上海了，也不晓得她去了哪里，她和我断了一切联系，而且，我们都结婚了，你为何还要纠结？我和她之间，真的没有发生过你想象中的那种事情，一直以来，我都把她当成小妹妹。她住在我那里的第一个晚上，她睡在沙发上，衣服都没有脱。天亮后，我起床看到她睡着了，手中还攥着把打开的折叠水果刀，平放在腹部，刀子十分锋利，我真担心她在睡梦中划伤了自己。她提防着我呢，就是我有色心，她手中的刀子也不会答应。"

小跳蚤沉睡的样子，让我心生怜悯，她那么瘦弱，就像一只营养不良的小猫，或者小狗。我写了张纸条，放在她身上，告诉她走时把门关好就行了，然后轻手轻脚地出门上班去了。我以为等我晚上下班回家之后，小跳蚤就会不见了，至于她去哪里，有没有地方住，有没有饭吃，我真没有想过，也没有义务去想。到了下班时间，我给宋楠打了个电话，告诉她发工资了，是不是出来吃个饭。宋楠说，过两天吧，最近上晚班，走不开。回家的地铁上，一个胸脯大得离谱的女人面对面挤着我，不屑和提防的目光一直盯着我，我躲避着她犀利的目光，觉得无所适从。下了地铁，我才长长地呼出了一口气，找了个小店，吃了碗阳春面，然后在小区门口的小超市买了些方便面、火腿肠什么的，然后回住所。

推开门，我惊愕。

小跳蚤并没有走，她穿着黑色的小内裤和黑色的胸罩，盘腿坐在椅子上，面对书桌上的手提电脑，在干着什么。她背对着我，肩胛骨和脊梁骨凸显，要在身上刮下二两肉都十分困难。小跳蚤戴着耳机，我进屋的声音没有打扰到她，我大声说："小跳蚤，你怎么没走？"

"你吓死我了，回来也不打声招呼。"小跳蚤回过头，满脸的不耐烦。

我皱起眉头，气呼呼地说："我回自己的家，凭什么要和你打招呼？你还没有回答我呢，你怎么还不走？"

小跳蚤摘下耳机，小眼珠子滴溜溜地转了转，脸上变幻出笑容："大哥，你听我说，本来我是要走的，可是想了想，也没有地方去了，除非我离开上海，回老家去。可是我不能回去，我要回去，我爸会打死我的。他说过，只要再看到我，就剥了我的皮，抽了我的筋。大哥，你可怜可怜我，既然让我住了一个晚上，那就再多收留我几天吧。"

"你爸为什么要打死你？"

"说来话长，简单点说吧，我爸是我们那个破县城里的一个芝麻小官，觉得自己了不起，目空一切。你说他狂点嘛，也没什么，大凡有个一官半职的人，都觉得自己高人一等。问题是他嫌弃我老妈，和别的女人勾搭上了。我老妈当年可是我们县里的县花，县汉剧团的台柱子，嫁给他，算他捡了个大便宜。老妈说当初是真爱，爱个屁呀，要真爱，他还能去找别的女人？我知道这个事情后，就撺掇老妈和他离婚。老妈太让我失望了，前怕狼后怕虎，死活不离。我气得半死，偷偷地写了封信，寄到纪委，弄得他丢了官。后来，在和他吵架时，我不小心将此事说穿了，他和老妈都恨死我了，说我是白眼狼，早知如此，还不如当时生下来就将我丢到江里去。所以，他们和我断绝了关系，我大学毕业后，就再也没有回到那个破县城，那地方和我有仇。大哥，你说，你该不该再收留我几天？”

“把衣服穿上，以后别在我这里暴露你的身体。”

“嘻嘻，你看我，胸脯就是个飞机场，全身都是骨头，料想你也不会喜欢。”

“你怎么知道我不会喜欢？别忘了，我是男人。”

“你不会喜欢我的，就把我当成你弟弟吧。哇塞，你买了那么多东西，是给我吃的吧？你真是个善良体贴的大哥哥，我真的饿了，赶紧弄碗泡面吃，你吃过了吗？要不也给你弄碗泡面？”

“吃你的吧，别管我，懒得理你。”

也许是对弱小者的同情，我收留了她。收留小跳蚤的事情，我不敢和宋楠说，怕引起她的反感和误会。不过，还是让她发现了。在此之前，她从来没有到过我的住处，却因为那一次醉酒，她送我回了家。我这个人最大的缺点，就是优柔寡断，宋楠早就说过，要我和我的顶头上司搞好关系，比如请她吃个饭，送个小礼物什么的，可是我想得好好的，到了实施之际就退缩了，而且嘴巴也不甜。我的顶头上司是个肥胖的中年女人，大家都叫她欢姐，我却一直叫她老板。欢姐带我去西安出过一次差，第一天晚上，和客户吃完晚饭，欢姐让我陪她去大唐芙蓉园看夜景。观景过程中，她的手不时碰我的身体，我躲避着，心里忐忑不安。回宾馆后，我们各自回到自己的房间。洗完澡，我躺在床上，看一本名为《白山》的小说，阅读是我的爱好。读了一个多小时的书，有些困意了，正准备关灯睡觉，欢姐打来电话，让我到她房间去一下。来到欢姐房间门口，我按了门铃。门开了，我闻到一股淡淡的香水味，欢姐笑盈盈地说："快进来。"欢姐穿着红色的丝绸低胸睡衣，白生生的丰硕的胸脯晃得我眼睛痛，我迟疑着，想逃，欢姐一把将我拉了进去，关上了门。房间的灯光昏暗，沙发前的茶几上放着一瓶红酒，还有两个高脚玻璃杯，杯子里已经倒上了血一般的红酒。欢姐拉着我坐在沙发上，柔声说："陪我喝一杯。"说着，她拿起一杯酒，递给我。她端起酒杯，轻轻地和我手上的酒杯碰了碰，发出清脆的响声。她注视着我："干杯！"我的脸滚烫滚烫的，脑子一片昏沉，轻声说："老板，你知道我喝酒不行的。"欢姐伸出手，摸了摸我的脸："不要叫我老板，叫欢姐。"我立马起了一身鸡皮疙瘩，放下杯子，站起身："老板，不行，我得回去准备明天给客户的材料。"我逃出了欢姐的房间，仿佛逃出了魔掌。

从那以后，欢姐对我就没有好脸色了。这不，我谈好的一笔生意，欢姐就让我转给另外一个同事，我却敢怒不敢言。这种事情已经不是一两次了，下班后，我没有回住所，而是找了个小酒馆，喝起了闷酒。我的酒量不行，喝着喝着就喝多了。宋楠赶过来时，我已经趴在桌子上了。宋楠气得拿着瓶冰冻的矿泉水从我头上浇下去，恼怒得像只母狮子："你喝那么多酒干什么，浑蛋！"我醉眼惺忪地说："谢欢不是个玩意，我辛辛苦苦做好的一单生意，硬是给了她相好，强盗，打劫，几千元的提成呀，说没就没了。"宋楠扶着我走出了小酒馆，叫了辆出租车，送我回住所。在车上，宋楠抱着我，叹着气："傻瓜，喝酒能解决什么问题，伤了自己的身体，还增添烦恼。”宋楠是第一次到我住的地方，她没料到我的住所里还有个女孩子。门开后，她看到了小跳蚤，怀疑走错了门。小跳蚤说：“哇塞，李哥喝了多少酒呀？”宋楠瞪着眼睛说：“你是谁，怎么住在他家？”小跳蚤笑着说：“我叫小跳蚤，你是谁，怎么把李哥灌成这样？”宋楠火大了，将我推进门，大声喊叫：“李西虫，你这个王八蛋，我们从此绝交！”宋楠气冲冲地走了，我瘫倒在地上，口里说着胡话。小跳蚤一头雾水，自言自语：“这是什么事呀？”

第二天早上醒来，我看到好几条宋楠发给我的消息，都是些绝情的话，电话打过去，她已经将我屏蔽了，微信也将我拉进了黑名单。我觉得特别绝望，虽然我们还没有到谈婚论嫁那一步，可也谈了小一年的恋爱了，她是我大学毕业后，在这个陌生城市里唯一相依之人。小跳蚤似乎一夜没睡，她趴在手提电脑前，画她的图。见我醒来，她说：“你昨晚喝太多了，以后少喝点，喝多了很傻叉的。”我突然暴怒了：“你才傻叉，你全家人都是傻叉。你给我滚，滚——”我好像从来没有发过那么大的火，我的脸一定丑陋不堪。小跳蚤也许被惊吓到了，凝视着我，轻声说：“对不起，我会走的。”

宋楠在几个月后与我和好，和好的那天晚上，我请她看了一场电影。那电影片名我忘记了，反正是一部爱情片，剧情我也忘记了，其实根本就没有认真观看。宋楠猫一样趴在我肩膀上，对着我耳朵不停地说话，从她口中呵出的热乎乎的气息，不停地灌进我的耳孔，痒痒的。我极不喜欢她这样说话，可是我无法拒绝，强迫自己接受。宋楠问了很多关于小跳蚤的问题，比如，她到底是怎么离开我的住所的。那些问题无聊又幼稚，我只当宋楠是没话找话，好几个月没有和我说话了，总得找些话说。我这个人比较闷，话不多，而宋楠是个话痨，这就是所谓的互补吧。想到小跳蚤的不辞而别，我心里还是有点过意不去，尽管她拿走了我准备用来交房租的四千五百元现金。

酒醉后的那天早上，我朝小跳蚤发完火，稍微平静了下心情，穿戴整齐，就去上班了，走前也没和小跳蚤打招呼，她也没和我说什么。那一天我脑袋里塞满枯草，目光黯淡，整个人就是一只瘟鸡。同事们的目光各异，却有一个相同点，那就是对我的不屑与嘲笑。我看不到同情，这是令我最痛苦的事情，人与人之间怎么可以如此冷酷？欢姐在下班前，将我叫进了她的办公室。在我眼里，红光满面的欢姐就是一堆肥肉，她笑眯眯地让我坐，我感受着她的刻薄和虚情假意，站立着。她说："小李，你是不是在生我的气？"我皮笑肉不笑地说："哪能呢，我不会有气。"欢姐笑出了声："只有死人才没有气，你生我的气是正常的，我不怪你。叫你来，只是想和你说两句，在职场，光靠苦干是不行的，还得有脑子，要学会做人，来日方长，你还有很多需要学习和改变的东西，好自为之吧。话我说到这里，你回去慢慢领悟，希望你能够真正成为一个好销售。"走出欢姐办公室，我的头还是晕乎乎的，无所适从。

下班后，我决定去商场找宋楠。

乘地铁到徐家汇站，挤出地铁车厢，身上的白衬衣湿透了，衣服粘在皮肤上，毛孔被堵上，透不了气。我大口呼吸，仿佛从深水中回到海面。沿着地铁站通向港汇广场的甬道，来到了商场圆形的大厅，人很多，往各自需要去的地方流动。宋楠供职的服装店在四楼，有观光电梯和扶梯可以到达，我选择了扶梯，一层层地上去，来到了四楼。港汇的五楼和六楼大都是饭店，有各种美食，六楼还有个电影院，之前我和宋楠约会大都在这些地方。今晚，我不是来找宋楠约会的，而是来求和。宋楠虽不是那种长得漂亮的女子，却也端庄，她出现在我视野中，我怦然心动，她穿着得体的职业套装，在给一个年轻女顾客介绍服装的模样，竟然那么迷人，我仿佛在一瞬间发现了她的美，此前从没有这样的感觉，真是失去了才懂得珍惜。我呆呆地站在那里，凝视着宋楠，心里特别难过，而又惶恐不安。我想走过去，大声对她说："宋楠，我爱你。"可我是个优柔寡断的人，既然她那么决绝地和我分了手，就不会回头了。她说过她是个心肠很硬的人，也曾经警告过我不要惹怒她，否则覆水难收。所以，我还是默默地离开，不想再纠缠她了，纠缠无意义，尽管我心如刀割，异常不舍。我对自己说，一切都会过去的，时间会冲淡一切。

我重新挤上地铁，闻到一股狐臭的味道，拥挤的地铁车厢里，没有人会在意任何味道，挤地铁上下班的人都是平等的。我脑海里全是宋楠，我暂时无法忘记她，我搞不清楚她何时在我心中根深蒂固，一直以来不过是平淡相交，我们甚至都还没有接吻。我眼睛潮湿，其实还是有机会和她接吻或者更进一步的，只不过当时我们都十分矜持，以致放弃了那些机会，这让我后悔，否则会留下更多关于她的记忆。

拖着沉重的步子回到住所，打开了门，屋子里空空荡荡，那个古灵精怪的小跳蚤已经不见了。她把她的东西都带走了，屋子里没有留下她的任何痕迹，连垃圾桶里她丢进去的纸巾什么的，都没有留下，屋子被打扫得干干净净，垃圾也被扔掉了。要命的是，小跳蚤将我放在抽屉里的四千五百元现金也带走了，那是我准备交三个月房租的钱，房东那个老太太喜欢现金，不然也不会发生这种事情。小跳蚤没有留言，一张字条都没有留下来，也删除了我的微信，打她手机也关机了。

我颓然地坐在沙发上，叹了口气，自言自语："小跳蚤，你不必这样的，你需要钱，我可以给你，我还是有点积蓄的，何苦如此。"我真没有愤怒，只是觉得忧伤，失去宋楠的忧伤和小跳蚤不辞而别的忧伤重叠在一起，就有了深深的忧伤，优柔寡断之人一般也多愁善感，我就是这样一个多愁善感的人。想起小跳蚤的模样，我还担心她今夜栖居何处，会不会碰到伤害她的人。

我的担心是多余的。

三个月后，我正在公司里写一份销售报告，突然接到了小跳蚤的来电。她的话语平静，仿佛什么也没有发生过，并且约我共进晚餐。我像个傻瓜一样激动，答应了她的邀约。那一天我喜形于色，同事们都以为我碰见鬼了，因为我从来没有在公司里如此开心，在他们眼里，我就是个窝囊的受气包。冷静下来后，我理智地想了想，凭什么要为那个拿着我的钱不辞而别的臭丫头而激动？这些日子以来，我对工作很投入，得到了欢姐的一些肯定，她对我的刁难也少了许多，工作基本上步入了正轨，要不是小跳蚤来电，我差不多将她遗忘了。我忘不了的是宋楠，有时还会偷偷地去港汇广场瞄她几眼。小跳蚤还是打破了我内心的平静，这一天我都想着晚上见面后会发生什么事情，她不是个让人省心的姑娘。

下班时间临近之际，我突然又不想去见小跳蚤了。内心有两个小人争吵不休，一个要去见小跳蚤，一个不想去见她，那俩小人谁也没争过谁，打了个平手，我真不是个男人。下班后，我走在街上，心里还是犹豫不决。小跳蚤打来了电话，说已经到饭店了，就是上次让我去买单的红房子西餐厅。小跳蚤让我下班后就立刻过去，没有一点商量的余地，她的话像是命令，我也像是突然着了魔，打消顾虑，朝红房子西餐厅赶去。

红房子西餐厅位于衡山路徐家汇公园，隐藏在一片绿荫之中，据说这栋老房子是百代唱片公司遗址。在我眼里，这是高档的场所，要不是因为小跳蚤，我不可能主动两次进入这个地方。小跳蚤还是坐在上次坐的地方，她朝我招手，我走过去，和她面对面坐着。还是爆炸头，不过换成了绿色，如果说以前是一团火焰，那么现在的小跳蚤就是个绿毛怪物，而且，她穿的短袖T恤也是绿色的。她的小眼珠子转了转，似笑非笑地说："李哥，见到我，是不是心里发毛呀？"

我轻描淡写地回答："怎么会？你又不是厉鬼。"

"嘿嘿，你没见过我比厉鬼还厉害的一面。"小跳蚤冷笑道，"不过，恐怕你是见不到我那样子的，我不忍心伤害你，你太厚道了，我这个人还是很有菩萨心肠的，不对弱者下手。"

我嗤之以鼻："你还有菩萨心肠，鬼才信。"

"哈哈哈——"她大笑。

不少人朝她投来怪异的目光。

我诚惶诚恐地说："轻点声，人家都看着呢，不文明。"

小跳蚤收起了笑声，低声说："李哥，你是不是还记得我拿走的那四千五百块钱？"

"那算啥，我都忘了。"我淡淡一笑。

"你忘不了吧，像你这样的沪漂，我见得多了，为了存点钱买房子、结婚，都不要命了。你放心，我不会要你那点钱的，当时的确是没有办法了，才拿了你的钱不辞而别。"说着，她从一个白色的小包里拿出个信封，放在我面前的桌上，继续说，“这里有五千元，还你的，多出来的五百元，就算是利息吧。”

“这……”我错愕。

小跳蚤细细的指尖在尖尖的鼻子上轻轻摸了一下，笑着说：“是不是不相信？你打开信封看看就知道了，肯定是真钱，不是冥币。”

“我不是那意思。”

“那是什么意思？”

“你怎么突然就有钱了？”

“运气来了呗，我被一家游戏公司看上了，让我给他们画卡通。预付了一大笔钱呢，看看，我现在又在法租界租房了，我一下就交了一年的房租，最起码这一年不会被房东赶出来了。那房子是老房子，很有品的，三层楼的小洋房，我租的最上面一层。吃完饭，你要有兴趣带你去看看。”

“贵吧？”

“当然，七千多一个月。”

“你真敢花钱。”

“舒服就行，钱算什么，花完了再赚呗，我可不当守财奴，像你似的，租个房还跑那么远，上个班挤地铁都挤成狗了，有意思吗？”

“不说这了，点餐吧，饿了。”

“你随便点，想吃什么就吃什么，今天我请客。”

就是她请客，我也不敢点那些贵的菜，随便点了个牛排，就算了。小跳蚤加了两个海鲜类的大菜，让我心里很不好意思。小跳蚤还点了瓶白葡萄酒，还是新西兰的长相思，她说这款酒的口感特别好。我不会品酒，也不晓得酒的好坏，况且也不能多喝，怕醉，她说什么就什么了。

其实，我没有问她为什么当初要不辞而别，小跳蚤自己却说出了口。喝了杯酒后，小跳蚤刮不出几钱肉的脸上泛起了桃红，变得美丽了些，看上去有点儿妩媚。我从没如此认真地看她的脸，还是蛮秀气的。她注视着我："李哥，我漂亮吗？"

我笑了笑："还行吧。"

"我还是有自知之明的，你的评价已经蛮高了。"小跳蚤微微叹了口气说，"我爸从来就没说过我长得还可以，这个浑蛋一直认为我长得像一只丑丑的小鸡仔，从小就叫我小鸡仔，我恨死他了，好像我不是他的亲女儿。不过，我也怀疑他不是我的亲爹，有一次醉酒后，他打我，骂我是杂种。我问过妈妈，他是我亲爸吗？我妈告诉我，他是希望有个儿子，却生了我这样一个丫头，心里窝火。别看他上过大学，还混了个一官半职，满脑子还是封建思想，说我不能给他传宗接代。这都什么年代了呀，他就像是活在古代的人。要不是那时候搞计划生育，他生怕丢官，才没有让我妈继续生，否则，我就会有一串的弟弟了。"

接着，小跳蚤说出了她不辞而别的真相。

如果小跳蚤父亲不是出事，她就不会离开我的住所，并且对我那天早上的愤怒不以为意。那天午后，小跳蚤吃完泡面，在手提电脑上修图，接着，母亲打来了电话。她都记不起母亲有多长时间没有来电了，因为赌气，她也很长时间没有关心母亲的情况。母亲哽咽着说："女儿，你赶紧回来，你爸不行了。"小跳蚤不假思索地说："他不行了关我什么事？我们不是断绝父女关系了吗？找我干吗？"母亲抽泣："不管怎样，他也是你亲爹呀，你就回来看他一眼，好吗？"小跳蚤十分倔强："我不回去。"母亲哭出了声："你回不回来，自己决定吧，妈妈不勉强你，可是，可是……”母亲挂了电话。

小跳蚤无心修图了，关掉了手提电脑。

呆呆地坐着，小跳蚤心里隐隐作痛。不一会儿，她流下了两行泪水，为母亲流的泪水，此时的母亲，是那么的孤独和无助，她于心不忍。小跳蚤突然做了个决定，回去。她现在身无分文，怎么回？于是，她开始翻箱倒柜，最终在我衣柜里的一个小抽屉里，找到了那四千五百元现金。她买了张动车的车票，急匆匆地赶往虹桥火车站。黄昏时分，小跳蚤回到了那个南方小城，天上飘着雨丝，小跳蚤的情绪特别复杂，这是个熟悉又陌生的地方，也是时常会想念又讨厌的地方。她没有回家，而是直接去了医院。

父亲还在抢救。母亲坐在急救室外走廊的长椅上，目光黯淡，两眼垂泪，双手放在大腿上，十指绞在一起，她老了许多，两鬓有了花白的头发。小跳蚤不相信只是她一个人孤独地在这里等待，父亲有点权势时，那些七大姑八大姨的隔三岔五来找他办事，现在却不见一个人影。见到小跳蚤，母亲松开了绞在一起的十指，站起身，轻声说：“你，你回来了。”小跳蚤强忍着不让泪水淌下来，扑过去，抱住了母亲。母亲搂抱着她，在她耳边低语：“女儿，回来就好，回来就好。”有了小跳蚤的陪伴，母亲的情绪显然好了些，但她还是担心急诊室里的丈夫。小跳蚤一直不明白的是，为什么母亲对父亲总是千依百顺，不离不弃，在小跳蚤眼里，父亲就是个超级渣男。

小跳蚤在无数个夜晚，诅咒过父亲，现在父亲脑出血在急诊室里抢救，她心里还是动了一丝恻隐之心，希望他醒来。他是母亲的命，母亲宁愿舍去她，也选择和他在一起，他要是一命归西，母亲也活不下去。母亲说，他身体一直很好，怎么突然就脑出血了呢？早上起来还好好的，上午出去了一趟，回来见他情绪激动，可能是因为什么事情和人吵架，动了怒。小跳蚤说："他的脾气一直不好，你又不是不知道，连我也打骂，而且他抽烟喝酒，身体早就折腾坏了，表面看上去不错，其实身体内部有很大的问题，只不过以前没发作而已。"母亲拉着小跳蚤的手，不停地流泪。小跳蚤说："妈，放心吧，他死不了，坏人活千年呢。"

小跳蚤刚刚说完这话，急诊室的门开了，几个医生护士走了出来。小跳蚤搀扶着母亲站起来，迎了过去。领头的那个身材高大的中年男医生对她们说："手术很成功，你们放心吧，虽然说没有生命危险，但会留下一些后遗症，慢慢恢复吧。"母亲泣不成声："谢谢医生，谢谢医生。"小跳蚤嘀咕了一声："我说嘛，坏人活千年。"

父亲住了半个月的医院，就回家休养了，带回了一大堆药物，每天母亲按时给他吃药。父亲脸色苍白，眼睛浑浊，呆呆的，目光低垂。他半身瘫痪，手脚都不灵活了，躺在床上，完全是个废人。父亲的语言含混不清，有时有表达的欲望，却不知道说了些什么，叽里咕噜的声音很难辨识。他每次说话，母亲都要问他："你说的是什么？我听不清。"小跳蚤幸灾乐祸地说："妈，你再怎么问他，他也说不清楚，报应呀，当初骂我那么凶，现在就是骂我，我也听不见了，哈哈哈。"母亲瞪着她："你爸都这样了，你还说出没心没肺的话，还是人吗？"小跳蚤说："我不是人，他是。"父亲突然咧开嘴巴，笑了一下。小跳蚤说："你笑个屁。"

母亲对父亲真的是死心塌地，将他照顾得妥妥帖帖，吃饭喂药，端屎端尿，擦洗身体，没事就推着坐在轮椅上的父亲到外面去溜达，晒太阳。别人在后面指指点点，她也是面带微笑，充耳不闻。小跳蚤可受不了那些风言风语，有时还会大骂那些嚼舌头的人一顿。小跳蚤理解不了母亲，同样母亲也理解不了她，她们就像两条各自流淌的河流。母亲照顾父亲的间隙，就会打探一些小跳蚤的私生活，最重要的还是关心她的婚恋问题。小跳蚤极不耐烦，母亲提到这个话题，她就会到房间里，反锁上门，画她的图去了。她很清楚，这个家并不会久留，还是要回到上海去的。回来不到一个月，她就厌烦了，怕见到所有的熟人，他们都带着小城里俗不可耐的气息，小跳蚤没想通自己为什么会和他们格格不入。过了一段时间，父亲的病情渐渐好转，小跳蚤就离开了那个生养她的地方。

离开家，也是不辞而别。那天早上，母亲到菜市场买菜去了，她溜进父亲的房间，父亲还躺在床上睡觉，闭着眼睛，一点声息都没有，像一具尸体。小跳蚤站在床边，恶狠狠地说："老东西，你这一生罪恶累累，拖累了我妈一生，她当初是那么的美丽，现在却变成一个沧桑的老太太，还得给你当牛做马，你真不是人。"说完，小跳蚤转身就走，她走到门口时，听到了父亲叽里咕噜的声音。她回过头，看到父亲挣扎着想从床上爬起来，一只手颤抖着伸起来，似乎是在挽留她。小跳蚤听不清他在说什么，看着他那颤抖的手，心头突然一酸，眼窝滚烫起来。她关上了门，回到自己的房间，拿着行李箱，走出了家门。她想这一走，也许就再不回来了。小跳蚤没有告诉母亲自己要走，害怕看到母亲挽留的凄凉眼神。

说完这些，小跳蚤眼睛有点红，她端起酒杯："来，李哥，陪我喝一杯。"

喝完一杯酒，我问："你真的那么恨你父亲？"

她笑了笑："不说他了，败兴——喝酒！对了，吃完饭和我去蹦迪吗？"

我不置可否地笑了笑。

她眨了眨眼睛，轻轻叹了口气："你这个人太保守了，无趣极了，就像埋在地下两千年的老古董。不过，你还是蛮可靠的，做朋友不错。"我心里突然闪过一丝念头，有点喜欢上这个丫头了。吃完饭，我没有跟她去看她租的小洋房，也没有和她去蹦迪，而是坐地铁回住所，明天还要上班呢，工作对我来说，是最重要的事情。

那个晚上，我躺在床上，辗转反侧。

我想起了父亲，那个至今还在老家面朝黄土背朝天的老农民，他唯一的愿望就是能抱上孙子，但是他从来不说，也不会逼迫我。我妈有时唠叨两句，他立刻制止，说男儿在外，事业为重。我很清楚，我只是谋生，并没有什么事业可言，因此常常羞愧难当，觉得对不起父母的养育之恩。

宋楠和我结婚之后，第一次带宋楠回我的西北老家时，我才知道，她曾经给我父亲寄过钱。那是在小跳蚤闯入我的生活之前的事情。有一次，父亲说母亲生病了，我就给他汇了一笔钱回去，汇钱时，宋楠也在场，她记住了父亲的名字和银行卡的号码。如果不是小跳蚤，也许我们会更早结婚，但也可能走不到一起。小跳蚤刺激了宋楠，宋楠说，如果不是小跳蚤，她还不会对我如此上心，说不定处着处着就淡了，就分道扬镳了。小跳蚤让她重新审视我，发现我身上还是有不少吸引人的优点的，比如质朴和勤勉，还有诚实。在老家，我和宋楠站在塬上，望着黄土高原上的沟沟壑壑，问她："你当时见到小跳蚤，为什么不分青红皂白地和我分手，也不容我说明？"她笑了笑说："当时我气蒙了，觉得你是个大骗子，脚踩两条船，我还能听你解释说明？分手是我唯一的选择。"我叹了口气，轻声说："也不知她现在在何处。”宋楠酸溜溜地说：“看来你是忘不了她了。”我拉住宋楠的手说：“你能忘得了她吗？”宋楠的头依偎在我肩膀上，轻声说：“不能。”

小跳蚤的确是那种让人很难忘记的女孩，我相信和她相处过的人都会有这样的感觉，胡天德就是一个。有次，我在浦东机场，偶遇胡天德，他竟然还记得我，过来和我打招呼。他问我小跳蚤还好吗，我说小跳蚤早已离开上海，不知所终。胡天德说小跳蚤是令他印象深刻的女孩，看到我就想起了她。其实在此之前，我也只见过胡天德一面，因为小跳蚤。

那是个雷雨交加的深夜。

我接到了警察打来的电话，他让我去一趟派出所。我问他，出什么事了？警察说，你来了就知道了。我是个老实人，从来不做违法的事情，警察是不是搞错了？我不能不去，只好硬着头皮前往。地铁已经停运，我只好叫了辆出租车。一路上，我忐忑不安，提心吊胆，天空中的每个炸雷和每道闪电，都让我心惊肉跳。从我的住所到那个派出所，出租车开了四十多分钟，花去了我一百多块钱。这是在我身上割肉，人家说上海人小气，我不信，我才是个小气鬼，没大方的资本哪。

我走进派出所，值班警察问我：“你有什么事？”

“是你们张警官打电话让我来的。”我的双腿微微发抖，派出所这地方对我这样的草民而言，还是有威慑力的。

他说：“喔，进去吧。走廊右拐，一直走，最后一间。”

我按照他的指示，走到了那间办公室，门是开着的。一个警察在和一男一女说话，男的是个中年男子，微胖，坐在椅子上，脸上有几道见血的伤痕，双手捂着裆部，满脸痛苦的模样。女的就是小跳蚤，还是那个夸张的爆炸头，不过又染回了红色，是一团愤怒的火，可她的小脸没那么愤怒，低垂着，显然十分沮丧。我一下子明白了，是她犯事了，让警察把我叫来。不是我有事，我心安了许多，但心中的那块石头还是落不了地，不晓得小跳蚤的问题大小。

小跳蚤见我到来，大声说：“哥，哥，你终于来了，妹妹我被人欺负了……”

她说着，还要朝我扑过来。

张警官站起来，厉声说：“闭嘴，这不是你撒泼的地方。”

小跳蚤不言语了，低下了头。可怜兮兮的模样，真让我有几分心痛。张警官用鹰隼般的目光审视了我一下：“你是她哥？”我点了点头，皮笑肉不笑地说：“不是亲的。”小跳蚤嘟哝道：“比亲的还亲。”张警官面无表情：“我不管你们是亲的还是疏的，有人来处理问题就好。”我小心翼翼地问：“张警官，我妹发生什么事了？”

“她是疯子，把我脸挠花了，我的蛋蛋也被她踢坏了，哎哟，哎哟，痛呀——”那中年男子脸上的表情十分丰富，尽量地往惨痛方面表演。

“胡天德，你个臭流氓，你不摸我的屁股，我能挠你踢你吗？”小跳蚤气呼呼地说。

“闭嘴，你打人还有理了？”张警官瞪着眼睛说。

小跳蚤倔强地抬起头：“他耍流氓就有理了？你为什么老偏袒他，难道你们有什么关系？”

张警官口气缓和了些：“他那样做，当然不对，你可以报警呀，为什么要动手呢？你本来占着理，这一动手，不就理亏了？”

小跳蚤不说话了，鼻涕不知怎么流出来了。我递过纸巾，小跳蚤扯过去，重重地用纸巾捂住鼻子，擤了一下鼻涕，胡乱地擦了擦，脏了的纸团扔进了垃圾篓里。

接着，张警官给我介绍了大概的情况。

小跳蚤在夜店喝酒蹦迪，这是她的爱好，她对我说过，其实她是个很孤独的人，朋友也不多，人家女孩子总有几个要好的闺密，而她没有，跟那些杂志和游戏网站的编辑也不过是工作关系而已。我是她在这个城市里为数不多的熟人，也可以说是朋友，所以她出了问题总是会找我。有时我会不耐烦："你不要找我了，我不是你爹。"她就咯咯地坏笑："你比我爹还亲，李哥。"还是回到这个晚上的事情上，小跳蚤只要进入夜店，喝着酒，蹦着迪，看红男绿女群魔乱舞，她就觉得快乐，而且可以找到安慰。那么多陌生人陪她跳舞，孤独感烟消云散，她享受着夜店的美妙时光，刺激的音乐和酒，小跳蚤持续地兴奋着。这个雷雨天的夜晚，夜店里感觉不到天气的恶劣。一个男人盯上了小跳蚤，在她喝酒之际，那个男人凑上来搭讪："小姐，你的头发太有型了。"小跳蚤对男人十分警惕："你谁呀，我头发关你什么事？"男人笑了笑："我叫胡天德，生意人，你信不信，我会因为你的头发喜欢上你。"小跳蚤见多了这种搭讪者，嘴巴里清脆吐出俩字："快滚。"胡天德悻悻而去。小跳蚤没想到，他会在她蹦迪时挤过来，在她屁股上用力掐了一下。小跳蚤一声尖叫，接下来，惨剧发生了。生意人胡天德没料到一个如此弱小的女孩，可以爆发出惊人的力量和愤怒，她简直就是一匹凶狠的母狼，在胡天德脸上留下道道血痕，并且，她脚上的尖头皮鞋准确地踢到他的裆部。夜店一下子乱了，夜店老板只好报了警。小跳蚤想跑的，结果没有跑脱，和胡天德一起，被带到了派出所。

听完张警官的叙述，我赔着笑脸说："那现在怎么办？"

张警官说："胡先生同意调解，你妹妹不同意。"

“怎么调解法？”我问。

张警官说：“胡先生有错在先，应该向你妹妹赔礼道歉，并补偿一些精神损失费。你妹妹打人在后，也造成了一定的伤害，扣掉精神损失费，应该再补偿给胡先生一点费用，这事情就算了了，否则就走法律程序。”

“走法律程序会怎么样？”我又问。

张警官说：“那先要带胡天德去验伤，如果达到了轻伤，那就得拘留。”

我的心像是被一只巨大的手攥紧，疼痛极了。我连声说：“张警官，还是调解吧，调解吧，胡先生需要多少钱，我给他。”

小跳蚤极力反对：“凭什么给他钱，坐牢就坐牢，有什么了不起？”

张警官说：“看看，看看，就这态度，看来还是走法律程序吧。”

我低三下四地说：“别，别，还是调解吧。我妹妹她人小不懂事，你们就谅解她吧，多少钱，我出，我出。”

胡天德开了口：“我看这位兄弟还是很诚恳的，给五千块钱就算了，我也不多要。”

小跳蚤嘶吼：“你他妈的打劫呀。”

我不管那么多了，用微信支付了胡天德五千元钱，办完手续，拖着小跳蚤走出了派出所大门。天上还下着猛雨，雷劈电闪，小跳蚤站在雨中，大声喊叫：“李哥，你是个大傻蛋，谁让你给那浑蛋流氓钱了，他是在抢劫！”我打着伞，走过去：“你才是个傻瓜，你难道真想坐牢不成？花钱消灾，这钱是我愿意出的，不要你还。”小跳蚤气急败坏：“李西虫，你不是我哥，你就是帮凶，我再不理你了，你太窝囊了。”说完，她就转身在雨中奔跑起来。

我怕她出什么事情，紧紧地追了上去。

她太能跑了，累得我上气不接下气也追不上。等我追上她，她正蹲在一棵悬铃木树下，怀里抱着一条被雨水淋得湿漉漉的小狗。小狗瑟瑟发抖，小跳蚤变得温情脉脉，她身上也被雨水湿透了，薄如蝉翼的吊带裙粘在皮肤上，脊梁骨凸出。她抚摸着小狗湿漉漉的皮毛，柔声说："乖乖，别怕了，没有人要你，我要你，再不会有人将你遗弃了。"我听了心生怜悯。我用伞罩住了小跳蚤和狗，轻声说："别生气了，好吗？"

小跳蚤抱着狗子站起来，对我笑了笑："李哥，我没事了，你回去吧，明天还要上班呢，这离我家不远了，我回家了，谢谢你，又麻烦你了。"她转身走了，将我抛在寂寞的街上。一个闪电，照亮了雨中行走的小跳蚤，她的背影变得十分凄凉和无助。我的眼眶一热，泪水刹那间滚落。

后来我和宋楠讲述这段故事，宋楠也觉得伤感，她感叹道："小跳蚤真是个可怜的女孩。"我笑了笑："她并不可怜，她是活在自己世界里的人，那么率真，我觉得我们才是可怜人，成天循规蹈矩，为一口饭吃，为供一套蜗居，过得那么艰难和憋屈。"宋楠警惕："你是不是想像她那样活着？"我叹口气："想也不成哪，我没有那样的勇气，况且，还有你呢。"宋楠瞪了我一眼："谅你也不敢，对了，后来那条小狗怎么样了？"我很奇怪，宋楠不关心小跳蚤后来怎么样了，却关心那条流浪小狗。那条狗子老了，还受了伤，不久就死了，小跳蚤在郊外的一片小树林里，找了一块空地，将它埋了，还造了个小小的坟墓。这是我在她的微信朋友圈里看到的，那个雷雨夜之后，她好长时间没有搭理我，我只能在她微信朋友圈里窥到她生活的一些蛛丝马迹。

我想过主动联系她，又觉得唐突，我就是这样一个优柔寡断的男人。对了，在派出所我付给胡天德的那五千元，第二天她就微信转账还我了，这让我好长一段时间心存愧疚。宋楠说："李西虫，你喜欢狗子吗？要不，我们也养一条吧。"我摇了摇头："人都养不活，还养什么狗？况且，我们也没有时间照顾狗子呀，你我工作早出晚归，每天累得像鬼似的，哪有精神养狗？"宋楠不吭声了。我凝视着她洁白的脸，心想，如果她真的喜欢狗子，还是可以在合适的时候养一条的。这话我没有说出口。

我和小跳蚤的故事并没有就此结束，就在我和宋楠和好后不久，又发生了一件惨不忍睹的狗血事情。有段时间，我看小跳蚤在微信朋友圈里晒她到马尔代夫游玩的照片，阳光沙滩，蓝天白云，浮潜深潜，海钓冲浪……她在海里潜水的样子十分迷人，完全是条美人鱼，身姿曼妙，如梦如幻，这出乎我的意料。也许她真的很美，只不过我以前没有发现，也许是摄影师和相机的合谋，将她美化。除了晒些美照美食，还出现了一张合影。

那是小跳蚤和一个肥胖中年男人的合影，肥胖者穿着花衬衫、花短裤，头上戴着白色太阳帽，眼睛被宽大的墨镜遮盖，伸出毛茸茸的手臂，搂着娇小的小跳蚤，他们在一起合照，极不相称，就是大熊搂着兔子，我担心大熊将兔子吃了。翻遍小跳蚤所有的微信朋友圈，也只能找到这张和男人的合影，直觉告诉我，她和这个男人关系不寻常，绝对不是在马尔代夫偶遇。她发的微信朋友圈，我大都会点赞，偶尔也会留言，她从没有回复我，仿佛我不存在。我不会因此生气，她就那脾气，见怪不怪。发现小跳蚤和那个肥胖男人合影后，一连三天晚上，我都做噩梦，梦见小跳蚤被谋杀了，残破的身体被海水冲到无人岛的海滩上，鸥鸟在她的尸体上空盘旋叫唤着。我本不想理她和肥胖男人之事，噩梦之后，我决定提醒她几句，于是，用微信和手机号，都给她发了消息，让她注意自身的安危。小跳蚤没有回我消息，等了几天后，我就死了心。每个人都有自己的命运，至于她有什么危险，我担心也是没用的，由她去吧。我和宋楠说起这个事情，她说我咸吃萝卜淡操心，多管闲事。

奇怪的是，我发消息给她的两天后，小跳蚤的微信朋友圈设置了仅三天可见，我就再没有看到过她和胖子的那张合影了。这样也好，眼不见为净，省去我许多担忧。话是这么说，心里还是替小跳蚤捏把汗。

我担心的事情还是发生了。

那是小跳蚤去马尔代夫三个月后的事情，时令已是初冬，悬铃木开始飘落枯叶。那天下班，说好陪宋楠去买衣服，她从来不在自己供职的服装店买衣服，嫌贵，买不起。这不是她马上就要过生日了吗？我想给她买一套好点的衣服，表达一点心意。在赶往港汇广场的地铁上，小跳蚤打来了电话。她在哭泣，我可是第一次听到她哭泣。地铁车厢里十分嘈杂，我大声说："小跳蚤，你到底怎么啦？快说话呀。"小跳蚤光哭，就是不说话。我又大声说："你说话呀，发生什么事情了？快告诉我。"挤在我前面的一个女人说："你说话别喷口水好不好？口水都喷到我脸上了。"我赔着笑脸说："对不起，对不起。"周遭的人用各种眼神看着我，我有些无地自容，好像自己做错了什么事情。我只好在最近的一站下了车，在站台上和小跳蚤说话。

小跳蚤哼哼唧唧地哭了十几分钟，才说话："我，我不想活了。"

我焦急地说："你在哪里？我马上过来！"

小跳蚤说话的声音有些沙哑："我，我在家，我把手腕割开了。"

我顿时心急如焚："我马上过来，马上过来。"

摁掉了电话，我赶紧坐上地铁，往小跳蚤家的方向赶去。下了地铁，我就不停地奔跑。她租的老洋房就在乌鲁木齐路和衡山路交界之处。我进入一扇生锈的铁门，就看到了那栋三层的老洋房。我一口气跑上了三楼，咚咚咚地敲门。二楼的那户人家门开了，一个老太婆在楼道里说："敲门轻点啊，吵死人了。"我没有理她，继续敲门。老太婆骂了声什么，就重重把门关上了。门终于开了，小跳蚤的手腕淌着血，血都染在她身上白色的泡泡裙上了，她脸色苍白，挺吓人的。我浑身大汗，气喘吁吁地说："你这是干什么呀？"她眼中的泪水奔涌而出："李哥，我真的不想活了。"我赶紧进屋，屋子里乱糟糟的，脏衣服扔得到处都是，厨房水斗里堆满了脏脏的碗碟，一只苍蝇在上面飞来飞去。我顾不得许多，找出了一条干净点的毛巾，给她的手腕包扎上，然后拖着她去医院。

刚到医院，宋楠打来了电话，她气呼呼地说："李西虫，你死到哪里去了？我早下班了，在店里等你快两个小时了，怎么还不来！"我心里一凉，知道坏事了，应该接到小跳蚤的电话就和她说清楚的，要是她知道我送小跳蚤到医院，会不会产生什么误会？我支支吾吾，企图撒个谎骗她，问题是我不习惯撒谎，憋得脸上发烫。宋楠气急败坏地说："你到底在干什么坏事？快说呀。"和好之初，我答应过她，任何事情都不能隐瞒她的，只好如实说了："小跳蚤自杀，割腕了，我送她来医院，现在在六院呢。"宋楠说："啊，你不早说，我赶紧过来。"

港汇广场离六院不是很远，宋楠赶过来时，小跳蚤正在急诊室里处理伤口。宋楠碰了碰我的胳臂，轻声说：“她没事吧？”我轻松了许多，笑了笑：“没什么大问题了。”宋楠理了理额前的头发，叹口气说：“没事就好。”小跳蚤见宋楠来了，凄楚一笑：“宋楠姐——”宋楠也朝她笑了笑，没说什么。给小跳蚤处理伤口的女护士说：“好在割得不深，没有割到动脉，否则就麻烦了。小姑娘长得蛮漂亮的，别动不动就想不开，有什么比活着更好的？你看我，该吃吃，该玩玩，该工作就工作，什么也打不垮我，我前男友都要和我结婚了，劈腿被我发现，我不要太潇洒了，果断地炒了他的鱿鱼。学学我，小姑娘，爱自己才是最重要的，其他人都靠不住。”

小跳蚤流着泪说：“护士姐姐，你太了不起了，我得向你学习。”

宋楠轻声对我说：“小跳蚤这样的人怎么会轻生？”

我说：“不清楚。”

护士给小跳蚤处理好伤口，包扎好，说：“注意点，伤口别碰到水，过两天来换药。”宋楠点了点头：“谢谢护士姐姐。”

我们三个人走出医院大门，寒风骤起，枯叶飘飞。虽然小跳蚤身上的泡泡裙外套着一件短大衣，但她还是在风中瑟瑟发抖，脸色苍白，嘴唇乌黑，要不是她那火红的爆炸头，她就像僵尸。宋楠关切地说：“小妹，不行我们去吃饭吧，估计你也饿了。”小跳蚤情绪低迷：“没有胃口，也不饿，李哥、宋楠姐，你们去吃饭吧，不要管我了，我没事了，我自己打个车回去就行了，谢谢你们。”我对宋楠说，还是送小跳蚤回家吧，宋楠点了点头。好不容易，我们叫了辆出租车，将小跳蚤送回了家。

宋楠进了小跳蚤的屋子，就去开窗，她嫌屋子里的味大。小跳蚤连忙制止："宋楠姐，千万别开窗，冷。"宋楠只好关上了窗，尴尬地笑了笑。接着，她走到厨房，洗起了碗碟。厨房很小，和卫生间挨在一起，一看就是房东为了出租改出来的厨房。小跳蚤瘫在那古典欧式老沙发上，有气无力地说："宋楠姐，你别洗了，太脏了，明天钟点工阿姨来了会洗的。"宋楠说："没事，一会儿就洗完了。"宋楠收拾完厨房，又把小跳蚤扔得到处都是的脏衣服收到一起，放进了洗衣机。然后，宋楠又将斑驳的木地板拖得干干净净。我看着宋楠像一只勤劳的小蜜蜂，心里觉得对不住她，明天一定要给她买一套名牌衣服，就是吃糠咽菜也要把买衣服的钱省下来。

我对小跳蚤说："不吃东西不行，我叫个外卖吧。"

小跳蚤说："真的没有胃口，不想吃。"

宋楠打开冰箱，发现里面还是有不少存货的，有鸡蛋、乌冬面、火腿肠等。宋楠说："小妹，我知道你没有胃口，饿着肚子总归不好，我煮点清淡的东西给你吃吧。"小跳蚤不好再拒绝了，就说："那好吧，我吃点鸡蛋面吧。你们也饿了吧？多做些，我们一起吃。"宋楠笑了笑："好吧，我去做了。"

宋楠做饭时，我陪小跳蚤说话。

小跳蚤苦笑道："李哥，你是不是觉得很奇怪，我怎么穿着泡泡裙自杀。"

"不奇怪，我没有想到穿泡泡裙有什么不好，而且和你割腕也没什么关系。"我淡淡地说。

"当然有关系，这泡泡裙是他买给我的。他现在不要我了，还嫌我长得不好看，非要我去整容。我很清楚，他让我去整容，是个借口，不要我的借口。我发过誓不会去整容的，我讨厌假的东西，虚伪的话，假的美，谎言，我都厌恶透顶。他真的不要我了，我想不开，真的想不开，就想死。我真是个傻叉，还要为他去死，而且还把割腕的照片拍给他看，以为他会来救我。他根本就不理我，也许我死了正合他意，太无情无义了。”说着，小跳蚤的泪水又流了出来，她的眼睛红红的，快哭烂了。

我没有问那男人是谁，开导她：“你应该记住急诊室那个护士的话，不该这样的，要为自己活着，失恋算什么，他不要你，那是他的损失，你也认清了一个人的面目，何苦寻死觅活？”

小跳蚤擦了擦泪水：“都怪我用情太深了，我以为他会珍惜我，像照顾女儿一样照顾我，将我捧为掌上明珠。开始时，他是这样的。认识他也是鬼迷心窍，那个晚上，他也一个人在夜店喝酒，边喝边抹泪，我好奇，他为什么要哭。我很少见男人哭，我爹就从来不哭，所以心狠。我想，一个会哭的男人，总归心地善良吧，于是动了恻隐之心。我走过去陪他喝酒，他告诉我他太太去世半年了，还想着她，就在此借酒浇愁。哇，我觉得自己碰到一个大情圣了，马上对他刮目相看，尽管他长得像头肥猪。一连几天晚上，我们都在一起喝酒，仿佛有说不完的话。渐渐地，我们好上了。我没想到他是个有钱人，是做钢材生意的老板，这些对我来讲都不重要，重要的是，他喜欢我，呵护我，我仿佛在他身上找到了从未有过的父爱和男女之间的爱情，我承认我陷进去了。让我感动的是，他带我去马尔代夫旅游时，给我买了一条泡泡裙。有天早上，他偷偷地坐船去马累了，都没有告诉我，我醒来发现他不在我身边，整个小岛去找他，找不到他，我都急得差点蹈海了。马累是马尔代夫的首都，有很多商场，原来他是去马累给我买泡泡裙。他回来后，让我穿上那条美丽的泡泡裙，说我像个公主。我听到他这句话，哭了，你知道我很少哭的，那时我真没忍住幸福和激动的泪水。记得小时候，我爸我妈带我去厦门玩，在一个服装店里，我看中了一条泡泡裙，吵着要买，我爸不但不给我买，还打了我一耳光。我妈要给我买，我爸对她怒吼，让她不要惯着我。我从小就希望能够穿上美丽的泡泡裙，像个童话里的公主。大学毕业后，我想自己买一条泡泡裙，却总觉得自己买没有意思，要是有个白马王子送给我多好。问题是我没有白马王子，大学时谈过两次短暂的恋爱，最后都无疾而终，后来我就产生了恋爱恐惧症。我真没想到会在马尔代夫穿上我梦中的泡泡裙，我的确在头个晚上做了穿泡泡裙的梦。他没睡着，从我梦话中得知了我心底的秘密，结果天一亮，他就租了条船去马累了，给了我一个天大的惊喜。穿上泡泡裙的刹那间，我就真的爱上了他。”

我也百思不得其解：“既然你们那么相爱，怎么就分手了呢？”

“是他不要我的，他突然就厌烦我了，先前没有一点迹象，头天晚上我们还去吃海鲜大餐，还把我带回他青浦的别墅里去，还让他的女仆给我做燕窝莲子羹当夜宵。第二天早上醒来，他就没有好脸色了，说是让我去整容，我这个样子带出去会丢他的脸。我说你刚刚认识我的时候，不是说我长得与众不同，特别喜欢我这个样子吗？他阴沉着脸说那是他看走了眼，图一时的新鲜。我被激怒了，说打死也不会去整容，然后愤怒地离开了他的别墅，叫了辆快车回来了。我以为他会来找我，却没有，他是如此绝情，说断就断了，没有一点缓冲，直接就宣告了我们关系的结束。”小跳蚤抽泣起来，可以看出她内心的痛楚。

我递过纸巾：“擦擦眼泪。让他过去吧，别再纠结了，你真的为他死了，他也不会同情你的，不值得呀。”

小跳蚤擦了擦泪水，苦笑着说："他给我编织了一个美丽的梦，又亲手扼杀了我的美好向往。"

这时，宋楠做好了鸡蛋面，给小跳蚤端了一碗过来。小跳蚤喝了一小口汤，抬头笑着说："宋楠姐，你的厨艺真好，好鲜。"宋楠轻声说："慢慢吃，别烫着。"小跳蚤说："放心，我不是小孩子，烫不了我，你们也吃吧。"宋楠回到厨房，给我端了碗鸡蛋面，最后才给自己盛面条。我们三个人哧溜哧溜地吃着面条，都没有说话，直到吃完。

宋楠收拾完厨房，对我说："西虫，我看晚上我留下来陪小妹吧，你早点回去休息。"我说："这样也好，你留下来可以照顾小妹，我没什么用，你多多安慰她。"宋楠说："你就放心吧。"

小跳蚤站起来，紧张极了："别，别，你们谁都不要留下来陪我，我不喜欢安慰，真的。你们放心吧，没事了，我再不会想死了。况且，我也不是真的要去死，只是那时我太难过了，企图用这个方式挽回失去的东西。我要是真的想死，谁都不会说的，悄悄就走了，不会让任何人知道的。放心吧，我还没有活够呢，怎么会去死？你们赶紧回去吧，我已经很对不起你们了。"

我认真地说："你真的没事？"

小跳蚤握起小拳头，捶了我的胳臂一下，笑着说："真的没事，李哥。"

宋楠笑了笑："既然如此，那我们就走了，你真要有什么事，记得给你李哥打电话。"

小跳蚤说："放心吧，宋楠姐。"

我们走在街上，冽风呼啸，冬天真的要来临了。我们快步走向地铁站，宋楠紧紧地挽住我的手，她说："李西虫，你以后会不会抛弃我？"我说："怎么会？"她又说：

“鬼知道，要是你哪天发达了，变成有钱人了，那就说不准了。”我说：“怎么可能？”宋楠接着说：“如果有那天，我才不会寻死觅活，但是，我会杀了你。”

我以为小跳蚤和那肥胖男人的事情就到此为止了，岂料还有个狗血的结尾。过了几天，那是个周末，小跳蚤找到我，说她还是想不开，要我陪她一起去找那男人要青春损失费。架不住她的央求，我就和她一起去了。宋楠在上班，原则上她是不允许我去的，却也没办法，小跳蚤也央求了她，她交代我，千万不要意气用事，出了什么事情她可不管。

小跳蚤叫了辆快车，来到了青浦名人家园别墅群。

小跳蚤找到了肥胖男人的别墅，那是一幢三层楼的西式别墅，外墙贴的都是上好的大理石，堂皇气派。在这别墅前，我鼓足的勇气荡然无存，觉得自己特别特别渺小，不值一提，资本真的是有力量的。小跳蚤肯定是没有我这种感觉的，她和我根本就不是一类人。

小跳蚤按了按门铃，过了好大一会儿，门开了条缝，传来女人的声音：“你走吧，老板不在。”话音刚落，门就重重关上了。小跳蚤用力地拍着门扉，尖声叫着：“吴婶，开门，开门呀，我知道他在里面。”门里没有回应。我心虚地说：“我们还是走吧，算了，这一页就翻篇了。”小跳蚤瞪了我一眼：“我是让你来帮我的，怎么替他说话了？李哥，你太窝囊了。算了，不要你说什么，你站在那里装装样子就好了。”

小跳蚤声嘶力竭地喊叫：“王大龙，王八蛋，给我滚出来。我知道你在里面，你要不出来，我就死在这里。”

她叫了老半天，门终于开了，王大龙上身穿着件黄色羽绒服，下身穿着毛茸茸的睡裤，手中牵着一条大狼狗，站在门里面。他脸色阴沉，冷冷地说："别闹了，快滚吧。"

小跳蚤也冷笑道："我是来和你讲道理的，我跟你那么久，你总得给点补偿吧。我不是一件衣服，你不喜欢穿就扔了。只要你答应给我一笔钱，我立马就消失，再也不会来了。"

王大龙俯下身，摸了摸大狼狗的头，大狼狗目露凶光，吐着湿漉漉的舌头，那两颗大牙令我胆寒。王大龙轻描淡写地说："你要多少钱？"

小跳蚤迟疑了一下说："一百万，就一百万，我们两清了。"

王大龙直起了身，瞪圆了眼睛："一百万，你以为老子是开银行的呀，不要说一百万，一分钱老子也不给你！"

小跳蚤气坏了："你个王八蛋，我的处女之身都给你了，你还说这样的混账话，猪狗不如！"

王大龙哈哈大笑："老子从来就不是什么好人，玩玩而已，你非要认真，怪得了我吗？赶紧走吧，你是不可能从我这里拿走一分钱的。"

小跳蚤想要扑过去，我抱住了她。王大龙突然松开了手中的狗绳，大狼狗朝我们扑过来。我惊叫了声不好，拉起小跳蚤狂奔起来。我以为大狼狗会追上来将我们撕成碎片，结果它没有追上来。跑出一段，我偶尔回过头，看到王大龙牵着大狼狗进门去了。我说："没事了，没事了。"

小跳蚤气喘吁吁地瞪着我，小眼珠子仿佛要飞溅出来："李哥，你说，我是不是个自取其辱之人？"我不知怎么回答她，不停地喘气。突然，她大笑起来，笑得上气不接下气。笑声戛然而止，小跳蚤耷拉着头，默默地朝外面走去。我跟在她后面，什么话也没说，也不晓得说什么好。

我和宋楠和好，完全是小跳蚤的功劳。直到新婚之夜，宋楠才告诉我这事，在此之前，我还蒙在鼓里，认为是宋楠回心转意主动来找我的。小跳蚤从那个南方小城回来后，得知我和宋楠因她而分手，便找到了宋楠。等宋楠下班后，在港汇广场五楼的一家日料店里，将和我发生的事情一五一十地告诉她。宋楠不信，小跳蚤微笑着说：“你要不信，我就敢从这层楼的中庭跳下去。”说完，小跳蚤站起来，朝圆形的中庭走去，一层的大堂上，还有人来来往往。小跳蚤爬上了玻璃壁障，冷静地对追出来的宋楠说：“姐姐，我说的没有半句假话，你要真的不相信，我就从这里跳下去。”宋楠知道，这个地方以前有人跳过楼，才装上了一人多高的壁障，以防止有人顺畅地从这里跳下去。这时，有不少人围了上来，围观者喋喋不休，有人劝说小跳蚤千万别跳要惜命，有人在猜测小跳蚤发生了什么事情要轻生，也有人在叫报警，还有人说小跳蚤作秀……宋楠双腿颤抖，战战兢兢地走到小跳蚤跟前，讷讷地说：“小妹，我相信你，你赶紧下来。”小跳蚤说：“你真的相信我说的话？”宋楠脸色苍白，心跳加快，喘着气说：“我信，我信，真的相信。”小跳蚤又说：“你答应我一个条件，我就下来。”宋楠快被她逼疯了，赶紧说：“只要你下来，我什么条件都答应。”小跳蚤说：“发誓不反悔。”宋楠说：“我发誓，绝不反悔。”小跳蚤说：“那好，你答应我，你要和李哥和好，而且我找你的事情必须保密。”宋楠快哭了：“求你下来吧，我答应，答应你的要求。”小跳蚤这才从壁障上跳了下来，对围观者说：“别看了，别看了，我才不想死呢。”围观者仿佛受了羞辱和欺骗，骂骂咧咧地散开。小跳蚤拉住宋楠的手臂，亲热地说：“走吧，姐姐，继续吃东西去。”宋楠心有余悸，什么话也说不出来。

小跳蚤也是在我新婚之夜离开上海的，从那以后，就再也没有她的音信。

那年春节后，我就开始忙碌和宋楠结婚的事情。我们在上海没有什么亲戚朋友，一切都靠自己张罗，我们准备在上海办一个简单的婚礼，请公司的同事，然后回老家。两年来，欢姐尽管没怎么青睐我，却也没有给我穿小鞋，也许是她晓得我是个老实人后，觉得欺负我也没啥意思，就放过我了，因此我对她心存感激，结婚的事情也告诉她了，她说一定会来参加我的婚礼。一连好几个月，都没有小跳蚤的消息，我忙得焦头烂额，着实也顾不上她。

偶尔我会和宋楠说起她来，宋楠就会酸溜溜地说："我们都要结婚了，你还那么记挂她。"

我搂着她说："别小心眼了，好歹我们兄妹一场，结婚的事情也得告诉她吧。"

"我已经告诉过她了，可是一直没有回音。"宋楠说，"是不是她心里有你，听到这个消息生气，故意不理我了？"

我说："怎么可能？她就是那样的人，不爱回人的信息，可能在做什么重要的事情吧。"

宋楠叹了口气："既然你那么看重和她的情义，你再告诉她一次吧，她来不来是她的事情。"

我给她打了几次电话，她也没接，也给她发了手机消息和微博、微信消息，她都没有回应。我还是有些担心，她是不是出了什么大问题。那天晚上，我看到一条新闻，有个独居的女子，洗澡时不慎摔倒，头撞在利器上昏厥，失血过多而亡，死后十几天，邻居闻到散发出来的腐烂尸臭，尸体才被发现。这新闻令我悚然心惊，小跳蚤会不会也这样？我不敢往下想，赶紧穿好衣服，赶往小跳蚤的住所。上楼时，二楼的老太太打开门，怪异地望了我一眼，又快速地将门关上了。楼梯上的灯光昏暗，我闻到春天里特有的霉烂的怪味。来到小跳蚤的门前，我忐忑不安，敲了敲门。门开了，小跳蚤穿着粉色丝绒的睡衣睡裤出现在我眼前，还是那顶爆炸头，换成了紫色，有梦幻之感。我惊喜地说："你还活着呀。"

小跳蚤也十分惊讶："怎么，你以为我死了？"

我笑着说："没有，没有，只是担心。"

小跳蚤恢复了平静的表情："李哥，进屋说吧。"

屋里混杂着各种味道，牛奶、尿骚味、霉味、湿衣物中的洗衣粉味……浓郁的怪味刺激着我鼻孔黏膜，我使劲地打了个喷嚏。小跳蚤食指放在唇边："嘘——"我这才发现，床上还躺着一个小娃娃，小娃娃睡着了，身上盖着有卡通图案的小被子。我又一次惊讶了："这……"小跳蚤轻声说："是我女儿。"怎么可能？我蒙了。小跳蚤又说："捡来的。"我走近床前，又一次被惊到了，不敢相信自己的眼睛，这是个黑皮肤的女婴，头上的胎毛还是自然卷。

"李哥，你先坐下，我把刚洗的衣服晾到阳台上去。"小跳蚤笑着说。

我从错愕中反应过来："去，去吧。"

床上的黑人婴儿是个谜，我百思不得其解，小跳蚤怎么会捡到一个黑人女婴。书桌上，手提电脑还亮着，屏幕上有小跳蚤没有画完的图。小跳蚤晾完衣服走进屋，给我泡了杯茶，轻轻地说："李哥，对不起呀，其实你和宋楠姐要结婚的消息早就收到了，我也准备好了礼物，到时候我会去的。没有及时回复，你得原谅我呀，你也看到了，这两个月，我被这个孩子缠住了，又要带她，又要赶着画稿，真的累坏了，多想像从前一样，好好睡一觉呀，睡他个三天三夜。”

我压低了声音说：“这到底是怎么回事？”

小跳蚤轻描淡写地说：“没什么呀，不过就是捡了个小孩子，我想自己养着，反正我不想结婚了，以后就和这个孩子相依为命吧。”

“你没有想过以后会有很多困难等着你吗？你还年轻，自己都还是个孩子，靠你一个人能把孩子抚养大吗？”我不能不为她的未来担忧。

小跳蚤淡淡一笑：“想过呀，我想好了才做这个决定的。也真是巧了，你还记得那次从派出所出来在那棵树下捡到小狗狗的事情吗？这个孩子也是在那棵树下捡到的。那天晚上，我在夜店喝完酒，回家的路上，听到了小孩的哭声，跑过去一看，发现树下放着一个用小被子裹着的孩子。当时我就喊叫，是谁把孩子放在这里的。那时街上仿佛就我一个人，孩子的哭声刺痛着我的心，我抱起了孩子。孩子可能是饿了，怎么哄也哄不好。我没有奶喂她，只好抱着她到二十四小时都营业的超市，买了罐婴儿奶粉，也买了个奶瓶儿。售货的阿姨问我，这是你的孩子？我说是捡来的。她狐疑地看着我，我大声说，你看我像生孩子的人吗？真的是捡来的。她笑了，于是教我怎么调奶粉，还告诉我怎样测试奶的温度，要是太热了，会烫伤孩子的嘴巴。我就将她抱回了家里，调好奶，奶嘴对着手背，挤出点奶，有点烫，加了点凉开水，温度差不多了，才喂给孩子吃。孩子咬住奶嘴，就像狼崽子般贪婪地吮吸。”

我插了句话：“你就这样留下这个孩子？没有考虑过送到福利院，或者让有能力、有条件的人去收养？”

这时，孩子醒了，哇的一声哭出来。

小跳蚤说：“孩子拉了。”

孩子拉的屎很臭，我都有些忍受不了，小跳蚤却十分有耐心地用湿纸巾擦去孩子屁股上的稀屎，一连擦了几遍，直到擦得干干净净，然后换上新的尿不湿。换完尿不湿，小跳蚤抱起孩子，满脸慈爱的笑容，与往常的那个小跳蚤判若两人，她的小眼睛里闪烁着某种洁净的光芒。小跳蚤柔声说：“李哥，你看看，她多漂亮呀。”孩子的眼睛大大的，十分明亮，她望着我，嘴唇翕动着。我内心突然涌起潮水，莫名其妙地感动，一个女人，无论她是什么样的人，她身上的母性要是被激活了，那是多么的迷人。

接下来，小跳蚤给我讲了她和这个孩子更多的故事。

对于抚养孩子，小跳蚤是懵懂无知的。这个孩子的降临，像是一种宿命，她买来了很多养育孩子的书籍，从中学习怎么带好孩子。她对于收养孩子的法规也是无知的，捡到孩子一个月后，她对孩子有了感情，觉得要带孩子去上个户口，结果被派出所拒绝了，她根本就拿不出孩子的出生证明，而且她根本就没有结过婚，问题还是个黑人婴儿。警察问她孩子是怎么来的，她说是捡来的。警察将信将疑，问她什么时候在什么地方捡来的。她如实将那夜的情景告诉了警察。警察问，为什么那天晚上没有报警。小跳蚤说：“我不知道要报警，我不能不管，就抱回家了，现在我报警可以吗？”警察说：“你怎么证明这个孩子不是你自己的孩子，而是捡来的？”小跳蚤有点蒙，她的确无法证明呀。警察又说：“你说的事情我们可以去调查，也会去调当晚的监控，你也可以去做份亲子鉴定，证明你不是孩子的母亲。”小跳蚤说：“我要是她亲生母亲就好了，警察叔叔，你看她多可爱，眼睛那么亮，就像夜空中的星星。”警察面无表情地说：“如果证实你不是孩子的亲生母亲，你也不够收养条件，我建议你到时将孩子送到福利院去，让有条件的人收养。”

回到家里，小跳蚤凝视着这个孩子，心里难过极了。那段时间里，她不敢出门，买东西都在网上买，有人送上门。在那个不足二十平方米的房间里，小跳蚤边给游戏公司画卡通人物，边照料着孩子。她没有听警察的话，去做什么亲子鉴定，也没有把孩子送到福利院去。有时，她会做噩梦。噩梦中，孩子被人抢走了，她一直追赶，怎么也追不上，抢孩子的人越跑越远，孩子撕心裂肺的哭声却愈来愈响，充斥着整个梦境。每次噩梦惊醒后，她第一反应就是看孩子还在不在，她的手触摸到孩子幼嫩的皮肤，恐惧的心就会渐渐地修复。很奇怪的是，从派出所回家后，警察一直没有联系她。只是二楼那个老太太来过一次，那是个夜晚，孩子不停地哭，怎么哄也哄不好，老太太听到哭声，就上楼来了。老太太见是个黑人孩子，满脸狐疑，不过她还是帮小跳蚤止住了孩子的哭闹。小跳蚤问她孩子怎么啦，为什么哭个不停。老太太冷冷地说："她是饿了，她是孩子，不是大人，一天吃三顿饭就可以了。你看看，我给她喂点牛奶，就不哭了。"小跳蚤抓耳挠腮，傻笑道："我错了，奶奶。"老太太说："带个孩子没那么容易的。"

说完这些，小跳蚤开始给孩子调奶粉，让我抱着孩子。

孩子一到我手上就哭，好像我手上有刺，扎着了她。

小跳蚤调完奶粉，抱回孩子，孩子就马上不哭了，就像水龙头被关上。小跳蚤边喂孩子，边对我说："李哥，已经很晚了，你回去吧。我现在就是这种情况，会熬过去的，只要不强制夺走孩子，我会一直抚养她，直到她长大成人。我知道，你想说，她是个黑人孩子，我真不在乎她的肤色。她是一条生命，美好的生命，我不能放弃她，也许她是上天送给我的礼物，我当珍惜，我不相信别人会比我更爱护她。李哥，提前祝福你呀，婚礼的那天，我一定会去的，你是我在上海唯一的大哥，不能少了我的祝福。”

话说到此，我也不多说什么了，站起身告辞。

回到住所，我打电话给宋楠，和她说了此事。宋楠在电话那头沉默了良久，才说出一句话：“这小丫头到底怎么想的，这不自寻烦恼吗？不，不，这孩子是不是她亲生的呢？”

我沉着冷静地说：“不可能，我相信她的话，哪怕全世界的人都不相信她，我也相信她。”

我和宋楠在莘庄买了一套两居室的新房，正式成为房奴，结婚后还要过很长时间的苦日子，一分钱还是要分成两半花，不过想到两个人在一起可以结束孤独的日子，还是有些美好向往，苦中有甜。买这房子，好在宋楠父母给了一大笔钱，否则也是泡影。我和宋楠商量好，结婚后才入住新房，在此之前，还是各自住自己的出租屋。说句与这个时代不相称的话，我和宋楠都要结婚了，都还没有上过床，每次亲密到关键时刻，宋楠就理智地停止了，我忍住没有进行下去。宋楠是个很有仪式感的姑娘，她说一定要等到结婚那天。我尊重她的意见，尽管很多时候欲火中烧，难于忍耐，就到浴室浇凉水熄火。新婚的日子越来越近，新房也布置好了。那天晚上，我和宋楠去了新房，看有什么东西还要添置的。宋楠在新房里溜达了一圈，坐在沙发上说：“我看齐活了，没什么东西要买的了。”我还是不放心，仔细地检查，在房间里走进走出，宋楠坐在沙发上看手机。

宋楠突然叫唤：“西虫，快过来。”

我走到她跟前：“怎么了？”

宋楠把手机递给我：“你自己看。”

那是微博上的一个帖子，标题是：女画师乔麦为黑人留学生产下一私生子。这个帖子是几天前发的，发帖人是新注册的一个名字，帖子几天就被转发上万次，回复几万条，回复大都是骂人的话，有些话不堪入目。我说："这乔麦是谁？"宋楠站起来，说："你点开图片仔细看。"我点开图片，定睛一看，呆住了，图片上的人不就是小跳蚤吗？她抱着孩子，走在路上。图片拍的虽然是侧面，但小跳蚤和孩子还是清晰可见的。我一直不知道小跳蚤的真实名字，她从来没有告诉过我，我也没有问。我这个人就是这样，不喜欢打探别人的隐私，更不会主动去探寻。在这方面，欢姐对我的评价很高，说我人品还是不错的。

宋楠担心地说："小跳蚤有大麻烦了，我那天就怀疑这孩子是她自己的，现在网上都爆出来了，网络暴力够她受的了。"

我生气地说："那不是她的孩子，绝对不是，你胡说八道。"

"不是就不是，你发那么大脾气做什么，这和我有什么关系呀，一切都是她自作自受。"宋楠也来气了，"看来你心中只有她，你找她去结婚好了。"

我感觉到自己过分了，连忙说："对不起，对不起。"

宋楠也给了我台阶下："我理解你，不和你计较。我看还是去看看她吧，这个时候，她需要关心和支持，换上我，会崩溃的。"

我们匆匆赶往小跳蚤的住所。

上到二楼的时候，二楼那家人的门开了，老太太探出头，鄙夷地瞟了我一眼，冷淡地说："楼上那个小姑娘搬走了，你们以后不要来这里找人了。"我客气地问："老奶奶，她什么时候搬走的，搬去哪里了？"老太太没好气地说："前天搬走的，我哪知道她搬到哪里去了？我又不是她肚子里的蛔虫。"老太太"砰"的一声关上了门，我的心顿时沉入一个深渊。

来到街上，我给小跳蚤拨电话。

她一直不接电话。

见我急得像只上蹿下跳的猴子，宋楠说：“西虫，你别着急呀，她应该不会有事的，想想她搬家一定是为了保护自己，知道保护自己，她就肯定没事，而且也会有办法处理好问题的，她那么古灵精怪，比你厉害多了。况且，你就是找到她，又能帮上什么忙？所有的问题还得要她自己承担和解决。”

宋楠说的话有道理，可我实在是担心哪，于是，我又拨了一次小跳蚤的电话。手机铃声响了十几次后，我终于听到了她的声音。我抑制不住内心的激动：“小妹，你在哪里，现在还好吗？”小跳蚤的语气十分平淡：“李哥，刚才在给孩子换尿不湿，没接到你的电话，对不起呀。我现在在安全的地方，你放心吧，过几天你和楠姐就要结婚了，忙好你们自己的事情，不要操心我，我不会有事的。结婚那天，我会去的，答应过你的事情，不会改变。说实话，我很喜欢原来住的地方，要不是老太太去举报我，街道的人三天两头来做我的工作，让我把孩子交到福利院去的话，我还是会继续在那里住下去的。现在一切都改变了，我只想和孩子在一起，谁也别想从我身边夺走她。”我说：“你能够告诉我现在住的地方吗？我和宋楠去看望你。还有，网上关于你的传闻是怎么回事？”小跳蚤说：“别来了，我要给孩子赚奶粉钱，特别忙，画稿要是不按时交上，就麻烦大了，我只能抱着孩子去喝西北风。关于网上的事情，我从来不搭理的，由他们说，由他们骂，我不是为他们活着，他们说什么都和我没有关系。对了，那是我一个同行捣的鬼，我从来不把他放在眼里。好了，李哥，很谢谢你们的关心，我该干活了，就不多说了，拜拜。”小跳蚤挂了电话，我有些不知所措，长长地叹了口气。

那个晚上，我梦见小跳蚤在街上被人围住，人们义愤填膺的模样，朝她扔烂菜叶，朝她吐口水，用尘世最恶毒的言语袭击她。她无辜地抱着扑闪着大眼睛的女娃娃，微笑地面对一切。我醒过来后，夜色宁静，我似乎可以听到自己的心跳。

我和宋楠的婚礼如期进行。那个晚上，婚宴十分热闹，来了很多同事，宋楠的同事也来了不少。无论平常在工作上大家如何心照不宣，如何虚情假意，如何暗中较劲，他们还是给我送上了祝福，我相信祝福是真的，欢姐出了血，破天荒地给我包了个大红包。让我欣慰的是，宋楠的爸爸妈妈也赶来参加了婚礼，他们只有宋楠这一个女儿，能够将她放心地交给我，是我的幸运。可是我还是期待小跳蚤的到来，我设想她会抱着孩子来参加婚礼，也许是她独自前来，这些都不重要，重要的是她能来。

婚礼进行的时候，我总是往入口处张望，希望小跳蚤出现。

一直到我和新娘入席，婚宴开始，小跳蚤都没有出现，我心里有些酸涩。宋楠看出了我的心思，在我耳边轻柔地说："西虫，小跳蚤应该不会来了，她一定是有什么事情，不要等她了，开心点，今天是我们最重要的大日子呀。"我听从了她的话，她的话是对的。就在我们一桌一桌去敬酒之际，我的手机响了，是小跳蚤来电。接通电话，小跳蚤说："李哥，实在对不起，我没能来到婚礼现场。"我说："你现在在哪里？"小跳蚤说："我就在酒店门口，就不上去了，你能下来一下吗？"我说："好，好，我马上下来。"

我和宋楠交代了一下，就匆匆地下楼了。

那时天上飘起了细雨，雨丝轻柔，落在脸上，有些微痒。小跳蚤拖着一个旅行箱，孩子装在胸前的背袋上，看上去她就像只袋鼠，胸前还护着一只小袋鼠。异样的是，她竟然将那顶爆炸头理成了一个光头，她的头型并不好看，尖尖的小脑袋，不过显得脸庞大了些。小跳蚤脸色苍白，微笑地面对着我。我说："你这是……"小跳蚤平静的语调，就像飘落的绵绵细雨："李哥，我在上海待不下去了，他们还是找到了我，要我将孩子送福利院，我不答应，必须离开，我要去一个能够和孩子一起生活的地方，我已经买好了离开的高铁票，就在今晚。我答应过你要来的，也算是和李哥见最后一面吧。"我一时语塞，不知道说什么好。她将手中包好的礼物递给我："李哥，这是给你和楠姐的结婚礼物，一点心意，你别见怪。"我木然地接过了小跳蚤的礼物。她继续说："李哥，你们一定要相亲相爱呀，以后无论生男孩还是女孩，都要好好爱他（她），那是你们的骨血。走之前，还有件事情要告诉李哥。我之前怀过孕，是王大龙的，打掉了。我很后悔打掉了那个孩子，常常做噩梦，觉得自己是个罪人，那也是一条生命呀，却被我扼杀了。这也是我不想放弃现在这个孩子的原因，我不能再犯错了。这个孩子让我内心安宁，仿佛她就是我的亲生孩子，不可替代。好了，你回婚礼上去吧，我得坐地铁去高铁站了，真心祝你们幸福，希望山高水长，我们还有见面的那一天。"

小跳蚤拖着行李走了，她走在细雨之中，没有回头，每一步都那么沉重。我眼中的泪水悄无声息地流淌下来，流到嘴上，又咸又涩。这不是我要看到的小跳蚤，我不希望她这样离去，有些伤感，有些无奈，却让我感怀。眼泪模糊了我的眼睛，小跳蚤渐渐地消失，就像一片雪花，落到地上，融化得干干净净。从那以后，小跳蚤常常出现在我的梦中，梦中的她没有那么沉重，也不是在那个飘雨之夜，但总是在和我告别。清晨寂静的街道上，她蹦蹦跳跳地离去，好像回过头，又似乎没有回头，有些义无反顾的味道。

定格于青俊
——杜牧二十题

◎张　炜

万卷书满堂

杜牧出身于唐朝豪门大族，其家世之显赫，在历代诗人中都是不多见的，可谓“一门朱紫，世代公卿”。他的祖上曾是上层统治人物，魏晋以来就世代为官。十六世祖杜预是晋代的镇南大将军、当阳侯，曾祖杜希望文武双全，清廉自守，深受唐玄宗器重，历任鸿胪卿、恒州刺史、西河太守。他骁勇善战，斩敌千余级，令吐蕃畏惧。王维在《故西河郡杜太守挽歌三首·其一》中做过如此描述：“天上去西征，云中护北平。生擒白马将，连破黑雕城。”杜希望还特别爱重文学，唐朝著名诗人崔颢便出其门下。祖父杜佑官至宰相，封岐国公，历经德宗、顺宗、宪宗三朝，高居相位长达十年之久，是一个在中唐时期有极大影响力的政治人物，曾经撰有《通典》二百卷。杜牧的两个伯父分别官至司农少卿和桂管观察使，其父杜从郁官至驾部员外郎。杜牧从兄杜悰，迎娶了宪宗爱女岐阳公主，后来官至宰相，封邠国公。

杜牧对自己的家世是十分自豪的，在诗中写道："我家公相家，剑佩尝丁当。旧第开朱门，长安城中央。第中无一物，万卷书满堂。家集二百编，上下驰皇王。"（《冬至日寄小侄阿宜诗》）他最愿炫耀的还是自己家族的诗书文脉："上都有旧第，唯书万卷，终南山下有旧庐，颇有水树。"（《上知己文章启》）文中谈到的旧第，实际上是一座位于长安城中央的豪华相府，而杜家在长安城南还有一处樊川别墅，那是一方规模宏大的宰相园林："亭馆林池，为城南之最。"（《旧唐书·杜佑传》）

杜牧出生时，祖父仍为宰相。他的父亲杜从郁曾任左拾遗、秘书丞、驾部员外郎等职。当时文坛上韩愈、白居易、刘禹锡、柳宗元等人正值壮年，以他们为代表的一些文化人物振作中唐文气，开启一代新风。此时的中唐朝局距离"安史之乱"已过去四十多年，正陷入藩镇割据跋扈、宦官专权擅政的混乱衰败期，在这样的历史条件下，正直士人需要经受巨大的考验。朝堂之上清正廉洁的官吏处于一种不安与坎坷之中，需要小心谨慎地面对纷乱党争和宦竖干政，在夹缝中生活，想要有所作为就要冒极大风险。他们或者隐忍退让，委曲求全；或者抒写豪志，激烈抗争，被贬谪流放，甚至处死。在中晚唐的政治舞台上，各色人物争相表演，当权人物像走马灯一样轮替更换，真正是你方唱罢我登场。

剧烈的朝廷斗争延续了许多年，波及很多仕人，当时一些重要的文化人物都自觉不自觉地被卷入。如柳宗元、刘禹锡等所参与的顺宗朝的"永贞革新"，短短一百多天便以失败告终，柳、刘二人分别被贬逐至偏远的永州和朗州做司马，才三十出头，正值盛年。刘禹锡在外度过了二十三年的逐臣生涯，五十五岁才被朝廷召回，任职东都尚书省。而柳宗元年仅四十七岁便病逝于贬地柳州。再后来的李商隐即便官职低微，远离权力中心，也成为牛李党争的牺牲品。这些人有的抑郁蹇困，一生不展；有的到了晚年才稍有缓解，其不平之气只有在文字中得以抒发。这个时期留下的斑驳诗文，成为中晚唐一笔丰厚的文化财富，而这些代表人物，更值得书写与记录。

杜牧在祖父和父亲的荫护下，度过了十年美好时光，拥有一个从物质到精神都极为丰富的少年时代。这对他的一生至关重要，无论对其诗风还是人生道路，都有决定性的作用。像他的祖父杜佑这样的人物，其影响之大可以想象。“子弟皆奉朝请，贵盛为一时冠。”（《新唐书·杜佑传》）这样一个家世显赫的豪门子弟，其生活环境对于成长而言当有两方面的意义：良性的一面是深受传统书香的熏陶，可以近距离接触上层生活，凭高望远，视野开阔；不利之处是与底层生活有所隔离，缺乏另一类更常态也更广泛的体验。他心性开敞明朗却也相对脆弱，缺少更深切的生存体味和社会认知。任何人的少年时段对于人生之重要都是不言而喻的，这个时期决定了他看问题的角度、立场，以及对事物的判断力。与一般人相比，杜牧显然会有很大的不同。他的视点会不自觉地抬高，对显而易见的社会与人性层面，有时也会产生一些盲角。当然，这一切在后期仍然还有弥补的机会，但这既需要时间，也会有始终难以补救的部分。

生存知识、社会知识是多方面多层次的。上层人物及庙堂生活，这让一般人感到陌生的诸多物事，在杜牧这里应该是熟悉的。其性格与诗风中的某些成分，将由少年时代的生存环境所决定。比如他一生中常有一种爽直脆落、舒畅赏快的特性，喜游艺，重声色；他的心志之高、情趣之雅，或昂扬，或沮丧，交替之频繁，好像都比一般人更重。他的书面知识，比如所接受的教育，在当时是第一流的。所以仅就书面文章而言，就此出发所达成的事物，对他来说就相对容易许多。应取功名，激扬诗文，这些都是他的优势。而一旦踏上仕途，在社会上与多个层面多种角度产生摩擦和碰撞，需要经受人生磨砺，需要坚韧奋斗，需要在政治的旋涡中拼争搏击，这时候很可能就会显出他的贫弱。后来他果然遇到了始料不及的艰困之境："某入仕十五年间，凡四年在京，其间卧疾乞假，复居其半。嗜酒好睡，其癖已痼，往往闭户，便经旬日，吊庆参请，多亦废阙。至于俯仰进趋，随意所在，希时徇势，不能逐人。是以官途之间，比之辈流，亦多困踬。自顾自念，守道不病，独处思省，亦不自悔。"（《上李中丞书》）这些话是他真实的心理反映，也是一段时期艰困窘境的写照。因为祖上的光耀不可能一直伴随他，那是有利的，也是有限的相助。他需要明晰这一点，需要适应失去护佑的时段，需要好好设计自己的人生道路。

仅就诗的气象来说，明快绮丽、英爽挺拔是其主要质地。他一生崇尚杜甫，老杜沉郁顿挫的风格令他着迷和向往，但那是一种经过苦难煎熬而来的沉痛与悲绝，那种苍凉的生命底色不是简单的学习便可以取得的。在诗歌风貌上，老杜与小杜之间的差异还是很大的。小杜还有许多诗章之外的文字，它们意气盎然，果决率真，特别是对上的状与表、进言与策略，具有非凡的气度与格局，有一种自家人说话的急切和直接。"某纵不得效用，但于一官一局，筐箧簿书之间，活妻子而老身命，作为歌诗，称道仁圣天子之所为治，则为有余，能不自慰？"（《与人论谏书》）所以尽管他的仕途不畅，心情抑郁，心志还时有昂扬。这些都让我们联想到他的出身，想到血脉的力量，他的自我认同和归属感是明显的，自青年时代就处于一种“无位而谋”的状态。

他二十多岁就写出了《阿房宫赋》《上昭义刘司徒书》，前者希望敬宗以史为鉴，后者是劝说节度使刘悟为朝廷分忧，讨伐河朔三镇，不要居功自傲。刘悟其人非常蛮横，目无朝廷，年轻的杜牧竟然在文中向他发出警告，列举“大唐二百年”间诸多叛逆者的悲惨下场：“阵刺死、帐下死、围悉死、伏剑死、斩死、绞死，大者三岁，小或一日，已至于尽死。”在文章末尾，又晓之以理，动之以情：“伏惟十二圣之仁，一何汪汪焉，天之校恶灭逆，复何一切焉。此乃尽将军所识，复何云云，小人无位而谋，当死罪。某恐惧再拜。”心之切，胆之大，言之豪，令人惊讶。那篇著名的《罪言》写于他正式入仕之前，所言都是国家大事。所谓“罪言”，因为唐代官制不得超越职位言事，杜牧时任淮南节度使幕府掌书记，作为地方幕僚，如此策陈国事是无名的，所以自谓“有罪”。总之，可见其心气之高，非一般人物。他的锐气需要很长时间才能折损。

仕途的曲折与崎岖，在年轻的杜牧脚下铺开，他将有警醒和觉悟的一天，只是终其一生也难以彻底改变。在遥远漫长的人生旅途上，他要经历诸多不同的风景，这当然有利于整个人格的确立和诗章的成熟。他自少年时代所养成的骄矜、疏阔和自傲的性格，将在不同环境下进一步演化，得到另一种酿造和配置。这于他虽然有点过于繁复和沉重，但未必是一件坏事。没有这一路的遭逢，就没有后来我们所看到的杜牧。原来所谓晚唐“小李杜”之“杜”不是偶然产生的，无可比拟的先天才华、青少年时代钟鸣鼎食之家的哺育、后来波诡云谲的人生经历等，这一切成就了他，确立了他。

这是一位从“万卷书满堂”的宰相府邸潇洒走出的英俊青年，一开口就歌声嘹亮，气冲霄汉，如此丰神秀朗，如此先声夺人。直到晚年羸弱之时，人们也不曾忘记他的出身，不会忘记他来自何处。那逐渐孱弱的生命气息之下，仍然透出一丝往昔的豪华与骄傲。

捕狐狸的皇帝

杜牧是一个生不逢时的天才人物，他的天才不可以仅仅被看成只在诗章和文学方面，还包括许多其他方面。由于那样一种出身环境，他少年志高，在非同一般的期许和继承中展开广博的自我设计和准备。如二十岁就开始潜心研读《尚书》《毛诗》《左传》《国语》和十三代史书，二十三岁就写出“秦人不暇自哀，而后人哀之；后人哀之而不鉴之，亦使后人而复哀后人也”（《阿房宫赋》）这样的惊世之言。他懂得“树立其国，灭亡其国，未始不由兵也”（《注孙子序》），可见从很早便开始思考国家兴亡得失，特别是注重研究军事，修养之全面，准备之周备，为同龄人所罕见。

人生不过是一篇大文章，世上还少有文章周密而入世粗疏之人，这往往都是统一的。杜牧具有如此才干和修养，却一生不遇，未展抱负，最终大抵只能在文字铺衍中满足自己。而这样一来，又引起他更大的愤懑与不满足。他短促的一生竟然经历了宪、穆、敬、文、武、宣六位皇帝，可见当时社会生活多么动荡。这些皇帝不得长寿，难以善终，有的竟然还要活在恐惧不安之中。身处高大堂皇的宫阙，却要警惕时时袭来的危险，九五之尊的皇帝尚且如此，一般官吏和百姓也就可想而知了。普通人要在这样一种社会生活中安身自保，度过平安一生，必要付出很多。作为一个朝中仕人，一个从政之人，需要付出更大的心智。在乱世之中，首先要立足生存，然后才可以设计和施展自己的治世之才，而实现理想的可能性微乎其微。刚正必受摧折，危险叠加，甚至是朝不保夕。在这种阴暗混乱、污浊险恶的时空中，最活跃并屡屡得手的，只能是另一些人，比如心机深藏却没有人生理想的那一类，比如盘踞在后宫的宦官们。

杜牧青少年时代经历的几位皇帝如此不堪：穆宗耽于酒色，喜好金丹，不成器局，很快夭亡。继位的敬宗更加离谱，登基时还是一个玩心很重的少年，根本没有什么家国责任，每天忙于击球、手搏之类的游戏。他最爱干的一件事是深夜捕捉狐狸，而且十分上瘾。“帝好深夜自捕狐狸，宫中谓之‘打夜狐’。”（《旧唐书·敬宗纪》）那些宦官近臣只是满足他，与之一起玩乐。这个少年皇帝在荒唐之路上越走越远，大修宫室，声色犬马，连那些宦官都难以忍受他的乖戾与暴虐。他轻则辱骂，重则捶挞，如果不能好好配合他“打夜狐”，即削职查办或暴打一顿。百般折磨之下，宦官们苦不堪言，最后竟联手将他杀死。

这位荒唐的少年皇帝在位时间不到三年：十六岁登基，十八岁被杀。朝政荒谬无序，宫廷荒诞不经，如儿戏，如群氓穿梭，成为一道封建专制古怪的风景线。尽管这属于中国封建统治史上的特殊案例，但实际上也会以各种面目出现，几成常态。其内在的荒谬性和残酷性是一直存在的，专制是社会历史中的最大痼疾、不幸和悲剧。这种悲剧通常要以各种形式上演，但它们通向的结局却无一例外。在这种黑暗、阴郁、肮脏的社会环境之下，各种健康的生长不可能。它们败坏自己，危害社会；既毁掉区区宫阙，又戕害茫茫大地，各色生灵无一幸免。这是一种自上而下的邪恶生长，最后蔓延到不可收拾。人性之败坏普遍而拙劣，无知而盲从，愚昧而野蛮，成为封建体制下的一种常态。这种可怕的人性之精神病毒肆虐横行，其结果，就是导致整个社会机体不可挽回地迅速瓦解。

杜牧所处时期，皇帝荒淫无道，宦官擅权乱政，朝臣党争激烈，藩镇嚣张失控，一个朝代走向末世的所有元素皆已齐备，没人能够挽救。贯穿中晚唐的“牛李党争”成为整个朝政的一大顽疾，发端于宪宗朝，起因是当时的举子李宗闵、牛僧孺等人在考卷里批评朝政，主考官将他们推荐于宪宗，引起宰相李吉甫的不满，诬他们与考官有私，结果考官遭贬，李宗闵、牛僧孺也未受提拔。朝中许多大臣争相为其鸣不平，像当时身为翰林学士的白居易就曾经上书替他们辩解，宪宗只好又将李吉甫贬放淮南节度使。此时李宗闵、牛僧孺与李德裕等尚未入朝任职，派系斗争的色彩并不浓厚。穆宗登基之后，长庆元年（821）进士科考试成为触发两派激烈冲突的导火索，从此，“德裕、宗闵各分朋党，更相倾轧，垂四十年”。“牛李党争”从双方派系私利出发，互相排斥，成为当时最难以克服的政治大弊。文宗曾经就此发出感慨：“去河北贼易，去朝廷朋党难。”（宋·司马光《资治通鉴》）如此复杂的人事纷争、残酷的政治角力，再加上昏君庸臣，只能使唐王朝加快走向末路。那些治世心切的儒臣欲要有所作为，也只是一种梦想，除了使自己饱受摧折，几乎不会有其他结局。但这部分仕人是儒家入世传统培育出来的人物，他们的悲剧在于不愿中断努力，而要苦苦挣扎，不肯屈服，最后直到厄运降临，付出生命的代价。

杜牧入仕之初照例是意气风发、踌躇满志，但愈是如此，失望来得愈快。他在这个时期留下的文字不少，大多是奋斗期的一种自我砥砺，表达了进取的豪迈和对未来的期许。“关西贱男子，誓肉虏杯羹！”“安得封域内，长有扈苗征！”（《感怀诗》）“及齿发甚壮，间冀有成立，他日捧持，一游门下，为拜谒之先，或希一奖。”（《上知己文章启》）等待他的命运转折很快到来，现实比他想象的不知要糟糕多少。结果初为朝官，在校书郎的位置上只干了半年就不得不离开。皇帝们或食金丹，或捉狐狸，或纵欲不已，后宫的宦官与朝中投机的臣僚忙着火中取栗，阴谋连连，心机大发，上演了一幕又一幕残忍的闹剧。所有正直或明智的官吏，除了悲愤无望，就是设法规避。

一个人或一个朝代的衰亡，走向穷途，终究是无法阻止的。这大概也是新陈代谢的规律。杜牧正像其他清醒的诗人一样，要寻找一个能够畅快呼吸的地方，尽管从小就过着奢华的生活，而且喜好玩乐，但毕竟饱读诗书，奋力进取，进入宫廷的目的绝非和皇帝一起捉狐狸，而是“仕宦至公相，致君作尧汤”（《冬至日寄小侄阿宜诗》）。如此败坏的朝政令他绝望，四面潜伏的危机令他压抑，为了浮出肮脏的泡沫呼吸一口新鲜空气，他转目四顾寻找去处，只希望快些逃离。

唐代京官地位很高，离开京都则意味着不遇，所以少有京官要求自我外放，除非实在迫不得已。不过对于这个自小锦衣玉食的贵族少年来说，到辽阔的大地上游走，离开狭隘的上层生活，未必是一件坏事。他眼界需要改换和开阔，需要在生气勃勃的旷野上奔走，领受新鲜气流的吹拂，需要在灼人的骄阳下勘察。在社会和大自然中，与各种各样的人群、动植物交流摩擦，相伴相依。

这一次人生转折，在某种程度上比得中功名更为重要。他需要将少年时代所获取的大量书本和朝堂知识，与另一种更为真实的生活经验对接。这种对接将会发生一次又一次强烈的化学反应，对他的人与文都具有极大的重塑意义。

贵公子

杜牧生为贵公子，一切也就自然不同。他既不是涧底松，也不是山顶草，而是一株生长于高地之上，披满浓绿的茂盛乔木。他一开始就引人注目，好像是理所当然的栋梁之材。儒生们入仕总是面临百般曲折，这是一条大为不易的路径。有许多人半途而废，也有许多人从青壮熬至白发苍苍，最后倒地不起。一般士子都要度过十年寒窗，经历“头悬梁，锥刺股”的苦学，直到学成后通过州县筛选进京应试。进京之后还要四处投书自荐，寻傍名士、豪门，走权贵门路，这个过程是相当苦涩的。以唐代论，盛唐李白、杜甫、王维、孟浩然都走过这样的道路，最后只有王维如愿以偿；中唐韩愈、白居易和晚唐李商隐、温庭筠等也不曾省却这段经历。除了李白没有参加过科考，只通过献赋献诗谋仕之外，杜甫、孟浩然、温庭筠都是一生屡试不第。王维、韩愈、李商隐等进士出身的仕人，不到二十岁就准备参加科考；白居易因为战乱和家事而拖延至二十多岁。儒生们一般都要经历多次应试才能得中，一帆风顺的情形是很少的。

在杜牧这里则完全不同。他从小饱读诗书，蓄满壮志，四处游走，忧国忧民，但一直拖延至二十六岁才应举，大概是意识到不参加科举难以为官，人微言轻，不能参政和施展抱负。杜牧的父亲、两位伯父和堂兄杜悰等，都没有参加过科举，而是以门荫补官。在杜牧应试之初，记载中替他宣扬名誉者竟然不下二十人：“大和二年（828），小生应进士举，当其时先进之士，以小生行可与进，业可益修，喧而誉之，争为知己者不啻二十人。”（《投知己书》）如此人脉，如此优越的条件，岂是一般人可比。结果一次即中进士，并在同一年又通过了吏部考试，成为“进士及第、别策登科”的极少数幸运儿。他自己有诗云：“东都放榜未花开，三十三人走马回。秦地少年多酿酒，已将春色入关来。”（《及第后寄长安故人》）“杜舍人牧，弱冠成名，当年制策登科，名震京邑。”（唐·孟棨《本事诗》）

这段得意之期是他一生中的华彩乐章，可以想象，他是如何兴奋和自傲。接连的成功使他名震京城，记载中他曾经与几个朋友到长安城南文公寺禅院游览，闲谈中发现庙里的僧人竟然不知道他的名字，马上惊叹起来，事后写道：“家在城南杜曲傍，两枝仙桂一时芳。禅师都未知名姓，始觉空门意味长。”（《赠终南兰若僧》）可见年轻杜牧的心境以及当时的状态，那种得意之情、踌躇满志是显而易见的。

无论政局多么混乱，贵公子的身份是无法置换的，这就是命运。杜牧生而贵，但也会因贵而伤，而悲，而哀，而痛。他的高阔和脆弱，在短促的一生中时有所见。比如十岁时祖父和父亲先后去世，对他来说实属突然，很快就需要体味世态炎凉了。生活就是这样现实和无情，绝不会因为他是贵公子而客气多少。这样的贵公子应付突如其来的困窘会有多么狼狈，大概可想而知。从记载上看好像一切都糟透了，人生艰困无助的一课竟然这么早就开始恶补。

他在后来《上宰相求湖州第二启》中这样回忆此段人生经历，用语颇为夸张，以至于让后人多有质疑：“某幼孤贫，安仁旧第，置于开元末，某有屋三十间。去元和末，酬偿息钱，为他人有，因此移去。八年中，凡十徙其居，奴婢寒饿，衰老者死，少壮者当面逃去，不能呵制。有一竖，恋恋悯叹，挈百卷书，随而养之。奔走困苦，无所容庇。”从记述上看，无论如何还有房屋三十间，竟落得那样一种潦倒不堪的困境，以至于“长兄以驴游丐于亲旧，某与弟𫖮食野蒿藿，寒无夜烛，默所记者”。现在看未免有点太过了，世族豪门宰相之孙，一朝失去荫护会这样悲惨？积蓄和接济全部断掉，以野蒿藿为食，甚至开始乞讨，寒夜读书连取暖照明的烛火也没有，只能默诵白天所记，真是令人无法想象。但无论怎么说，他度过了一段艰辛困苦的生活是肯定的，日子一落千丈，优渥不再，而他对这些一定是相当敏感，所以叫苦声比常人要大。

不过他毕竟有过那样一个家世，到底为什么会挥霍到无以为继的程度，也只好猜想了。可以想见他这样的贵公子不善经营，不长于维持，也是可能的。不过尽管有过严重的折磨和潦倒期，自幼养成的一些习气短时间内是磨洗不掉的，而且还会跟随他的一生。虽然生活如此窘迫，但后来开始谋取仕途功名，还是有那么多人围上来帮助他，可见较之一般士子，他仍拥有极大的优势。

入仕半年后他便离开京城去了地方幕府，这除了说明朝官的无聊，宫廷生活的无序和浑浊，也可以见到他的急促和不能忍受的性格。他找到一个机会就逃离了。相对而言，幕府要自由和宽裕得多。尽管这对一般从仕者绝非一件好事，因为唐代以京官为贵，仕途之人只有不得已才会外放，而去幕府做事更是一种万般无奈的选择。比如杜甫科举不达，曾为求官困居长安十年，“安史之乱”中投奔了肃宗，被授为左拾遗，这时他已四十六岁，后来进谏触怒皇帝被贬出朝廷，进入剑南节度使严武幕府；而韩愈是三次参加吏部考试都没有通过，在朝廷为官无望才去了地方幕府。他们二人都表达过游幕生涯的艰辛困顿与不得志。但是在杜牧这里好像就不尽如此，他是轻松自愿和欣然应召入幕的。朝中的黑暗无望，还有极大的憋屈和约束，以及时时袭来的危险，都让他无法待下去。关键是当时召他入幕的江西观察使沈传师，正是杜牧祖父杜佑赏识之人。杜沈两家不仅是世交，还有远亲关系，对方欢迎他并可以照拂他，当然是一个好的去处。就个人生活的舒适度来说，幕府和朝官在政治环境上是完全不同的，任职幕府可以远离朝廷权力斗争中心，要自由得多，从容得多，也安全得多。他可以大口呼吸一下新鲜空气了。

事实上杜牧在幕府中真的度过了一段相当快乐的时日。比起朝中岁月，这里松弛而畅快，尽管幕府定制管理非常严格，但与幕府中一般应差的人相比，他算是一个特殊人物。祖辈父辈余留的资本和人脉，在这时起到了极大作用。他的生活空间很大，先后在沈传师和牛僧孺手下任职，而这两个顶头上司都与杜家关系深厚，又欣赏其才，自然对他十分爱护。

对于一位世家贵胄，人生与官场的磨炼其实才刚刚开始；他锐气固在，却要接受意想不到的锤炼和磨损。这一切他在刚开始的时候未必就做好了思想准备。“某年二十六，由校书郎入沈公幕府。自应举得官，凡半岁间，既非生知，复未涉人事，齿少意锐，举止动作，一无所据。”“此时郎中六官一顾怜之，手携指画，一一诱教，丁宁纤悉。两府六年，不嫌不怠，使某无大过而粗知所以为守者，实由郎中之力也。”（《与浙西卢大夫书》）这些文字非常能够说明他初入幕府，以及后来为官与生活的情状。这是贵公子的仕途之始，也可以看成他人生大戏的第一幕。

少年好兵书

杜牧自十五六岁就喜好兵法，读了许多这方面的著作。他较早开始这样的一种准备，在诸多仕人更不要说诗人来讲，都是极为罕见的。这当然与其出身有关，与自小蓄起的志向有关。十六世祖杜预、曾祖杜希望都是历史名臣，属于文能治国、武能安邦的将相之才，并且精研战术，驰骋疆场，屡建事功。可见杜牧对军事的向往有家族渊源。他出生时离“安史之乱”快过去了五十年，其间国家尽管有过中兴气象，但十分短暂，很快又步入了内忧外患之期。治国必得善兵，这是他从小就懂得的道理。一个有大志向的少年除了熟读儒家经典，准备应试入仕，还要蓄养和熟悉兵谋韬略，这一点杜牧一定受到了曾祖、祖父和父亲的影响。

他在三十一岁写出的《罪言》，即一篇非常重要的文字。要谈杜牧，差不多都要提到这篇宏文。一方面是成文早，另一方面正是此文体现出青年杜牧非凡的见识。文中对国家军事形势有深入分析和出色判断，很有一番大言良策，展现出非凡的见解，体现出了世家子弟的大格局。后来他又写出了《原十六卫》《战论》《守论》等兵学宏文，还将《注〈孙子〉十三篇》献给了当时的宰相。“伏以大儒在位，而未有不知兵者，未有不能制兵而能止暴乱者，未有暴乱不止而能活生人、定国家者。”（《上周相公书》）这是他从偏远睦州返朝后，对宰相周墀的进言，历经世事沧桑，依旧是锐气未折，豪语壮言，无所顾忌，畅笔直抒，实在难能可贵。

他前后在幕府做了十年。十年之后又开始长达八年的刺史任期。第一任是黄州，当时正逢边疆回鹘大乱，杜牧心焦急切，不断就用兵之事上书，在五言诗《雪中书怀》中有这样的句子：“臣实有长策，彼可徐鞭笞。如蒙一召议，食肉寝其皮。”这一年他已经四十岁，诗中有岳飞《满江红》的气势，而且有一种势在必得的雄魄。他曾说过：“为国家者，兵最为大。”认为主兵者“非贤卿大夫不可堪任其事”（《注孙子序》）。当他三十多岁入朝任监察御史时，还专门请教当时的右领军卫大将军董重质，了解当年宪宗皇帝以三州兵力讨伐淮西四年未能破敌的原因，潜心研究战例，总结得失。尽管几十年来多有坎坷，却一直未改初衷，一直准备着，目光投向远处和高处。他四处搜求兵书，苦苦研读，对自己所注《孙子》十三篇极为看重，最后为自己撰写墓志铭时仍专笔记之："某平生好读书，为文亦不出人。曹公曰：'吾读兵书战策多矣，孙武深矣。'因注其书十三篇，乃曰：'上穷天时，下极人事，无以加也，后当有知之者。'"（《自撰墓志铭》）

在李德裕任宰相主持朝政时期，杜牧非常赞赏他平藩讨伐的主张，但苦于不能亲自上阵，为此专门上书，力陈用兵之策，而且写得十分具体。结果李德裕一一采纳了他的策略，最终取胜。就此可见，杜牧远非纸上谈兵的空头讲章，而实在是心有机枢的干材。最可惜的是他始终没有韩愈那样的机会：当年宰相裴度领兵平藩，召韩愈为行军司马，并得到至关重要的辅助，连连取胜。韩愈在宪宗朝和穆宗朝两次平乱中都曾立下大功，这让杜牧非常崇拜，而且钦羡不已。当他给宰相上书的时候，我们可以相信他或许想到了诗人韩愈。

与大多数儒仕不同，杜牧自少年至晚年，一直在兵事上投入极大关注力，并且留下了许多著作。可惜他一生都没有机会参与实践，可以说壮志未酬。这可能是让他感到最为遗憾的志业之一，也是让他大不同于一般仕人的方面，即并非一个简单的文臣，而是具有相当武略和大器局的国家栋梁。

才俊壮赋

杜牧入仕前即有名篇《阿房宫赋》，此文在应试前为主考官所赞叹，十分看重。《阿房宫赋》为中国文学史上不可疏遗之章，名声甚大。作者当年只有二十三岁，今天看其才力与气势实在惊人，文辞灿烂，光焰难掩。气壮、英挺、峻拔、中气充盈，这些特征在此赋中已经具备。"有唐一代，诗文兼擅者，惟韩、柳、小杜三家。”（清·洪亮吉《北江诗话》）“樊川文章风概，卓绝一代。”（清·李慈铭《越缦堂日记》）在这些绝高的评价中，他们当然不会忽略《阿房宫赋》：“使天下之人，不敢言而敢怒；独夫之心，日益骄固。戍卒叫，函谷举；楚人一炬，可怜焦土。”真是铿锵有力！包含之富，文势之强，令人耳目一震。宋代大才子苏东坡也极为钦佩：“在黄州，夜诵《阿房宫赋》数十遍，每遍必称好。”（明·李东阳《麓堂诗话》）杜牧的少年才力，比起王维当年有过之而无不及。与此赋差不多同时产生的《感怀诗》，是一首长达五百多言的五古，风韵直追韩愈，也是罕见的壮美之章。

人的早熟、博学，才情之展露，往往不可思议。有的甚至于青少年时代就抵达了一生创造力的峰巅。这种情形中外古今皆有，算是生命无解之谜。一些少年、青年才俊，其作为有时让壮年自愧不如。这种神秘的生命轨迹在他人看来，会是惊叹而犹疑的。像“初唐四杰”之王勃，二十多岁溺水而亡。他九岁读《汉书》，竟然能够写出《指瑕》十卷，指出注者颜师古的著作错误；十六岁及第授朝散郎，成为唐代最年轻的官员。他的五言诗《送杜少府之任蜀州》、骈文《滕王阁序》都是传诵千古的名篇。有“诗鬼”之称的中唐诗人李贺只活了二十七岁，“其文思体势，如崇岩峭壁，万仞崛起，当时文士从而效之，无能仿佛者”（《旧唐书·李贺传》）。像王勃的“落霞与孤鹜齐飞，秋水共长天一色”“海内存知己，天涯若比邻”，李贺的“黑云压城城欲摧”“雄鸡一声天下白”“天若有情天亦老”等名句，千百年来被人传吟不休。还有西方的那些少年才俊，如法国的兰波，这个“被缪斯的手指触碰过的孩子”，十四岁就开始写诗，二十岁之前即写出了一生的杰作《奥菲莉娅》。俄国的莱蒙托夫二十七岁死于决斗，却留下了《当代英雄》等不朽之作，留下了五大卷文集。他们都是这样的异才。

在唐代，王维、白居易和杜牧等人实在是早熟，其心志之盛，气势之大，都是少见的。杜牧文章之风采、气势，也可以从少年爱兵书现出端倪。少年尚武，文章英才，二者合起来就不得了。文事武备，武事文韬，有时候是相辅相成的。人在青少年时代蓄积的气概，有时候会在长期的磨损中流失一部分，但也有人自始至终都保存下来。在增长人生经验的同时，文章的锐气最后能够保留多少，就看这个人生命力的强弱了。我们不难见到这样的情形：有人青少年时代表现出过人的才华，而到了真正成熟之期，比如四五十岁的时段，反而渐渐萎靡起来，衰弱下来。这是很可惜的。

杜牧青少年时代文章的冲决力，在同时期的诗人中是第一流的，可以说灼灼夺目。他的出身和见识有助于形成较高的心气，家学传统的滋养更有助于形成纵横开阔的笔势。但说到最后，先天的才华和生命特质也许才最具决定因素。“紫微才调复知兵，长觉风雷笔下生。还有枉抛心力处，多于五柳赋闲情。”（唐·崔道融《读杜紫微集》）论及杜牧之诗风，我们看来必须和他的用兵之智相结合而谈。他有一种领兵征战的勇力、气魄和铿锵，那种一马当先的勇捷之气，一个马上清俊的形象，不时地闪烁于诗行之间，这是豪纵之气、决斗之气。我们由他还能够想到俄罗斯的大诗人，年纪轻轻就死于决斗的普希金。还有英国诗人拜伦，不仅在诗歌中塑造了一批“拜伦式”英雄，而且亲自参加了希腊的解放运动，并成为主要领导人之一。他三十七岁病逝于希腊，希腊政府为他举行国葬。这些贵族的英才，他们颇有英武之气，不怯于械斗，生猛可畏。贵族与长剑、家世与兵事，这是一种非常奇怪的血脉力量。他们出生入死于硝烟弥漫中，策马奔突，毫无怯色，可贵的身躯往往得不到很好的保护，有时候甚至会轻掷宝贵的生命。

我们可以想象，如果杜牧真如他个人所希求的那样得到机会，到兵阵前沿，会是怎样一副英勇姿态？他绝非懦弱胆怯之人，而一定将像激扬文字那样，以潇洒的气魄冲锋陷阵，其少年的壮赋、青年的诗篇，都会在刀戟的铿锵中得到延续。这让我们想起俄罗斯文学巨匠托尔斯泰描绘战争的名著，如《战争与和平》《袭击》《哥萨克》等。这位贵族伯爵青年时代上过战场，出生入死，所以才留下了那么多关于战争场面的描述。看来这样的场景和传统发生在杜牧身上，也不会使我们产生隔膜和陌生之感。

杜牧一生的命运轨迹和诗词文章，都散发着这样一种气息：勇猛英武，当仁不让，酣畅淋漓，冲决和奔突，豪迈和无畏。这是一篇篇灿烂的生命华章，而不仅仅是纸上的文字涂抹。

志与才

一个人的志向和才气当然有关，但仍然还不是同一回事，这二者并存，尚需很多条件。我们平时说的“志大才疏”，就是二者没能匹配的缘故。实际上“志大”好求，“才大”却是一个复杂的问题，它不易达成。杜牧的志向是多方面的，但就主观而言，主要是辅佐政治、入仕治国，此径直追祖辈事业。这也是中国自古以来的价值观所决定的。“叱起文武业，可以豁洪溟。”（《感怀诗》）就其性格特征来说，傲气与自负是显见的，不过，就他而言实在有许多本钱。他的人生基本呈现出从高处俯冲的态势，而不是由下往上的攀爬和挣扎。这与大多数入世的儒生大为不同。但这样的起步方式，并不能保证他的成功和一路顺畅。因为人生多变故，这里有说不尽的多种因素的综合制约，有世事机缘的问题。晚唐颓势与混乱折损了多少英杰，埋没了多少志士，杜牧不过是其中一个而已。

“使君四十四，两佩左铜鱼。为吏非循吏，论书读底书？”（《春末题池州弄水亭》）“四十已云老，况逢忧窘余。且抽持板手，却展小年书。”（《自遣》）诗文对于他来说，只是心绪发泄的端口之一，是一种纸上之物，他并不特别将此作为志向的伸展方向，所以文章成就并不能从根本上安慰他。看他一生留下的文字，很多都在表达济世之志和如何运用、落实自己的才华与心智。就实际期待和结果来看，当然远未壮志得酬。“常恨两手空，不得一马棰。”（《送沈处士赴苏州李中丞招以诗赠行》）经常感叹：“徒有输心效节之志。”（《上宣州崔大夫书》）他一生五任朝官，四任刺史，十年幕府，几乎没有哪个时期是满足的得意之期，相反在他看来，都大大地屈才，不得伸展。他有出色的用兵之策，却从来未能挥师疆场；有统领大局之政干，却一直在较低的职级上徘徊。“我作八品吏，洛中如系囚。”（《洛中送冀处士东游》）“柳岸风来影渐疏，使君家似野人居。云容水态还堪赏，啸志歌怀亦自如。”（《齐安郡晚秋》）“我虽在金台，头角长垂折。”（《池州送孟迟先辈》）他是多么的不甘、沮丧和不平，但终究无可奈何。

最终，他的才力得以充分体现者，仍旧是不以为志业的诗文。因为只有在这里，他才可以意气风发，不受他人局限。至于实务上的腾挪功夫，并不以个人的意志为转移，那还需要诸多的条件，比如时势机缘，比如具体合作者的信任。在有些人眼里，他似乎是一个华而不实的花花公子，尽管是一个贵公子。但凡“公子”都有一个天然的弱项，即长于言而短于行，总有不够踏实之感。有人认为杜牧“不拘细行”（五代·王定保《唐摭言》），用他自己的话说是“齿少气锐”。就这一点来讲，他与王维、韩愈、白居易、欧阳修、苏东坡等都有不同。虽然这五位大文人不算出身寒门，但他们都经过了一个艰难的个人奋斗过程。杜牧的祖荫太大，这既帮助了他，也掩盖了他，甚至还造成一定程度的误解。可见事物总是祸福相依，得失互现。他一辈子都在这荫护之下，也在这团阴影下不得解脱。有一些奥妙玄机不是个人能够参透，有一些命运诡秘不是个体可以揣测和左右。后人可以为才华过人、出身高贵的杜牧发出叹息，但是面临现实错综复杂的诸多互制与干扰，却不是他人能够了悟和评判的。

杜牧在刺史位置上可以独立主政一方，这时候他做了许多好事，有政绩有口碑，但基本上还是未能尽兴，并且一直处于极为不满和不安之期。正像其一生的其他时段一样，他更多的是等待和张望，当然还有许多玩乐。他并不是一个甘于平凡之人，庸碌对于他而言不可忍受。青壮年时期如此，直到晚年，眼见其他事情无望实施也无力去做，才承认一个基本的事实：开始面对自己的诗文，即纸上事业了。杜牧在去世前一年，就诗文之事叮嘱外甥裴延翰，终于承认自己这一生还能留下一些文字，这同样是极重要的事业。他委托外甥为自己编选一部文集，名字都想好了。这是他一生的心迹和劳绩。

“谈啁酒酣，顾延翰曰：‘司马迁云，自古富贵，其名磨灭者，不可胜纪。我适稚走于此，得官受俸，再治完具，俄及老为樊上翁。既不自期富贵，要有数百首文章，异日尔为我序，号《樊川集》。如此则顾樊川一禽鱼、一草木无恨矣。庶千百年未随此磨灭矣。’”（唐·裴延翰《樊川文集序》）他的外甥如实记下了这段话，它对我们非常重要，使我们得窥其晚年的心境，特别是他对一生诗文的态度。这也是一种价值的判断和重估。在这之前，他似乎对诗文之事并不重视，志向远不在此："青史文章争点笔，朱门歌舞笑捐躯。谁知我亦轻生者，不得君王丈二殳。"（《闻庆州赵纵使君与党项战中箭身死辄书长句》）

人的志与才并存，剩下的就是能否实现的问题了。愈是不能实现，生命就愈有张力，如果是一个文人，这张力越大，文字成就也就越大。在杜牧和其他一些壮志未酬者那里，其实也正是如此。我们今人叹赏不已、百口称颂的一些诗与文，对杜牧来说，既是歪打正着，又是跌宕不凡的生命投射和自然流露，它们与其生命合而为一、密不可分。他的心志也许没有实现，但是他的文字却记录了奋力拓进的过程。这种记录是另一种实现。在历史留下的记叙关节中，在某些细节上，我们可以得知杜牧的才华是多方面的，从朝政大局到军事策略，再到社会治理，更不必说文章，都有计划力和行动力。我们可以看到志与才的高度统一，看到他果决的行动力。这最后一点却是许多人不曾具备的，他的迅捷与勇气，他起而立行的果敢，远非一般儒家仕人所具有。在这一点上，他有点像韩愈，但没有韩愈那么幸运。

我们可以想象，如果宰相李德裕能像当年裴度对韩愈那样，召杜牧为行军司马，他必定会如韩愈一样，一路写下许多明快兴奋、豪气大发的诗句，也会立下不朽的功勋。可历史是不能假设的，他最终还是以一介文人的身份，以一个杰出的诗文作家的荣誉载入史册。杜牧是不朽的、杰出的，但如此实现方式，却是他个人未曾预料的。

罪言之路

杜牧入仕不久即去了江西，进入江西观察使沈传师的幕府，做幕府团练巡官，带京衔大理评事从八品下。沈传师调任宣歙观察使，杜牧又跟随他到了宣州。四年半之后，因为沈传师升迁吏部侍郎入朝，杜牧便去了扬州，进入牛僧孺淮南节度使幕府为推官，后为掌书记。掌书记之职非常重要，因为节度使府“凡文辞之事，皆出书记，非闳辨通敏兼人之才莫宜居之”（韩愈《徐泗濠三州节度掌书记厅石记》）。观其一生，这是他极重要的一段经历。比起在京城做校书郎，他的幕府生活松弛，好像并不繁忙，游宴很多。“十年为幕府吏，每促束于簿书宴游间。”（《上刑部崔尚书状》）此时正值入仕初期，期待很高，所以不可能安于做这种地方幕僚，而只是向权力中心进发的一个过渡期、准备期而已，仍然心系朝廷大事。从他留下的文字看，果然如此：职位低微，操心却非常之大。大约在三十一岁，他在扬州写下了那篇著名的大文章《罪言》。

杜牧虽然出身门第显赫高贵，却没有高门大族的世俗偏见。他在《罪言》中提出“自卑冗中拔取将相”，主张选贤任能，一个人无论才能大小，要各得其位。“譬如匠见木，碍眼皆不弃。大者粗十围，小者细一指。椳橛与栋梁，施之皆有位。”（《送沈处士赴苏州李中丞招以诗赠行》）“若以科第之徒浮华轻薄，不可任以为治，则国朝自房梁公已降，有大功，立大节，率多科第人也。若以子弟生于膏粱，不知理道，不可与美名，不令得美仕，则自尧已降，圣人贤人，率多子弟。凡此数者，进退取舍，无所依据，某所以愤懑而不晓也。”（《上宣州高大夫书》）这些言辞见解，锋锐又有真见地，而且反映了他相当急切的态度、深刻的忧虑与牵挂。

他的一系列治国论兵的宏文，大致都是在外放期间写出来的，可见他的目光投向了更辽远、更开阔处，想的是整个国家的事情。如何收复失地，整饬千疮百孔的国土，如何削治藩乱，这让他用尽了心思。他在幕府和刺史任上，文字中用力最大的就是这一类，特别是用兵之策，其胸襟和目光不可谓不高阔不周密。的确，他的这些宏论绝非疏阔之文，而不乏用心缜密的筹谋。它们有的是写给宰相的，有的直接送达主持者，总之，无一不是为了实用，为了采纳和上达。

欧阳修在《孙子后序》中称赞杜牧“其学能道春秋战国时事，甚博而详”。清代李慈铭的《越缦堂日记》认为：“校《孙子十家注》，曹公、李筌以外，杜牧最优。”司马光还将杜牧的《罪言》《原十六卫》《战论》《守论》《注孙子序》《上李司徒相公论用兵术》六篇用兵之论的要点，收入《资治通鉴》。杜牧一生都没有上过战场，却是一个对兵事始终专注的研究者。对他这样的行为最好的解释，当然是因为生逢兵荒马乱之时世，救急心切，出于浓烈的家国情怀；再换一副眼光去看，就是他的出身毕竟与常人不同。在一般经过苦苦奋斗最终踏入仕途的儒生那里，多一些传统的入世思想，是达则兼济天下的责任和理想；这一切在杜牧这里自然同样如此，不同的是多了一些家族因素。他的视角和立场进一步内移，从一开始就自觉地将自己归于最高统治集团的内部，人生际遇即便再坎坷再不顺，这种情形也难以改变。这是一种带有血缘性质的归属感，是一种政治家族的惯性使然。那些出身显贵来自统治阶级内部的、真正意义上的有志才俊，往往如此。“某世业儒学，自高、曾至于某身，家风不坠，少小孜孜，至今不怠。”“于治乱兴亡之迹，财赋兵甲之事，地形之险易远近，古人之长短得失。”“今者志尚未泯，齿发犹壮，敢希指顾，一罄肝胆，无任感激血诚之至。”（《上李中丞书》）面对统治阶层发出的心声与壮志，这是何等动人肺腑，可惜主政朝堂者始终充耳不闻。这是杜牧的悲剧，也是时代的悲剧。

由此来看，杜牧关于整个政治棋局的运谋，就不让人觉得突兀和可笑了，这里并没有下层士子的自作多情。在他看来，江山自有来处，这需要他有所行动，需要以家族接力的方式做出非凡的努力。这样纵观他的人生道路，其怨怼不平，以及时时袭来的颓丧感也就很好理解了。以他这样的立场与视角，一旦被朝廷疏远就会格外难受，以至于不可接受，因而受到的伤害也就更大。简单点说，对于晚唐的朝廷而言，杜牧可能在许多时候并不把自己当外人看。所以他时而泛起的委屈，在他人看来是不可理解的，甚至是过于夸张了；他胸怀平定回鹘的韬略，却被执政者认为“斯乃庙堂事，尔微非尔知”，他只能面对漫天大雪发出疾呼：“愤悱欲谁语，忧愠不能持。”（《雪中书怀》）

他在给吏部尚书的文字中这样写道：“三守僻左，七换星霜，拘挛莫伸，抑郁谁诉。每遇时移节换，家运身孤，吊影自伤，向隅独泣。”（《上吏部高尚书状》）试想一下，这时候的杜牧已经是三次主政一方的刺史了，是一般地方官吏可望而不可即的幸运者。而在他自己看来，应该是处于更加中心的一个人物才好，应该把持朝政的枢纽，至少是封疆大吏才好。“日旗龙旆想飘扬，一索功高缚楚王。直是超然五湖客，未如终始郭汾阳。”（《云梦泽》）清人余成教在《石园诗话》中说：“史称杜牧之自负才略，喜论兵事，拟致位公辅，以时无右援者，怏怏不平而终。”

人生过半百，操心四十年。国事于杜牧而言仿佛家事，愤懑不已，决不善罢甘休。他这短暂的人生之路，实际也是一部《罪言》之路、急切争鸣之路、呼号之路。我们展读他的一生，感到最为惊讶的是他如此执着，大有屈原“虽九死其犹未悔”的坚韧，颓丧之后复为振作，伤绝之后再度激越。也许是连遭危难的国运带来的巨大忧患从另一个方向激发了他，催促了他，让他挣扎和拼争，以至于不顾一切。他也有过沉湎，甚至是堕落于烟花柳巷，但可贵的是他仍然能够从欢畅的泥淖中翻转一跃，起身登高，注目更远的方向。

他抱有奢望，且一生未曾泯灭。这是怎样巨大的悲剧，怎样凄厉动人的呼号。我们从历史的回响中可以听到无数蛰伏的隐秘，它们绵绵无尽，未曾断绝，在呼啸了几千年的北风中，在人类纷至沓来的脚步声里，在轰鸣不息的时光之轮间，在如潮汐拍岸的轮回深处。

一个人的力量是渺小的，潮流的力量却是无可比拟的，但正是星星点点的水滴才汇成了漫卷的狂潮。它席卷而去，淘尽泥沙，历史更迭，时不我待。每逢洒满繁星的深夜，我们可以指认一颗闪烁不定却清晰可辨的星辰，它的名字就叫杜牧。

刚健与英爽

杜牧文集收有四百五十篇诗文，这是他的外甥裴延翰依其生前叮嘱编成的，当有最大的权威性。后来传世的还有《别集》《外集》《集外诗》《集外文》。从文集中可见的二百余首诗，给人深刻印象的还是幕府与刺史时期的作品。这个时期他的生活更为自我，因为远离京城，远离政治经济中心，个人的忧伤与欣悦大多写成了诗，主要是面向自身的抒发。而这时候他对时势的关切则写成文，主要是向外布达，二者区别很大。所以他的诗大致是风物情怀，是柔肠，是畅抒和性情的焕发；而他的文章则多有刚健之气，有政治豪志，有图谋，有的直接就是向上献计献策。在许多时候，他的诗与文呈现“一手硬一手软”的情状：文质硬而诗意软。

柔软沉迷的诗情偏重于写男女情怀，而那些游历山水的诗意抒发，大多是英爽清澈的，如那些清峭而蕴藉的七言绝句，就给人以极大的审美享受。杜牧文字中最脍炙人口的可能就是这一部分了，作为佳句流传于后世的，大多出自它们。这个时期疏离而宽松的心情起到了决定性的作用，他能够非常自我地处理主客体之间的关系，而非纠缠于一些世俗之物。

怎样安顿自己的心灵？在这种难得的生活间隙中，更能直接面对这个重要的人生命题，实际上也是所有人终将面临和无法回避的。每逢闲寂下来，松弛下来，就会浮现出来，挨近过来，在许多时候它是被压抑的，不得不归于某个角落观望和等待，等待自我与其融合和连接，或化为一体，或相携而去。它们走入的方向，它们所遭逢的一路，往往是别致的、不可重复的景致，这一切便是它们的价值所在。生命景观的最好导游就是自我，而非其他。无数的印迹汇集起来，便绘成了斑斓的生命画卷。对后人构成强烈吸引的，正是它绚丽、逼真和特异的线条与色彩。

“雪衣雪发青玉嘴，群捕鱼儿溪影中。惊飞远映碧山去，一树梨花落晚风。”（《鹭鸶》）“萧萧山路穷秋雨，淅淅溪风一岸蒲。为问寒沙新到雁，来时还下杜陵无。”（《秋浦途中》）“千里长河初冻时，玉珂瑶珮响参差。浮生恰似冰底水，日夜东流人不知。”（《汴河阻冻》）这些文字清爽如洗，像一些晶莹的时光里滤出的颗粒，轻盈而饱满，沉实而密致。它们毫无写作者苦吟的那种晦涩感与雕琢气。这是杜牧特有的色泽和风格，是不需要仔细打量和诠释即可以把握的韵致和颜色，格外可人和妩媚。在这个时刻，吟哦者轻松而热切，情怀像屏风一样打开，万般风色悉数涌入。他有一种忘情忘怀的能力，所以能时时沉湎和品咂。我们不难想象他的日常状态：许多郡守政务需要打理，各种地方事宜纠缠，头绪多端。他最多的生活情状是不得清闲，除此之外还有更多思虑。与其他外放仕人不同，杜牧胸中所汇聚的始终是一些天下大事：朝堂、边塞、藩镇、宦官，混乱的国家时局与天下形势等。这一切忧烦都追逐他、缠绕他，使其不得解脱。仿佛他生来就注定了要与这一切搅在一起，难分难解。眼前政务与远处朝局，近忧与远虑二者形成了双重的压迫，需要另一种力量将他牵引。

这种力量就是诗，就是美，就是蕴于天地自然间的那些具有强大吸引力的磁性矿藏，等待一个特别的人物来开发和拥有它们。它们对一个人的生命形成强大的平衡力，滋养润泽他，重新将他唤醒，让多情的目光投向这里，让其回到内心，回到少年和童年，回到欢畅的回顾和甜蜜的依偎，还有面对青山绿水的豪迈与欣悦。命运压抑了他，生活损伤了他，他在自感亏欠中沉睡了太久。尽管如数补偿之期姗姗来迟，总算是不邀而至。在这种时刻，他的情致仍然有别于一般男女情愫，有别于对一般山水风物的抒写和阐发，而是另一种自然与潇洒。他是一个纵马扬鞭、从高处疾驰而下的锦衣公子，自带一种不可消除的清傲气，与此相映衬的，是极为明显的了无心机的自信与奇趣。他随手拈来，不事经营，豪情未经储蓄便一泻千里，似乎是无厚积之薄发，一切皆来自身心俱备，随手点染，这个时刻的诗与思实在是奇异的。

杜牧的言论文章直追韩愈，犀利奇警，理性极强，说服力和器局都为上乘，强壮而直达，纵谈时局时有一种当仁不让之概。解释兵事，分析形势干脆利落，心志昂扬。“兵非脆也，谷非殚也，而战必挫北，是曰不循其道也，故作《战论》焉。河北视天下犹珠玑也，天下视河北犹四支也。珠玑苟无，岂不活身；四支苟去，吾不知其为人。”（《战论并序》）完全像一个阵前的将军，凭高而视，指点江山：“往年两河盗起，屠囚大臣，劫戮二千石，国家不议诛洗，束兵自守，反修大历、贞元故事，而行姑息之政，是使逆辈益横，终唱患祸，故作《守论》焉。”（《守论并序》）文章产生之缘由，在这里说得一清二楚。语势雄壮，所用言辞掷地有声，令人振作。他的文章手笔比较他的诗行，仿佛换了一个人，内容与节奏全然不同，但唯有内在的那种率性和利落，仍旧相似。

他的后期诗作与早期又有区别。如二三十岁时作的五古《感怀诗》《杜秋娘诗并序》《张好好诗并序》等篇什，其中优秀者大多是公子心气，闲情逸趣，有爽言，有缠绵，有清高气。而到后来这些颜色与光泽在退却，置换成清新自然和明朗淳朴，又不乏浓烈深邃的韵致。它们变得更浑厚，更内美，也更简朴。他在诗章方面最推崇杜甫和韩愈，曾经写道：“杜诗韩集愁来读，似倩麻姑痒处抓。天外凤凰谁得髓，无人解合续弦胶。”（《读韩杜集》）他瞧不上当时所流行的元白二人的俗直诗风，绝不随众就俗，没有依傍潮流。这与他孤傲高耸的性格、俯视而冷峻的人生态度自有关系。

那些正直耿介、不得一展抱负的积极入世的诗人，愤世嫉俗的情怀都是相似的，而其形成的诗文又各有不同。比如白居易、元稹与韩愈、杜牧的区别就非常明显。前者沉浸于民间格调，在一种世俗的襄助下自我强化，获得某些慰藉，对底层有寄托，有凭借，当然也有依赖；而后者却忠诚于自己独立不移的情怀，远离时尚潮流，就像拒斥恶俗腐败的朝政一样。他们对尾随和依附的任何一种可能都加以拒绝和警觉，生命本色就是高标逸韵，就是独唱独吟。杜甫所说“语不惊人死不休”，在韩愈和杜牧这里不是经营和锤炼，而是许久以来将先天血脉与后天修养复杂综合而形成的一种自由、自我的颜色。杜牧是杜甫的崇拜者，但杜牧之诗没有杜甫那种沉郁和悲凉，这是因为他们的出身及经历都相差甚大，是生命底色不同所造成的。他的诗风不像韩诗那样奇崛陡峭，却更为自然流畅；他的文章亦如韩文那般遒劲铿锵，峻急凌厉，却少了一点诡异和晦涩。

“诗情豪迈，语率惊人。识者以拟杜甫，故呼‘大杜’‘小杜’以别之。后人评牧诗，如铜丸走坂，骏马注坡，谓圆快奋急也。”（元·辛文房《唐才子传》）这里道出了杜牧和杜甫之别。“圆快奋急”四字确为精当之论，“铜丸走坂”和“骏马注坡”八个字，虽生动却有分寸，因为杜牧之诗有畅势而无险势。“自中唐以后，律诗盛行，竞讲声病，故多音节和谐，风调圆美。杜牧之恐流于弱，特创豪宕波峭一派，以力矫其弊。山谷因之，亦务为峭拔，不肯随俗为波靡，此其一生命意所在也。”（清·赵翼《瓯北诗话》）在这里，将杜牧之诗与时风加以严格区别，实际上是一种极而言之。此种评价如果用到韩愈身上似乎更为恰当。杜牧诗章的风骨是峭拔却不失圆润，豪宕亦有和谐。“杜樊川诗雄姿英发，李樊南诗深情绵邈。”（清·刘熙载《艺概》）“雄姿英发”一语清晰精当，可以想见其个性张扬，俊朗飘逸。

总之，杜牧的诗作与时尚截然不同，与韩愈也不同，尽管两人同样反拨时风，但差异还是相当明显的。两人之文比两人之诗似乎更近一些，但韩愈作为一个引领在前的榜样，其内在气度、文势，似乎极大地影响了杜牧。

缠绵和沉迷

杜牧的怀才不遇感很重，这在许多官场人士那里都是常见的。我们还难以找到一个为官者，在自己的诗文中大表知遇的舒畅，即使言及也会适可而止，相反的是他们的文字中总有大量的怨与愤、悲与屈。这也正常，因为不遇总是能给他们烙下更深的生命印迹，那是对命运多舛发出的强烈回应。但在杜牧这里更进一层的，是急切和委屈。他不是一般意义上依靠个人奋斗而入仕的中下层儒生，而生来即家势显赫的豪门弟子，一种“家集二百编，上下驰皇王。多是抚州写，今来五纪强”（《冬至日寄小侄阿宜诗》）的豪壮和自信。这是一种无法选择的出身，连带而来的是多方面的元素和因果。这就在很大程度上决定了他的性情与文章，还有他的人生道路。顺畅，在他来说是极好理解的，也是自然而然的事情；而所有的坎坷，似乎就难以接受了。

杜牧一生诗文中常有一种自信和清高，既不流俗，也少有认输。虽然在祖父和父亲去世后有过一段窘困拮据的生活，但公相之家的子弟毕竟起点不同，贫穷艰辛的生存体验不可能深刻。他在那段日子及后来在幕府、刺史、朝中的叫苦，似乎还有一定夸张的成分。“伏以睦州治所，在万山之中，终日昏氛，侵染衰病，自量忝官已过，不敢率然请告，唯念满岁，得保生还。”（《上周相公启》）“某今生四十八矣，自今年来，非惟耳聋牙落，兼以意气错寞，在群众欢笑之中，常如登高四望，但见莽苍大野，荒墟废垄，怅望寂默，不能自解。此无他也，气衰而志散，真老人态也。”（《上宰相求湖州第二启》）这里，诗人将自己的早衰、困顿和绝望的心情表现得何等充分。

他作为一位世家子弟，被朝中和地方大员多方照拂，那些凄凉悲戚、令人心酸的呼号，或是在主政一方的刺史之位上，或是于朝中任职之时。仅就职位来看，难以想象会有“吊影自伤，向隅独泣”（《上吏部高尚书状》）这样的情状。正如中国民间智慧者所说“病要嚷，钱要藏”，这只是一种希望博得同情与援助的心理。在杜牧这里还有更深一层的委屈感：他的来路毕竟不同，受此苦楚无异于人生大劫。

外放偏远下州，远离家乡京都，尽管身为刺史主政一方，到底还是委屈难平。

杜牧这种夸大的叫苦喊痛让我们再一次想起韩愈，这两位旷世文人不仅在文章风骨方面一样挺拔雄峻，而且在性情上也都单纯如孩童，呼号声很大。只是杜牧在呼喊的同时还伴有委屈的呜咽与抽泣，而韩愈则是一阵雷雨过后便云散天晴。同样面对生存苦境，另一位性格上也带有纯稚之气的苏东坡却别有一番风貌。他刚到贬地黄州没有安身之处，全家老少二十几口挤在江边简陋狭小的水上驿站，却如此描绘："东坡居士酒醉饭饱，倚于几上。白云左绕，清江右洄，重门洞开，林峦坌入。当是时，若有思而无所思，以受万物之备，惭愧！惭愧！"（《书临皋亭》）

我们打开杜牧诗文，会发现他在幕府和外放期间，即所谓不得志之期，生活还是相当惬意的。十年幕府的主要情形如何？他在《遣怀》一诗中回忆了那段风流倜傥、狂放不羁的生活："落魄江南载酒行，楚腰肠断掌中轻。十年一觉扬州梦，赢得青楼薄幸名。"从小养成的贵公子习气对他来说是没有办法的事，中唐以后盛行于文人间的游冶风习与放松的幕府生活环境，更是加重了这些嗜好。宋代《太平广记》记载他在牛僧孺淮南幕任推官、掌书记时，几乎夜夜都去十里长街寻欢访妓。当他即将离开扬州去京城任监察御史时，牛僧孺为其摆下送行酒宴，特意叮嘱：我常担心你风情不节，或有伤身体。最高地方长官发出这样的临别赠言，稍稍出人意料，但从中也可看出关切和爱护，更可见杜牧当时的生活情状。

诗人尚在青春之期，心志与身体全都强盛，一旦沉迷即很深入，这似乎不难理解。这时候他写下了为数不少的缠绵诗，艺术与情致皆有可取，且非常感人。他为那个"天下独绝”的歌伎张好好留下了五十八行的诗句，并且写在了硬黄纸上，“高一尺一寸五分，长六尺四寸”（清·王士禛《渔洋诗话》）。宋代刘克庄在《后村诗话》中以《张好好诗并序》和《杜秋娘诗并序》为例，认为“牧风情不浅”。这方面最有名的诗还有《赠别二首》：“娉娉袅袅十三余，豆蔻梢头二月初。春风十里扬州路，卷上珠帘总不如。”“多情却似总无情，唯觉樽前笑不成。蜡烛有心还惜别，替人垂泪到天明。”

即便是凭吊怀古，感物伤别，也是含思悲凄，流情婉转：“至竟息亡缘底事？可怜金谷坠楼人。”（《题桃花夫人庙》）“独倚关亭还把酒，一年春尽送春时。”（《春尽途中》）“流水旧声人旧耳，此回呜咽不堪闻。”（《入商山》）“多少绿荷相倚恨，一时回首背西风。”（《齐安郡中偶题二首·其一》）“笑筵歌席反惆怅，明月清风见别离。”（《题桐叶》）类似诗句数不胜数，在杜牧所有文字中占有突出的位置。李商隐曾写道：“刻意伤春复伤别，人间惟有杜司勋。”（《杜司勋》）

这是古今才子之殇，没有办法。有才，多情，沉湎，缠绵，难以挣脱。因为这样的一个生命，其才华会呈现在一切方面，而不仅限于男女之事。这当然需要强大的理性去控制和节制，但有时候理性也会抵抗才华的发挥。杜牧生活的松弛期，特别是十年幕府期间，未能免于风流绮靡的生活，有人惋惜，有人羡慕，但不可否认的是，他也为我们留下了大量精美别致的诗章。它们大多都沉婉深切，别具意境，是同类诗作中的佼佼者，终究不同凡俗，泛出一种与情爱诗稍稍不同的色泽。他执笔写来不加掩饰，朴质真切，情有可原。我们可以想象，诗人如果没有了这段岁月，也将是一种残缺：就当时生存状况而言，他将倍加艰难；就其整个人生传略来讲，则产生了一种复调效应，多声部的交响就此形成。

这不需要别人原谅，而只是一个生命的徐徐展开，从低婉到昂扬，从热烈到冷寂，是这样一部不断交替纷呈的华彩乐章。在诗人备受冷落的官场仕途中，所有这些来自异性的安慰，都为其看重和难忘，也才有如此真挚动人的记叙和抒写。至少从唐、宋两个时代的才子文人身上，我们可以看到这种社会风习的折射，即便是稍有拘谨、心向佛道的白居易，也不乏类似的记录。

超拔于风习之上是困难的，古往今来人性大致未变，所以仍然有沉沦和恪守的区别。即便是唐宋时期，在习惯于莺歌流转的府衙之间，官人们留下的文字记录也是各自有别的。杜牧在这个方面可能是一个突出者，涂抹绚丽，颜色较重。这样一个秀朗奇峭而且大有英武气概的俊才，在这些时刻流露出一些浮华之气，也使他变得更加真实。烟火之中声气可闻，与不堪忍受的伤心悲绝两相衔接，表现出复杂多变的曲折性和晦涩性，让后人在惋惜中平添一份怜惜。

十年幕府

在人们的印象中，唐代士子入仕做官，以京官为荣，如果出仕不利，没有通过吏部铨选，才要到地方幕府去谋职。以这种方式作为从政的开端，往往是志不得展的一个过渡期，他们只要有机会就会进京。这方面不乏先例，最典型的就是韩愈，三次都没有通过吏部选官，他为此还“三上宰相书”自荐，结果也未能如愿，只好从地方幕僚做起。杜牧入仕之初任弘文馆校书郎、试左武卫兵曹参军。这虽然只是一个正九品上的小官，校刊典籍之类，但实属清要之职，可充翰林之选。任校书郎者大都是文才出众超群之人，可以广涉经籍，增长历练和学养。据相关统计，在唐朝由校书郎起家的士大夫文人中，有过三十多位官至宰相，如名相张说和张九龄。中唐的柳宗元、白居易、元稹等，也以校书郎入仕。而与杜牧同时期的李商隐因为受党争所累，被迫离开校书郎的职位，对此一直耿耿于怀。不过在杜牧这样才志凌云的豪门子弟眼中，做校书郎却像飞鸟入笼，实在不愿束于芸阁校雠之间，而迫切需要一个更为广大的天地。

杜牧在校书郎的官位上苦熬了半年便离开京城，去了江西观察使沈传师幕府。这位幕府主人的父亲沈既济，也是唐代著名文人，以传奇小说《枕中记》《任氏传》留名后世。沈既济与杜牧祖父杜佑关系友善，而且沈传师当年也深得杜佑赏识，将表甥女嫁给他，两家还有远亲关系。唐代幕府事务之繁忙，生活之刻板清苦，在其他诗人的任职经历中常常被提及，比如大诗人杜甫为剑南参谋时就屡有抱怨："信然龟触网，直作鸟窥笼。""束缚酬知己，蹉跎效小忠。""晓入朱扉启，昏归画角终。不成寻别业，未敢息微躬。"（《遣闷奉呈严公二十韵》）韩愈为徐州张建封幕府节度使推官时，曾在《上张仆射书》中对幕府定制大发牢骚："受牒之明日，在使院中，有小吏持院中故事节目十余事来示愈。其中不可者，有自九月至明年二月之终，皆晨入夜归，非有疾病事故，辄不许出。当时以初受命，不敢言。"刚进幕府时韩愈一一照办，不敢有怨言，但是这种"晨入夜归"的生活实在令他无法忍受，所以在上书中大放厥词，说什么若是强迫他遵守这种工作时间，他必定会疯癫的。这里又一次突出了韩愈的直率性格。但在杜牧这里情况迥然有别，他与杜甫、韩愈、李商隐等入幕做事还是大不一样。因为有地方最高长官的护怜，所以这段日月并不难过，对他来说不过是处理文书、出使和参加宴游等。他最初做幕府团练巡官，京衔为大平理事从八品下。这时杜牧不到三十岁，属于大好年华，时间对他来说好像并不紧迫，在外省增加见识，等待时机，一切似乎还来得及。

然而大出预料的是，这种幕府生活前后延续了竟有十年之久，实在是太长了点。这期间他先后去了洪州、宣州、京口、扬州等地，还曾被派往京城公干。其间增广见闻，也算自由得意，但仍然有一种不得伸展的委屈感。《杜秋娘诗并序》是杜牧诗章中最长的篇制，当时他正在扬州牛僧孺的淮南幕，其弟杜颉入润州李德裕浙西幕，杜牧往来于两地之间，听闻刚从宫中被遣返回乡的金陵女子杜秋娘的生平遭际，有感而作："女子固不定，士林亦难期。""无国要孟子，有人毁仲尼。""己身不自晓，此外何思惟。因倾一樽酒，题作杜秋诗。愁来独长咏，聊可以自贻。"借杜秋娘命运无常，历数前贤志士不遇及士大夫的荣辱变幻，慨叹世路穷通难卜，倾诉自己的感伤与惆怅。

他在幕府中流连穿梭，从江西到安徽，再到扬州，所到之地风物皆好。特别是扬州，当时为天下最为开放富裕之地。也就在这里，刚过三十岁的杜牧与诸多艳姿绝色过从甚密，是十里长街的常客。"牧少俊，性疏野放荡，虽为检刻而不能自禁。会丞相牛僧孺出镇扬州，辟节度掌书记。牧供职之外，惟以宴游为事。扬州，胜地也，每重城向夕，倡楼之上，常有绛纱灯万数，辉罗耀列空中，九里三十步街中，珠翠填咽，邈若仙境。牧常出没驰逐其间，无虚夕。"（唐·于邺《扬州梦记》）"牧美容姿，好歌舞，风情颇张，不能自遏。时淮南称繁盛，不减京华，且多名姬绝色，牧恣心赏，牛相收街吏报杜书记平安帖子至盈箧。"（元·辛文房《唐才子传》）扬州的繁华名胜令杜牧抚今追昔："炀帝雷塘土，迷藏有旧楼。谁家唱水调，明月满扬州。骏马宜闲出，千金好暗游。喧阗醉年少，半脱紫茸裘。”（《扬州三首·其一》）这些文字透露出杜牧繁多的生活信息，也就是这样的场景，使他多少忘却离开京都的苦闷。

他跟从的最高长官开始是沈传师，后来是牛僧孺、崔郸，他们或是相府通家之好，或是祖父辈的属下，或是他中进士时的座主崔郾之弟，对他总是欣赏爱护有加。像《扬州梦记》中记载，牛僧孺曾担心杜牧夜访歌馆之类地方不太安全，竟然派兵士三十人“易服随后潜护之，僧孺之密教也。而牧自谓得计，人不知之。所至成欢，无不会意。如是且数年”。

“歌谣千里春长暖，丝管高台月正圆。”“滕阁中春绮席开，柘枝蛮鼓殷晴雷。”“一声明月采莲女，四面朱楼卷画帘。”“昔年行乐秾桃畔，醉与龙沙拣蜀罗。”（《怀钟陵旧游四首》）杜牧对那些岁月多有描述，也只是一种情状和心绪。他在这十年间经历得实在太多，张望得实在太多。许多时刻他的目光望向京都，为国事焦虑不已。边境屡屡告急，藩镇嚣嚣割据，朝堂之上党争激烈，宫中宦官飞扬跋扈，这无一不是他心中的痛楚。他在这段时间里写下了那么多痛彻心扉之文，从强国方略到用兵之策，常常如鲠在喉，一吐为快，直取要害，言之切切。这当然与其出身有关，与家族传统和风尚有关，入仕之前，甚至是少年时代，杜牧就开始研读兵书，耳濡目染全是国之大事。自始至终，他都无法停止对家国的思考，身在幕府而心系朝廷。那篇有名的《罪言》即在繁华的扬州幕时期所作，文中言及太行以北和黄河以东的军事重要性：“王者不得，不可以王，霸者不得，不可以霸。”何等自信，气概夺人。除了《罪言》，还有《原十六卫》《战论》等许多重要策论，也是写于此时。在《战论》一文的最后，他说：“古之政有不善，士传言，庶人谤。发是论者，亦且将书于谤木，传于士大夫，非偶言而已。”

我们展开他在幕府期间写下的全部文字，发现心气之高，志向之大，完全不像一个沉溺于酒色之中的公子哥，而是一个蓄势待发的国家栋梁。可见他之豪志不是浮艳的生活所能够覆盖和消磨的。自小志向之远大和胸襟蓄养之沉厚，非常人可比，植根之深也超出预料，这是他的非凡之处。十年幕府生活磨砺了他，沉浸了他，蓄养了他，也耽搁了他。十年幕府在其一生中占有怎样的地位，还可仔细探究，但无可否认的是，此刻正值诗人最好的年华，也集中了最清晰的思路。处于这样的青春时段，具备如此果决的行动力与深刻的思考力，却不得切近家国大事，只能于家族好友所主持的幕府中宴饮游玩，做一点文秘工作，将大把光阴耗费在这些似乎无关紧要的事项之上，对他来说太过折磨了。他当然知道这是一种耽搁和消磨，所以焕发起一种强烈欲望来抵抗这磨蚀，最好的办法就是进言和献策。他在这期间留下了大量豪迈的文字，这在同类历史文献中显得光彩夺目。十年幕府生活蓄积了杜牧的大阅历，开拓了大视野，也让他耗尽了青春。

他像一支利箭，能飞多远，真是一个严峻的考验。百步穿杨，箭飞十里，弦鸣有声，群鸟四散。当他后来收拾这一片惊惧之声的时候，该有怎样的感慨？他从遥远之地呈宰相书，一再感叹自己发疏齿落的潦倒与窘迫，这里显然有十年幕府的深深磨损以及焦虑期盼的无尽摧折。燕雀安知鸿鹄之志，丝竹管弦之后是漫长的黑夜，对他而言，黎明遥遥无期。“觥船一棹百分空，十岁青春不负公。今日鬓丝禅榻畔，茶烟轻扬落花风。”（《醉后题僧院》）十年风流放浪以酒解忧，算是未负春光，如今鬓发霜白，只能在品茗参禅中消磨余生了。旷达的情怀和清幽的意境，蓄满虚掷醉乡的悲悔与壮志难酬的落寞，写才人之迟暮不遇，措辞委婉蕴藉，读来不胜唏嘘。

这是一段华丽丰腴的生活，也是一段荒凉孤独的生活。他的内心是冷寂的，外部的热烈难以融化生命深处的寒冰。从十里长街独自潜回寓所的时候，最为煎熬的时光也就开始了。

五任朝官

杜牧在仕途上一路匆促。他在幕府中耽搁得太久，一直在进言献策中张望长安，渴望回朝任职，也先后有过五次机会，可每一次似乎都由于各种原因来去匆匆，没有细细经营的时间。他宦游四方，最怀念的便是故乡长安的樊川。这是他最后一处人生驿站，是连接少年时代的美好记忆："故国池塘倚御渠，江城三诏换鱼书。贾生辞赋恨流落，只向长沙住岁余。"（《朱坡绝句三首·其一》）他最后一次入朝任中书舍人正五品上，年届五十，这成为他一生所获的最高职级，可惜已临近生命尾声。冥冥之中似乎是一种巧合，韩愈与白居易也是在五十岁左右当上中书舍人。这不能不让我们产生联想：如果杜牧的寿命再长一些，很可能有一段顺畅的仕途。遗憾的是，他只在中书舍人之位上待了一年多，就永远地离开了这个令他迷惑的世界。

回首来路，不胜感慨。他入仕之初即为校书郎，当时只有二十六七岁，这位一年内进士及第、制举登科的豪门子弟，可谓春风得意，看上去似乎前程似锦。但进入仕途即发现，一切远不是那么回事，残酷的现实很快使他清醒。荒淫乖戾的皇帝，横行宫廷的宦官，激烈相搏的党争，这一切交织成一场噩梦。他所做的工作不过是校理典籍之类，枯燥无趣，位卑言微。他这样一个出身名门的贵族子弟，纵马扬鞭地驰骋还差不多，要这样安顿下来苦熬，一边看着荒诞而残忍的闹剧，那简直是极大的折磨。

杜牧走开了。比起任朝官的日子，外放的幕府生活新鲜刺激，也自由得多。顶头上司是家族世交，也就给了他如鱼得水的环境，虽远离权力中心，却有另一番景致。在他这样的年龄，可以一边从容地应付眼前，一边谋划远大的未来。“百川气势苦豪俊，坤关密锁愁开张。大和六年亦如此，我时壮气神洋洋。东楼耸首看不足，恨无羽翼高飞翔。尽召邑中豪健者，阔展朱盘开酒场。奔觥槌鼓助声势，眼底不顾纤腰娘。”（《大雨行》）志高气雄，豪纵放浪。初别朝廷是一次大解放，有如飞鸟扑向高空。原以为离开易，归来也不难。没有想到直到大和九年（835）初才再次入朝，这已经是七年之后。

第二次入朝任监察御史正八品上，与初次入朝时隔近八年，时间过得实在太快了。此时朝中生态不仅没有变好，而且更加混浊，已经阴云密布，正处于一场巨大风暴前夕。令人震惊的是宦官集团竟然与皇帝斗法，宫廷里充满了浓烈的火药味。杜牧在后来的《李甘诗》中对此有过回忆和描述：“时当秋夜月，日直曰庚午。喧喧皆传言，明晨相登注。予时与和鼎，官班各持斧。和鼎顾予云：‘我死知处所。’当庭裂诏书，退立须鼎俎。”好在杜牧不可谓不敏，他感到了害怕，随即以身体不好为由请求去洛阳分司。“每虑号无告，长忧骇不存。随行唯局蹐，出语但寒暄。”（《昔事文皇帝三十二韵》）这是他后来对那段如履薄冰的日子的追述。还算幸运，他七月离开长安，十一月就发生了震惊天下的“甘露之变”。

在这场事变中，宦官们以极端残忍的方式，一口气杀掉了四位宰相和大批文武官员，杜牧侥幸躲过了一场灾难。他在洛阳分司监察御史任上只待了一年半，文宗开成二年

（837），便告假去扬州探望患眼病的弟弟。因为唐代“职事官假满百日，即合停解”（《唐会要》）。要照顾弟弟就无法返回洛阳，最后只得放弃监察御史的官职。为了维持生计，杜牧又投奔了宣歙观察使崔郸，任宣州团练判官。

第三次任朝官为开成三年（838）冬天。这次官职为从七品上左补阙、史馆修撰。这次赴京十分从容，他于任命后的第二年春天才上路，一路游赏山水和访问友人、凭吊名胜古迹，留下了不少诗文。他一路走一路看，未免有些耽搁。在赴京途中，杜牧的心情颇为复杂，“甘露之变”后宦官专权，党争更加激烈，使他未免彷徨。“水叠鸣珂树如帐，长杨春殿九门珂。我来惆怅不自决，欲去欲住终如何？”（《除官赴阙商山道中绝句》）尽管犹豫不决，还是渴望回到朝中。两年后又得以升迁膳部员外郎，变为从六品上，是一个管理后勤事务的官吏；不久调任比部员外郎，在这个位置上再次外放，从此走入主政一方的刺史生涯。

这时候的杜牧已经四十岁，他从黄州刺史干起，然后是池州、睦州，一口气做了三地刺史，都是职位不高的下州。这段时间长达八年，同样构成了他人生的重要经历。他在这八年中写有大量文章，其中包括完成《注〈孙子〉十三篇》这样的军事著作。

第四次入朝是宣宗大中二年（848），杜牧已经四十八岁。任司勋员外郎、史馆修撰，不久又升吏部员外郎，算是从政以来较为顺畅的阶段。在这个时期，他将累积多年的《注〈孙子〉十三篇》呈献给宰相周墀，还将二十篇文章呈献给刑部崔尚书。在《上刑部崔尚书状》中抒发了十几年宦途不得志，以及学问文章未达所期的感慨。在朝只两年多，杜牧再去湖州任刺史。这是一个上州，是他主动要求外放，继请求外放杭州不允之后，接连向宰相三启求得，其原因主要有家庭负担沉重等，当然也包括不满当时朝政，难以有所作为的隐衷。

湖州刺史是一个重要的位置，不过他在这里只做了一年，即再次返回京都。“镜中丝发悲来惯，衣上尘痕拂渐难。惆怅江湖钓竿手，却遮西日向长安。”（《途中一绝》）可见进退矛盾，心情难平。回京后他先任考功郎中、知制诰，第二年升任中书舍人正五品上。这是他最后一次，也是第五次入朝，为其一生最高官职。就在这一年冬天，他的人生之路走到了尽头。

由此可见，杜牧的入朝之路多么曲折坎坷，完全不是最初意气风发、一年接连斩获进士、吏部铨选时“两枝仙桂一时芳”的美好憧憬。一切远远出乎预料。这是一个壮志难酬的俊才写下的一部慷慨悲歌：从向往到回避，从沉沦到希冀，每一个段落都充满了急切和心酸；首尾相接，起伏不定，一生颠簸；短短五十年却历尽人生悲欢，激情与壮志由焕发到颓丧，抱负与理想由舒展到窘困；如此起伏跌宕，不断切换，不足四十就满身风尘，一脸衰容。

回到朝中是他最终的目标，但这五次任职几乎无一作为，最后一次仿佛有了好的开端，可惜刚刚展开也就结束了。

四任刺史

杜牧四任刺史，可视为重要而特殊的人生经历。这与任职幕府和五次入朝最大的不同，在于能够主政一方，有一定自由腾挪的空间。从武宗会昌二年（842）春天初任黄州刺史开始，连守三郡，至大中二年（848）八月升为司勋员外郎，历时八年。从四十岁到四十八岁，可以说是人生最成熟的时段。尽管前三个州郡都属于七品职级的下州，但毕竟是一州之最高长官，可以实践自己的政治理念。事实上这个时期他像很多有才华的官员一样，堪称一位能吏，做了许多有利于当地百姓的事情，多创造和贡献。这些必须给予切实的记录。

在黄州期间，杜牧将几十年累积的苛政弊端一一清理，废除以各种名目向百姓摊派征缴的苛捐杂税，还把那些鱼肉乡里的强势人物革职惩办，并告诫州县官吏“吏顽者笞而出之，吏良者勉而进之”（《第二文》）。他的为政一如历史记载中的那些文人良吏，头脑清晰，行动果决，兴利除弊之力度超出一般。这是长期纸上文章的强力落实，其志向早已有之，一旦得以实行，则必要雷厉风行。他心中所淤积的不平之气由此得以抒发，人生之不遇所形成的坎坷，在此一一铺平和展放，所以总能够赢得民心，使一方水土拨云见日，清新明朗。

除了忙于黄州的郡守政务，杜牧还时刻关心朝廷平定藩镇、北方边境与回鹘战事以及河湟地区收复等诸项事宜，写下《上李司徒相公论用兵书》《上李太尉论北边事启》。最终他的用兵策略被宰相李德裕采用，他高兴地赋诗《东兵长句十韵》：“落雕都尉万人敌，黑矟将军一鸟轻。渐见长围云欲合，可怜穷垒带犹萦。凯歌应是新年唱，便逐春风浩浩声。”

当时的黄州被京官视为“鄙陋州郡”，杜牧在《祭周相公文》中言其“黄冈大泽，葭苇之场”。即便到了宋代，黄州也是一个“齐安荒僻郡，平昔处放臣”（宋·张耒《齐安秋日》）的地方。在这样一个偏陋之郡，杜牧仍旧尽职尽责，操劳不息。黄州有孔子山、孔子河，是春秋时代孔子周游列国过往之地，这些圣迹由于年久失修，濒临颓倒，杜牧一一巡视，加以修复和扩建。他设置庙学，亲自在学堂讲学，开启民智，记载中有数百弟子涌向学堂。他还特别推崇古往今来的循吏：“独能不徇时俗，自行教化，唯德是务，爱人如子，废鞭笞责削之文，用忠恕抚字之道。”他主政期间，“小大之狱，必以情恕；孤独鳏寡，必躬问抚。庶使一州之人，知上有仁圣天子，所遣刺史，不为虚受。烝其和风，感其欢心，庶为瑞为祥，为歌为咏，以裨盛业，流乎无穷”（《黄州刺史谢上表》）。黄州之地自古有许多废井，杜牧担心它们“陷人以至于死”，便专门写下《塞废井文》，呼吁当地百姓改变风俗，填塞废井。作为一方郡守，他为百姓想得细密而周到。打开明清两代的《黄州府志》《问津院志》，都载有杜牧的为政事迹。

会昌四年（844）九月，杜牧迁任池州刺史。他在池州任上，正逢武宗皇帝下诏毁禁佛教，对这项举措杜牧非常赞成。他的《杭州新造南亭子记》曾有过精辟议论和尖锐揭露，认为权贵富人做了坏事便“皆捐己奉佛以求救”，以为能“有罪罪灭，无福福至”，而且“虽田妇稚子，知所趋避。今权归于佛，买福卖罪，如持左契，交手相付”。中唐以后，士大夫文人佞佛的社会风气益重，而杜牧独标己见，与韩愈当年拒佛交相辉映。

在守池州期间，他不仅解除百姓苦役，而且为了使当地百姓能够采用正确计时方法，在城南门楼亲自设计建造一座铜壶银箭刻漏，此项技能当源于他年轻时向一位年逾九十的异人王处士所学，此人还是韩愈的好友。“为童时，王处士年七十，常来某家，精大演数与杂机巧，识地有泉，凿必涌起，韩文公多与之游。大和四年（830），某自宣城使于京师，处士年余九十，精神不衰。某拜于床下，言及刻漏，因图授之。会昌五年（845）岁次乙丑夏四月，始造于城南门楼。京兆杜某记。”（《池州造刻漏记》）此外，杜牧还将池州刺史衙署的藏书楼重新修葺一新。

会昌六年（846）九月，杜牧由池州迁任睦州刺史。他这样描述赴任途中的惊惧与睦州生活的窘境："东下京江，南走千里。曲屈越嶂，如入洞穴，惊涛触舟，几至倾没。万山环合，才千余家，夜有哭鸟，昼有毒雾，病无与医，饥不兼食，抑喑偪塞，行少卧多。逐者纷纷，归轸相接，唯牧远弃，其道益艰。"（《祭周相公文》）然而尽管如此艰难，他在操持郡务时依然心系朝纲，洞悉时政。他在《上盐铁裴侍郎书》中写道："伏以盐铁重务，根本在于江淮。今诸监院，颇不得人，皆以权势干求，固难悉议停替。其于利病，岂无中策？某自池州、睦州，实见其弊。"他历陈盐政之弊，言辞犀利："搜求胥徒，针抽缕取，千计百校，唯恐不多，除非吞声，别无赴诉。今有明长吏在上，旁县百里，尚敢公为不法，况诸监院皆是以货得之，恣为奸欺，人无语路。况土盐商皆是州县大户，言之根本，实可痛心。"

大中四年（850），杜牧赴湖州任刺史，在这个上州郡守的位置上只待了一年，第二年秋便重新入朝，升为考功郎中、知制诰等，就此，一生四任刺史的经历即告结束。

他任刺史之职的具体贡献尽可历数，因长达八年，必是一段不凡的岁月。但许多时候，人们并不关心他为一地一州付出的大量心血，后代最为关注的，还是他的诗与文。他的艺术才华与生存实践其实是统一的，即便从理解诗文的角度，也须细致考察这八年刺史生涯。

他的刺史生涯，时间之长仅次于幕府时期。在这八年里，他写下了关于国家时政、兵略策论等大量文字，同时又留下了许多诗章。"平生五色线，愿补舜衣裳。弦歌教燕赵，兰芷浴河湟。腥膻一扫洒，凶狠皆披攘。生人但眠食，寿域富农桑。"（《郡斋独酌》）"上吞巴汉控潇湘，怒似连山净镜光。魏帝缝囊真戏剧，苻坚投棰更荒唐。千秋钓艇歌明月，万里沙鸥弄夕阳。范蠡清尘何寂寞，好风唯属往来商。”（《西江怀古》）这段时间引人注目的事件，还有为宰相提供对付回鹘、平息藩镇的具体策略。杜牧在上书中详细陈述御边与平藩方略，对当时朝廷掌握形势的主动权与取得胜利奠定了策略基础。“宰相李德裕素奇其才”（《新唐书·杜牧传》），有趣的是，这位宰相只取其策，却不用其才。

“雨暗残灯棋散后，酒醒孤枕雁来初。可怜赤壁争雄渡，唯有蓑翁坐钓鱼。”（《齐安郡晚秋》）他在漫长的等待期里有许多牢骚不安，比较一下同时代的其他几个诗人任职地方时的情状，则有明显不同。像白居易的诗作《别州民》提到“唯留一湖水，与汝救凶年”，记下了自己在杭州任刺史时“增筑钱塘湖堤，贮水以防天旱”的政绩。杜牧的诗章少有为政州郡的细致经营的文字记录，而是其他，是心系更高更远的建言。他针对时局，如对平藩安边的具体谋划十分引人注目，视界远超自己的辖区和责任，这在一般地方官吏那里是少见的。这与他长期以来大处着眼的秉性和胸襟有关，反映出暂且寄身于一州一地的心理状态。“因思上党三年战，闲咏周公七月诗。竹帛未闻书死节，丹青空见画灵旗。”（《即事黄州作》）“天下虽言无事，若上党久不能解，别生患难，此亦非难。”（《上李司徒相公论用兵书》）“伏以江淮赋税，国用根本，今有大患，是劫江贼耳。”（《上李太尉论江贼书》）“牧刚直有奇节，不为龊龊小谨，敢论列大事，指陈病利尤切至。”（《新唐书·杜牧传》）

我们披览杜牧所有文字，发现他写下的关于治国之论、用兵策议，都是呈给有关大臣的，送达最高层级是宰相。这与同时代的韩愈和白居易等人都有不同。

寒冬焚稿

大中五年（851）秋，最后一次刺史生涯结束，杜牧从湖州再次入朝。“星河犹在整朝衣，远望天门再拜归。笑向春风初五十，敢言知命且知非？”（《岁日朝回口号》）可见当时的心情是非常愉快的，虽然笑向春风，但实际上已是人生的深秋之期。生命的寒冬似乎来得太早了一些，这一年杜牧刚刚四十八周岁。他这一生实在奔波了太久，稍稍能够舒畅地喘一口气，却已临近终点。他感到了时间的紧迫：“俄又梦书行纸曰：‘皎皎白驹，在彼空谷。’寤寝而叹曰：‘此过隙也。’”（《旧唐书·杜牧传》）

大中六年（852）冬天，杜牧生病，有一些不祥的预感，于是开始从头检视一生文字。一篇篇审视所有诗文，好像面对了漫长而短促的往昔岁月，一切历历在目。这个过程，当然是对其一生的总结和回顾，文路与心路合而为一。“潇洒江湖十过秋，酒杯无日不迟留。”“千里云山何处好，几人襟韵一生休。”（《自宣城赴官上京》）“平生自许少尘埃，为吏尘中势自回。朱绂久惭官借与，白头还叹老将来。须知世路难轻进，岂是君门不大开？霄汉几多同学伴，可怜头角尽卿材。”（《书怀寄中朝往还》）高情旷致与怜惜悲叹，犹闻在耳。有潇洒，有愧疚，有欣慰，有痛惜，更有不甘。这些生命的痕迹交叠在一起，让他有一种不可遏止的激越和感动。

就在这个冬天，他做出了一个令人吃惊的决定：将一生累积的大部分诗文手稿烧掉。这当是一个痛苦的裁决，结果文稿烧掉了三分之二以上。后来他的外甥裴延翰在编定《樊川文集》时写道：“尽搜文章，阅千百纸，掷焚之，才属留者十二三。”（唐·裴延翰《樊川文集序》）如果能够了解他当时的取舍，该是非常重要的，可惜现在已无从知晓。想象和推测一下，他最重视的文字会是关于国事议论、进言和兵策谋略这一类。而后人一片赞誉的才情之作，特别是那些脍炙人口的七绝，很可能大部分被他一把火毁掉了。

我们最该感谢的，是他生前有一个难得的习惯：每有文字，不管多远，都要抄一份寄给自己的外甥，这个人就是裴延翰。"伏念始初出仕入朝，三直太史笔，比四出守，其间余二十年，凡有撰制，大手短章，涂稿醉墨，硕夥纤屑，虽适僻阻，不远数千里，必获写示。"（唐·裴延翰《樊川文集序》）幸亏有了这个人，有了这个习惯，才有了我们今天看到的《樊川文集》。全书总计四百五十首诗文，成为世上现存的最可靠的文本。

杜牧焚稿的行为看起来独特而莽撞，实际上并非如此。细想一下，每个为文者，甚至每个生活中的人，也都有这样的倾向：从头选择生活。虽然为时已晚，在杜牧看来所幸的是可以删除一些记忆和记录，于是也就有了这次焚稿事件。这种取舍存废当然反映了他的世界观和对事物最终的一些判断和决定。这可能主要还不是艺术的取舍，而是观念的取舍、理想的取舍，是对自己一生的行为与思想方面的再鉴定。有一些经历和记录他不想留下来，尽管后悔晚矣；有一些是警策箴言，当留给后世。

这是一个儒生入世的初衷、理想和盼念，是他所认定的最为重要的人生内容。我们不会相信他会将幕府期间的那些情事抒发保存下来，对他来说，那是一段沉沦岁月，是伤感绝望的时期，是不堪的经历。可是从诗文的华彩而言，从审美赏读而言，它们却是色彩浓烈绚烂的部分。

诗人焚掉它们，让我们疼惜，因为这好比焚掉了自己的青春年华。那其实是最可留恋的岁月，这样的岁月怎么可以焚毁？当然这只是作为旁观者和后来者的猜度。

宰相别墅

杜牧在小时候经常跟随身为宰相的祖父，还有位居朝官的父亲，一起来到城南别墅。记载中相府高大的宅第在长安城朱雀门街东第一街，居于京城中心。除此大宅，还有朱雀门街西第三街的家庙。离长安城三十多里的下杜樊乡朱坡，就是那座规模庞大的园林别墅，是宰相杜佑经常邀请宾客来此游玩的地方。这里风景异常优美，河流清澈，逶迤如带，佳木葱茏，峻岭青翠。少年杜牧当然是这里的常客，此地给他留下了深刻的印象。这里是权势和财富的象征，是记忆中一切幸福与未来的蓄藏之地，是深远无边的家族渊源的汇流之地。“佑此庄贞元中置，杜曲之右，朱坡之阳，路无崎岖，地复密迩。开池水，积川流，其草树蒙茏，冈阜拥抱，在形胜信美，而跻攀莫由。”（唐·杜佑《杜城郊居王处士凿山引泉记》）“旧史称佑城南樊川有桂林亭，卉木幽邃，佑日与公卿宴集其间，元和七年（812），佑以太保致仕居此。”（宋·张礼《游城南记》）可见这座别墅在历任十年宰相的经营之下，其规模风貌如何。

杜佑不是一般高居宰辅之位的封建大臣，而是一个对当时和后世的政治文化产生了重要影响的历史人物。比如他竟能在繁重的为政之余，潜心撰写二百卷《通典》，记述了从远古黄帝至唐朝天宝末年的典章制度沿革，其气魄与情志可见一斑。《旧唐书·杜佑传》记载：“佑性勤而无倦，虽位极将相，手不释卷。质明视事，接对宾客，夜则灯下读书，孜孜不怠。”在这样的政治与文化氛围中生活的杜家子孙，自然不难感受一座经营了几十年甚至更长时间的樊川所洋溢的气息。这其实是一座沉淀了诸多时光和文明的大宅。

杜牧这样描绘儿时记忆中的这座宰相别墅：“下杜乡园古，泉声绕舍啼。”“倚川红叶岭，连寺绿杨堤。迥野翘霜鹤，澄潭舞锦鸡。涛惊堆万岫，舸急转千溪。”（《朱坡》）杜牧一生的记忆常常从这里出发。这里给他力量，给他非同一般的气韵，所以让他染上了常人所没有的一些气质。他一生如此不凡，能够在论断事物时高屋建瓴，言阔旨远，不在其位而谋其政。他的文章格局与大部分诗作不尽相同：前者严谨肃穆、高阔宏远，后者大多清新情笃，才华飞扬。他的诗心守在个人胸廓深处，而文章是发往朝廷和天下的。少年时代的城南宫殿深深地诱惑并教导了他，此地的森严豪迈气象让他壮阔雄峻，而蜿蜒流水与茂树幽涧，又让他才致翩翩，别有情怀。

他在颠簸的仕途上南北奔走，少有安宁，即便如此，也心系樊川，心心念念要回来做个“樊上翁”。这是他亲口对外甥裴延翰说过的话。可是这个念想要实现太难了，不仅要有充裕的时光，还要有钱有地位有心情。在大部分时间里，诗人的一颗心被现实和时局给搞糟了，所以一切都谈不上。这座大宅在最初入朝时无暇光顾，在穷困不达的时候也无心游览。他这一生遇到了这样一些君王：食丹而亡的、纵欲早衰的、热衷捉狐狸的、委屈于宦官淫威的，不仅没有一个气正身壮的人主，甚至连一个享有正常阳寿的都没有。皇帝尚且不得安宁，一个豪门之后也只好委屈自己，小心翼翼地活着了。“顾我能甘贱，无由得自强。误曾公触尾，不敢夜循墙。岂意笼飞鸟，还为锦帐郎。网今开傅燮，书旧识黄香。姹女真虚语，饥儿欲一行。浅深须揭厉，休更学张纲。”（《除官归京睦州雨霁》）

杜牧期盼的稍稍像样的日子姗姗来迟。“某早衰多病，今春耳聋，积四十日，四月复落一牙。耳聋牙落，年如七八十人将谢之候也。今未五十，而有七八十人将谢之候，盖人生受气，坚强脆弱，品第各异也。”（《上宰相求湖州第二启》）他的晚年实在来得太早，于一般人的壮年之期就不邀而至了。在四十九岁的时候，他最后一次入朝，先任考功郎中、知制诰，第二年迁官正五品上中书舍人，这才使他有机会在祖上的城南大宅里流连。对于任何人来说，居所都不是一件小事情，能够安居也不是一件小事情，因为只有好好地住下来，才能安心做一些事情。所以豪情万丈的韩愈一有可能，便在城南建了一座别墅，“我云以病归，此已颇自由。幸有用余俸，置居在西畴。”（韩愈《南溪始泛三首·其二》）西畴，即指城南韩公别墅，但他同样也没有享用太久。宋代大才子苏东坡在流放途中，只要有机会就要盖房子，还要在房前屋后细细经营，大植花树。此刻的杜牧好像一定要抓住人生这短暂的空隙，一丝不苟地认真打理这座庞大的别墅。早在几年前做刺史时，他就将攒下的一些钱用来修复这座破败的宰相大宅，费尽心思修修补补。“上五年冬，仲舅自吴兴守拜考功郎中、知制诰，尽吴兴俸钱，创治其墅。出中书直，亟召昵密，往游其地。”（唐·裴延翰《樊川文集序》）现在老年的杜牧终于住进了这所辉煌的大宅，梦想可以延续了。他就像祖父和父亲在世时一样，一有空闲就邀来客人，特别是一些文人雅士，在这里饮酒畅谈。风物与心情统一，这当是人生最佳之境，两者缺一即遗憾。他终于可以在这里做一个“樊川翁”了。这是他一生中最好的两个时段之一，另一个当然是少年时代。

可惜在这里断断续续住了两年左右，寒冷的冬天就来到了。他自这里出发，然后又回归这里，绕了一个很大的人生圆圈，起点和终点都是这座宰相别墅。他不曾预料的是，自己的少年如此度过，青年又将如何？更没有想到十年幕府，四任刺史，五入朝官。人生的轨迹如此曲折难测，他一心要画圆的这个人生轨迹，最终得以实现。可惜刚刚年届五十，这个出发之地就作为人生终点与之相会。如此伤感、悲哀，令人无语。

辉煌岁月成为一个家族之梦，不知在身后残酷的历史风雨中还能屹立多久。杜牧只有在他瑰丽的诗文中才是不朽的。昨日如梦，永恒如诗，他苦苦追求、为之奋斗的，竟是那么脆弱的存在。而在偏僻之隅、在空寂之地的自我吟哦，却如同日月星光一样永恒。

斥元白

文史家议论最多者，就是杜牧与元稹和白居易的关系：私人交往和诗文理念。就个人关系来看，尽管他们之间的年龄差距稍大一些，但也不是没有交集的可能。元稹去世早一些，杜牧与之见面的机会很少，但白居易就不同了，他们二人相差三十一岁，白居易享有七十五岁天年，而且曾于同一时段在洛阳分司任闲职。836年，杜牧分司洛阳任监察御史，此时六十五岁的白居易回到洛阳已经七年，时任洛阳分司太子少傅。监察御史品级是正八品上，而太子少傅是从二品，两人地位相差悬殊，但这并不是他们未能见面的主因。从留下的文字来看，杜牧对元白二人的诗风是有些不敬甚至不屑的。当时元白二人的诗作在社会上流传广远，影响很大，如《长恨歌》，两人唱和的“元和体”等，通俗易懂，在朝野间颇受欢迎：“写了吟看满卷愁，浅红笺纸小银钩。未容寄与微之去，已被人传到越州。”（白居易《写新诗寄微之偶题卷后》）

据白居易自己说，他自长安贬放江州途中，一路上无论是士子僧人歌女，还是贩夫走卒引车卖浆者，无不能吟咏几句其诗。其中一个原因是，当时人们对元白指摘现实的“讽喻诗”知之甚少。元稹在《上令狐相公诗启》中说，自己千余首诗中，“其间感物寓意，可备蒙瞽之讽达者有之，词直气粗，罪戾是惧，固不敢陈露于人”。因为这些文字针砭时政太直太切，而不敢轻易示人。而那些“唯杯酒光景间，屡为小碎篇章，以自吟畅，然以为律体卑痹，格力不扬，苟无姿态，则陷流俗”之作，却为世人“妄相仿效，而又从而失之，遂至于支离褊浅之词，皆目为元和诗体”。所以当年被人们广为知晓的“元和体”，并非如今教科书上提及的讽喻现实的诗作。

杜牧这样才气横溢的贵公子，要接受一个在俚俗层面极受追捧的文人，可能有些困难。他个人的冲撞气、舍我其谁的悍拗之气，也与白居易犯冲。倒是韩愈狂傲不羁的性格，奇峻昂挺的文风，更合乎他的胃口。他不止一次表达了对韩愈的钦佩，笔下文字也明显受到了对方的影响。“李杜泛浩浩，韩柳摩苍苍。近者四君子，与古争强梁。”（《冬至日寄小侄阿宜诗》）这里杜牧明确地道出了自己的追慕者，认为李白、杜甫、韩愈、柳宗元是近当代“四君子”，毫不逊色于那些古代的杰出人物。“自艰难已来，儒生成名立功者，盖寡于前代，是以壮健不学之徒，不知儒术，不识大体，取其微效，终败大事，不可一二悉数。”（《上河阳李尚书书》）他鄙薄之指向似乎清晰，对那些恪守“正儒”的诗人、文化人是心存敬重的，而对一味迎合、不能恪守者是相当轻视的。

杜牧与韩愈在思想文化及社会精神、人生观等方面也相当一致，比如对当时盛行的佛、道的态度，他们都是反感和力拒的，认为这两种宗教文化一旦形成国民化和肤浅化，就会对整个社会造成严重后果。他在《书处州韩吏部孔子庙碑阴》一文中对此观点阐述得非常充分，而且用语犀利：“天不生夫子于中国，中国当何如？曰不夷狄如也。荀卿祖夫子，李斯事荀卿，一日宰天下，尽诱夫子之徒与书坑而焚之。”从荀子、商鞅对仁义的弃置，到秦皇汉武对仙道方术的迷信，再至南朝梁武帝以天子之尊“舍身事佛”，历数那些帝王强者治国用兵之雄，却未能在佛道之术下保持基本的清醒，指出：“傥不生夫子，纷纭冥昧，百家斗起，是己所是，非己所非，天下随其时而宗之，谁敢非之。纵有非之者，欲何所依拟而为其辞。”“百家之徒，庙貌而血食，十年一变法，百年一改教，横斜高下，不知止泊。彼夷狄者，为夷狄之俗，一定而不易，若不生夫子，是知其必不夷狄如也。”文章最后将韩愈与孔孟二圣并列：“自古称夫子者多矣，称夫子之德，莫如孟子，称夫子之尊，莫如韩吏部，故书其碑阴云。”

与如此崇高的亲近形成强烈对比的，是他对元白的态度。这两个人引起杜牧不快还有一个不大不小的原因，就是他们二人有大量“讽喻诗”并未广泛流行，可能杜牧没有读过。那些文字只能在少数朋友手中传阅，所以在当时诗坛看来，元白等人不过是写一些男女情事、个人闲趣的通俗歌手而不入大道。暂且不说这样的见解公允与否，单就文学审美的多元性和复杂性来论，今天看也仍然需要留有余地。在元白二人的闲适诗、情爱诗与叙事诗中，很大一部分艺术含量是很高的，如白居易的《琵琶行》《钱塘湖春行》《杭州春望》等，元稹的《离思五首》《遣悲怀三首》《菊花》等，这些作品丰腴厚重，有诸多幽思和神来之笔，远非一句俚俗趣味所能概括。它们除了通俗易懂之外，还有更深一层的生命激昂与沉郁在。这些都不是从通俗层面，也不是一般民众所能够诠释和理解的。它们的朗朗上口和明晓易懂，是在外部，在显处，而腠理之下则仍然是噗噗跳动的济世之心。但这诸多元素，杜牧好像视而不见。

一般来说，出身阶层不同，或自己将个人给予一种自觉不自觉的划定，会极大妨碍客观而完整的认知，这在古今中外都是经常发生的。这条人与人之间的鸿沟，实际上是人性的鸿沟，要免除是困难的。集中体现杜牧对元白诗歌艺术的评价，历来被引用最多的就是他为李戡所撰的墓志铭。杜牧在《唐故平卢军节度巡官陇西李府君墓志铭》一文中极赞“有道有学有文”的李戡，赞扬他读书能够“解决微隐，苏融雪释”，并转述李戡的话：“诗者可以歌，可以流于竹，鼓于丝，妇人小儿，皆欲讽诵，国俗薄厚，扇之于诗，如风之疾速。尝痛自元和已来有元、白诗者，纤艳不逞，非庄士雅人，多为其所破坏。流于民间，疏于屏壁，子父女母，交口教授，淫言媟语，冬寒夏热，入人肌骨，不可除去。吾无位，不得用法以治之。”

最后一句特别有趣，如果有“位”，将有何“法”“治之”？我们不得而知。杜牧在这里引用的是墓主之言，但自己想必也会同意，所以才有这样深切而详尽的记述。这样的指斥不可谓不重，而且深透腠理，不能说毫无道理。只是中晚唐的颓靡之风由来已久，非一时一人之力所成，而与时代运势紧密相连。再者，元、白相当一部分情感叙事也非俗艳，属于雅致用心之作。像元稹历来为人所称颂的“曾经沧海难为水，除却巫山不是云”（《离思五首·其四》），是为悼念亡妻韦丛所作，意境瑰丽而不浮艳，情感悲怆而不低沉，实为唐诗绝句之胜境，与苏轼《江城子·十年生死两茫茫》同为千古悼亡的绝唱。

有人为元、白辩白的话还有：杜牧自己就写有大量男女情事，怎么有资格指责别人？此话听来似有道理，但问题的关键并不在此。如果其诗真的俗艳，分析其艺术得失总是应该的。在同类言情诗作上，杜牧与他们相比确有高下之别。比如白居易的《代书诗一百韵寄微之》：“征伶皆绝艺，选伎悉名姬。粉黛凝春态，金钿耀水嬉。风流夸堕髻，时世斗啼眉。密坐随欢促，华尊逐胜移。香飘歌袂动，翠落舞钗遗。”元稹则更为浅俗直露：“密携长上乐，偷宿静坊姬。僻性慵朝起，新晴助晚嬉。相欢常满目，别处鲜开眉。”（《酬翰林白学士代书一百韵》）其格调和色泽与杜牧、李商隐、苏轼等抒写男女幽情之作，实在不可同日而语。

杜牧对自己言情诗的态度，有否自我检视，好像没有记载。“既无其才，徒有其奇，篇成在纸，多自焚之。”（《献诗启》）他的晚年焚稿，当是一次严苛峻厉的自我检视与总结。

悍气之余绪

杜牧的外甥裴延翰在《樊川文集序》中，对杜牧发出了如此热切和高耸的赞叹：“窃观仲舅之文，高骋夐厉，旁绍曲摭，洁简浑圆，劲出横贯，涤濯滓窳，支立欹倚。呵摩䵟瘃，如火煦焉；爬梳痛痒，如水洗焉。其抉剔挫偃，敢断果行，若誓牧野，前无有敌。”（唐·裴延翰《樊川文集序》）这些措辞显然颇费斟酌，用尽心思，因为在他来讲，非如此则不能表达其赏赞。外甥所言可以备考，这里有相当部分属于由衷之言。

杜牧像许多古代文人一样，年轻时确有相当冲撞力，有一种天不怕地不怕的悍然冲决之气。这种气概既危险又宝贵，常常为人生某个阶段才会拥有。许多时候这股生命之力将支持一个人办成大事，虽然也会造成自伤。在不同的历史阶段，我们常看到一些规律性的惯常事件，发现有些事必须由青少年才能办成，一个老迈者或人生经验极丰厚者，自然会与某些事件或某些行动绝缘，比如冲动起来不管死活，上了年纪则毕竟少见。锐利之人必得青春朝气，同时又有周密的胆识，如此才能成大事。悍然之气不过是来自强大的生命力，于文于事都是如此。如果从历史上找一些这样的例子，大概一点都不难。写峻文、办险事者，大抵属于年轻气盛者。

韩愈和苏东坡年轻时勇气过人，连白居易这样相对温和内向的“知足保和”之人，年轻时也敢于对上勇谏，曾经当面冲撞皇帝，颇为大胆。但比较同时期的韩愈，则会发现有些例外。韩愈年轻时曾经因为直谏饱受贬放流离之苦，对此自我反省不可谓不深，却依然如故，直到晚年还是一个愤青。不过在古代的大文人中，像韩愈这样的特例还不算多。如果追溯春秋战国时的游侠刺客，就会大为惊叹。据汉代司马迁《史记·刺客列传》记载，鲁国大将曹沫“执匕首劫齐桓公”，逼桓公“许尽归鲁之侵地”，何等鲁勇。吴国人专诸将匕首藏在大鱼的腹中替公子光刺杀吴王僚。晋国豫让为替主公报仇，竟然浑身涂满黑漆，把自己弄哑，藏在一座桥下，刺杀晋国权臣赵襄子；刺杀未遂，临死前竟谋得赵襄子的衣服，拔剑斩其衣，以示为主复仇，随即伏剑自杀，留下一句“士为知己者死，女为悦己者容”（汉·刘向《战国策》）。还有那个提剑西行的猛士荆轲，击筑亡命的高渐离，这些都出于青壮之期。

再看泼辣之文，犯上大怒，以言罪人的文字狱，罗网之中多有青春。如果是青春之外的壮士，如韩愈《谏迎佛骨表》的炮制，那就更加令人敬仰了。这里说到的杜牧，他早年的诗文，包括在刺史任上的一些文章和言论，足够锐利宏阔，纵言天下，有岳飞气，也有孟子风。“且武者任诛，如天时有秋；文者任治，如天时有春。是天不能倒春秋，是豪杰不能总文武。是此辈受钺诛暴乎？曰于是乎在。某人行教乎？曰于是乎在。欲祸蠹不作者，未之有也。伏惟文皇帝十六卫之旨，谁复而原，其实天下之大命也，故作《原十六卫》。”（《原十六卫》）豪锐之气跃然纸上。“我感有泪下，君唱高歌酬。嵩山高万尺，洛水流千秋。往事不可问，天地空悠悠。四百年炎汉，三十代宗周。二三里遗堵，八九所高丘。人生一世内，何必多悲愁。歌阕解携去，信非吾辈流。”（《洛中送冀处士东游》）他有许多文字居高临下，一派指点天下的姿态，想不惹人反感都难。好在其中没有多少具体斥责的内容，只有些许豪门之后的轻狂，所以未见多少追究。

“僧语淡如云，尘事繁堪织。今古几辈人，而我何能息。”（《偶游石盎僧舍》）在寂寥的佛门中，他有这样的反思，意味深长。这个人悍气固在，必有去处。这种气概是生命深处所培植，随着年纪的增长，仍旧不会消逝得无迹无痕，而是变相变形，以另一种方式表现出来。比如他那些看上去与冲撞和勇气并不搭界的男女诗、风物诗，实际上都可以看成是这种气质所转化。“六朝文物草连空，天淡云闲今古同。鸟去鸟来山色里，人歌人哭水声中。深秋帘幕千家雨，落日楼台一笛风。惆怅无因见范蠡，参差烟树五湖东。”（《题宣州开元寺水阁》）“江涵秋影雁初飞，与客携壶上翠微。尘世难逢开口笑，菊花须插满头归。但将酩酊酬佳节，不用登临恨落晖。古往今来只如此，牛山何必泪沾衣。”（《九日齐山登高》）这些诗句读来轻快、脆生，实际上有一种果决和坚执在。总之，杜牧这个人的山水情怀也超过常人，可见生命力会以各种途径往前，让其变成大色人、大勇人、大情人。比如对待张好好这样的歌伎，也是托出一片深情，淋漓抒发。“洛城重相见，婥婥为当垆。怪我苦何事，少年垂白须？朋游今在否，落拓更能无？门馆恸哭后，水云秋景初。斜日挂衰柳，凉风生座隅。洒尽满衿泪，短歌聊一书。”（《张好好诗并序》）这种事关男女情事的抒发力、追究力，都属于强悍的生命力，不可忽略。

他自年轻起便时时显露出来的冲决力，当然是一种悍力。“悍然入侵”，不管侵入哪里、哪个方向，都是很深入很致命的。所以我们切不可把杜牧那些情致文字看得太远太隔，它们其实不过是生命悍气之余绪，其绪也长，到老不绝。在诗人暮年出任湖州刺史的时候，在“春风最窈窕”的茶山下依然是：“把酒坐芳草，亦有佳人携。”（《茶山下作》）依然是柔肠百转：“惊起鸳鸯岂无恨，一双飞去却回头。”（《入茶山下题水口草市绝句》）他晚年之佳作《将赴吴兴登乐游原一绝》，当是记录了难以泯灭的雄心与悍气：“清时有味是无能，闲爱孤云静爱僧。欲把一麾江海去，乐游原上望昭陵。”昭陵，即唐太宗李世民的陵墓，诗人晚年依然在眺望太宗的“贞观之治”。

有时候生命之间的差异是惊人的，让人大为惊骇：有人处于青壮期，却性格绵软，怯懦无为，气息恹恹；而有人年逾古稀，双目炯炯，气息虽微，双臂衰萎，却心志豪壮，雄心未泯。这让我们想起了曹操的《龟虽寿》：“老骥伏枥，志在千里；烈士暮年，壮心不已。”其志可以隐伏，但不可以消除。这样一种生命力，做事、作文皆有其显著的特征与痕迹在，不可消磨。

实际上，社会史即一部生命史、人性史，它们光怪陆离，墨分五色，不可尽言。时光之流逝，生命之斑驳，或留下叹息，或可歌可泣。有一些大勇之人，即便临近生命的最后时刻，留下的影像仍然是两眼锐利如英雄，神色一展令人惧。他一生的雄壮关节连缀起来，在我们眼前一一闪过。这真是一种不可思议的力量，一种生命的特征。

对杜牧年轻时的豪文和壮言，我们印象格外深刻；我们又可以转到其人生屏风之后，看那些缠绵和深婉的风情之作。他对风物，对异性的领略、怀念和叹赏，都达到了撩人魂魄的生动性和深切度。这当然都属于心灵的部分，属于生命噗噗脉动的另一种回响，源于人的另一种力量、另一种表达。这种生命即便衰老到手无缚鸡之力，也仍然怀有一颗伏虎之心。

才子与盲弟

关于杜牧一生的文字记载中，少有特别曲折感人的情节。原因是多方面的，存在文字的叙事未周，记录未达之故，也可能是因为贵公子自有高高在上的性情特质，所以表面上看即少一些生死相依的情感故事。他自己少涉及，别人也未给予过度关注。不过这只是外在印象，其本来面目仍存于人性内部。像这样一位敏感多情、多思多悟的诗人，心中必有内在曲折的情感依傍。他之深情，不仅是在风花雪月方面，还会有许多表现和表达。

让我们感动不已的，是他和唯一胞弟杜顗的关系。杜顗也是一位奇才，二十五岁得中进士。因为自幼体弱多病，特别是患有目疾，在母亲的呵护之下，直到十七岁才开始读《尚书》《礼记》《汉书》等典籍。杜顗颖悟异常，能够举一反三，智窍大开，写出的华章在短时间即得到传颂，令人惊叹。可惜杜顗英才不幸，时运不济，入李德裕镇海幕为巡官不久，就为眼疾拖累，从此成为兄长杜牧一生的怜惜和牵挂。“弟顗，一举进士及第，有文章时名，不幸得痼疾，坐废十三年矣。”（《上宰相求杭州启》）

杜牧为了给不幸的弟弟治疗眼睛顽疾，居然放弃了许多人求之不得的监察御史之职，这是他宦游幕府十年之后才取得的朝廷任命，最后却因请长假而丢官。他从洛阳分司任上先去长安请医生，然后再陪医生到扬州给弟弟医治，官假超过了百日，而唐代官制告假不得超过百日。为了陪伴和照顾弟弟，只得再次丢掉朝职，重新进入幕府。后来当他好不容易再次入朝为官任膳部员外郎，又不惜远途奔波，请假前往江州去探望弟弟。当时杜颛寄住在堂兄杜慥的刺史府中，他想把弟弟接回长安，又因为长安生活开支大，弟弟担心他官俸微薄，不愿跟随。为了给弟弟治疗眼疾，杜牧四处求访名医，不惜花费重金，以各种言辞加以恳求，即“以重币卑词”延请。当他刚刚结束八年刺史的外放生涯，从偏远睦州返朝升为司勋员外郎时，听闻九嶷山南有一个能治眼疾的异人，还打听到一位年逾八旬、精通医术的道士，就马上请求朝廷外放钱塘，希望以刺史之力请到异士。他连上三启请求外放：“念病弟丧明，坐废十五年矣，但能识某声音，不复知某发已半白，颜面衰改。是某今生可以见颛，而颛不能复见某矣，此天也，无可奈何。某能见颛而不得去，此岂天乎？而悬在相公。”（《上宰相求湖州第二启》）因为十五年的目疾，弟弟只能听到他的声音，却看不到他斑白的须发和衰老的容颜，他发出了伤绝之叹。

无论身处何地，杜牧都心系弟弟的眼疾，盼望能够出现奇迹。显而易见，盲弟是他的一个沉重负担、一个大大的世间拖累。他既是弟弟的眼睛，又是弟弟依靠的臂膀。这个小他四岁的盲弟，当年曾经让杜牧多么欣喜，其才其能让他惊叹。当时有个名叫崔岐的进士非常自负，却对一时广为流传的杜颛写给宰相裴度的《阙下献书》《与裴丞相度书》钦佩不已，大赞说：“贾马死来生杜颛，中间寥落一千年。”（《唐故淮南支使试大理评事兼监察御史杜君墓志铭》）就连对杜牧多有挑剔的宰相李德裕，在出为镇海节度使的时候也招其弟杜𫖮为巡官。杜牧兴奋地为弟弟写诗："少年才俊赴知音，丞相门栏不觉深。直道事人男子业，异乡加饭弟兄心。"（《送杜𫖮赴润州幕》）可见他当时比交了好运的弟弟本人更为兴奋。他为弟弟感到骄傲，不止一次提到宰相李德裕、牛僧孺对弟弟的赞誉。这种手足之情令人感动，这是一种既不可替代也无可比拟的情感，不可言表，只可体味。

人的命运真是难测，就是这样一位才俊，竟然年纪轻轻便失去光明，在漫长的人生黑夜中需要兄长一路牵引，直到终点。只要这个盲弟在，杜牧就要一直小心翼翼地搀扶。不幸的杜𫖮让杜牧不知找了多少医生，但无一奏效，于会昌二年（842）移往扬州之后，终于不再做医治的努力。"君因居淮南，筑室治生，不复言治眼，事闻于天下，无不嗟叹。君安泰自如，令人旁读十三代史书，一闻不遗，客来与之议论证引，听者忘去。年四十五，大中五年（851）二月二十五日卒。"（《唐故淮南支使试大理评事兼监察御史杜君墓志铭》）这一年杜牧虚岁五十，他为弟弟作墓志铭，记述了杜𫖮最后的生活情况。

虽然弟弟对治疗眼疾已经失去信心，但安泰自如，好学不倦。别人为他读史书，他只需听一次即过耳不忘，与客人议论引证，清晰而准确。面对弟弟的离世，杜牧哀恸欲绝："某今年五十，假使更生十年为六十人，不夭矣，与君别止三千六百日尔！况早衰多病，敢期六十人乎？忍不抑哀，以铭吾弟。"说假使自己能够活到六十岁，要与弟弟生生分离三千六百天，况且早衰多病，哪敢期望活到那个时候。悲伤之情令人垂泪。

仿佛上苍要故意折煞这位雄心傲气的旷世才俊，不仅为他设计了无比坎坷、充满委屈的仕途，而且还让一个同样才华四溢的弟弟年轻致盲，让他伴其左右，作为牵引。这样就可使他的脚步越发放缓，心气愈加放低，小心呵护，不再分离。这是怎样的一种情状！如果命运天定，那么上苍又是何等残忍。我们为杜牧哀，也为无常岁月哀。在这样一种艰难坎坷的兄弟伴行之途，杜牧对人生世事的洞察，视角会放得更低，体味也会更加细致，但心情将更加抑郁不展："忍过事堪喜，泰来忧胜无。治平心径熟，不遣有穷途。"（《遣兴》）

这种极其残酷的遭逢，这种巨大的命运平衡力，使人感慨万端。他就像一个乘风跃向高空的风筝，地上有一方沉重的巨石将它拴住，就因为有了这种坠压，风筝也就不会飘然而去不见踪影。它最终没有消失在苍茫的天际，而一直在那里盘旋，仰头即可望见。它在疾风中抖动，它在流云中俯视。这是飞升的高度与黝黑的泥土之间所保留的牵拉关系。从这一点上看，杜牧天生就该感激他的这位盲弟，为之垂泪、惋惜，哀其不幸不遇，同时也在这个过程中看到了自己命运的另一面。世事无料，人生无常，任何遭逢都无暇抱怨，好像天生如此，无可改变。这不是个人的力量，甚至不是人间的力量所能扭转和改变的。仿佛一切皆有玄机，自有造化，上苍如此设计，人间又能奈何？

我们重新回望英俊飘逸、才华四射的杜牧，一切也就大为不同了。他的峻急、孤傲、率性，他的诗与文，似乎都闪烁着另一种光色。在他短促的一生里，伴有一种隐约起伏的回音，漫长而细微，却终究不可消失。那是兄弟的伴唱，是生命的伴唱。

雄文诗为魂

杜牧的文章比起诗作，更为气壮雄拔，是另一种格局和气息。人们多提到他青年时代的赋、论兵之策和治国方略，那些纵横捭阖之章，那些丰赡的辞采。有人会以为这些文字大多是因为使用性较强，是对外而不是对内，是求用之途，所以才让作者更能够打起精神。这只是一个方面，其实它们具有如此质地，更多的还是由作者的生命内质所决定，是他的一颗诗心的作用，是激扬和意气风发之情的散文化表达。这些文字许多时候不过是无韵之章，本质上还是以诗为魂。

杜牧在表述李贺诗文之奇诡幽奥以至于难以言传的情状时，曾经做了如下传神的描摹："云烟绵联，不足为其态也；水之迢迢，不足为其情也；春之盎盎，不足为其和也；秋之明洁，不足为其格也；风樯阵马，不足为其勇也；瓦棺篆鼎，不足为其古也；时花美女，不足为其色也；荒国陊殿，梗莽丘垄，不足为其恨怨悲愁也；鲸呿鳌掷，牛鬼蛇神，不足为其虚荒诞幻也。"（《李贺集序》）这里，他将文辞之功能发挥到了极致，不仅是为了驰骋文采，主要还是刻意求其实质，极尽所能言说其细微与奇妙，结果就有了我们看到的这段绝妙深邃的文字。这何尝不是在说自己？其诗文与李贺之深邃诡异接近。他的文章棱角激情及内在的阔大与豪气，哪一点不是来自一颗诗心？

"激情"是一个综合之物，而不仅是一般人误认为的"性格"之类，主要因由当然不仅如此。生命力的强度，使用和发动的路径与速度，这些因素从根本上决定了"激情"的大小和有无。而其中又一定包含了理性精神，即思想力、思想的通透性和彻底性。杜牧那些用兵之策和治国方略，关于时代一些至大命题的解局之方，都有一种大处着眼的高度，贯穿了严格的理性精神。他的行动力体现在思想力中，而这些结合起来，就属于诗的极致化的表达与把握，是周到无疏，是慷慨而又细密的推动力和落实力，更是具体步骤。事实上，这里的相当一部分，都是可以推演和实践的。比如宰相李德裕对付藩镇，在处理泽潞军事上就采用了杜牧的谋划，结果证明是完全可行的。杜牧在《上李太尉论北边事启》中，对回鹘残部的情况做了一番细致分析，然后提出具体方策："以某所见，今若以幽、并突阵之骑，酒泉教射之兵，整饬诫誓，仲夏潜发。""五月节气，在中夏则热，到阴山尚寒，中国之兵，足以施展。行军于枕席之上，玩寇于掌股之中，轨辐悬瓶，汤沃晛雪，一举无频，必然之策。今冰合防秋，冰销解戍，行之已久，虏为长然，出其意外，实为上策。"其言说可谓洞幽入微，这非真正的智者、勇者加文心细腻者而不能为。所以说自古大勇，勇在文事。人生不过是一篇大文章，战事大致是一篇小文章。

那些疏治怠政的庸俗官吏，常常胸无文墨，根本没有构思文章的器局，没有谋篇的能力，所以才把施政搞得一塌糊涂。这些人无理想，无底线，浑浊愚昧，卑微渺小，傲慢而残忍。他们缺少的恰恰是一个文章大家、一个文人良吏的品质与训练。

有人常把诗当成华而不实的文辞彩头，实际上是不懂诗为何物。诗是对一切事物的最细微、最极致的理解和把握，是远超周密的全息性概括，是一场大表达和大实践。一切将诗与现实操作对立起来的思维，都是极为粗糙的。我们从历史上看那些大诗人，如战国时代有屈原，汉代有贾谊、司马相如、苏武、李陵、张衡、班固，三国时期有曹操、曹丕、曹植父子和"建安七子"，晋代有陆机、陆云，南朝有谢灵运、谢朓，唐朝有张说、张九龄、高适、韦应物、韩愈、白居易、刘禹锡、柳宗元、元稹、韩偓，北宋有晏殊、范仲淹、欧阳修、王安石、苏东坡、苏辙，南宋有陆游、范成大、杨万里、朱熹、辛弃疾、张孝祥、岳飞、文天祥，元代有张养浩，明代有李攀龙、王世贞，清代有王士禛、袁枚、曾国藩等等，无论主政朝堂还是奔驰疆场，无论出使他国还是治理地方，可以说个个都是治国安邦的能吏，这些人从不缺少行动力。有一句话叫“自古文人多良吏”，说的就是诗人为良吏。没有真正深入的高耸的诗才，文韬武略是不可能有的，治世之才也不可能有。当然这里不包括那些花拳绣腿，那大致不是什么真正的诗性，而只是廉价轻浮的表演。

“锢党岂能留汉鼎，清谈空解识胡儿。”（《故洛阳城有感》）杜牧对缺乏行动力的空谈是极反感的。他的气魄来自诗性的生命本身，而不是其他。我们对诗人应该给予极大的信任和依重，并抱有最大的寄望。说到底，社稷不过是一篇大文章，而文章之核心之魂魄，不过是诗而已。在生活中我们经常把现实操作与文章建构分离，而在对待文字的时候，又把那些实用的、具体的勾画文字与诗章分离开来。我们不懂得它们之间有不可分解的关系，不知道一种只是另一种的外延和衍生，不知道居于核心的，就是生命的极致的飞扬力，即所谓的诗。

人们对诗的误解，不是对文学艺术的误解，而是对一切的误解。这样的生命隔膜实际上就是悲剧的源头。我们在漫长的历史中看不到悲剧的完结，它们首尾相接，连绵不绝，其中一个重要的原因，就是诗性被掩隐、遮蔽，以至于被埋没。没有诗，则没有清晰的理性和强大的力量，没有创造和发现，没有摧毁无数艰难险阻的无可抵挡的生命之力。这一切最终形成巨大的黑暗的屏障，将人类囚禁和包裹，不得施展，不得突围，最终成为悲剧的主角。

再说七绝

自古至今，说到杜牧，人们谈论最多、肯定最多的，还是他的七绝。其七绝乃真绝。这不仅是因为深刻优美之类的审美初步，不是一般诗文品相给人的印象，不是读来朗朗上口和韵致之妙，免除艰涩却未俚俗的折中性，不是那种赏阅的舒服。七绝之绝，还有说不尽的元素在其中，所谓审美之复杂性就在这里。比如杜牧那些最有代表性的七绝，明亮干净却不表相化，脆生果决却有余韵，具象清晰而能概括，纯美唯美则又厚重，脱口而出但无浅直。由这一切元素综合决定，才拥有了一种无可替代的独具之美。“诗文皆别成一家，可云特立独行之士矣。”（清·洪亮吉《北江诗话》）由清代蘅塘退士选编的《唐诗三百首》，流传甚广，七言绝句条目下共收入李白、杜甫、王昌龄、王维、白居易、刘禹锡、李商隐等二十八位诗人的五十一首七绝，入选篇目最多的就是晚唐“小李杜”：李商隐七首，杜牧多达九首。这也聊可参考。

七绝被许多人视为杜牧特有的风格指代，常用的几个词就有“挺拔英爽”“清新亮泽”“雄姿英发”“轻倩秀艳”等。这方面真的好像无人超越。其中有一部分存在道德上的争议，而并无艺术上的讨论，如“十年一觉扬州梦，赢得青楼薄幸名”，如“春风十里扬州路，卷上珠帘总不如”。今天看，仍旧是一种苛求和过责。因为我们从诗中并不能看出什么轻薄气和俗艳气。他的关于“青楼”“薄幸”之说，难道不是透着深刻的追究和痛惜？一个人能有这样的愧意和罪感，不也难得？再者，能有这样的追忆者，往往都是可以信赖的人，无欺的人，而不会是伪君子。

“牧之非徒以‘绮罗铅粉’擅长者，史称其刚直有大节，余观其诗，亦伉爽有逸气，实出李义山、温飞卿、许丁卯诸公上。”（清·潘得舆《养一斋诗话》）“晚唐唯小杜诗纵横排宕，得大家体势。其诗大抵取材汉赋，而极于骚，遣词用字，绝不沿袭六朝人语，所谓‘高摘屈宋艳，浓薰班马香’者，可以知其祈向矣。”（清·沈其光《瓶粟斋诗话》）这些评说未有过誉，适得其中，应该是当代诗评者重要的参考文字。

杜牧那些精美剔透、干练利落、铮然有声的句子实在太多了，扳指即可历数。“远上寒山石径斜，白云生处有人家。停车坐爱枫林晚，霜叶红于二月花。”（《山行》）“银烛秋光冷画屏，轻罗小扇扑流萤。天阶夜色凉如水，坐看牵牛织女星。”（《秋夕》）“折戟沉沙铁未销，自将磨洗认前朝。东风不与周郎便，铜雀春深锁二乔。”（《赤壁》）“江东子弟多才俊，卷土重来未可知。”（《题乌江亭》）“商女不知亡国恨，隔江犹唱后庭花。”（《泊秦淮》）“南朝四百八十寺，多少楼台烟雨中。”（《江南春》）“二十四桥明月夜，玉人何处教吹箫？”（《寄扬州韩绰判官》）“公道世间唯白发，贵人头上不曾饶。”（《送隐者一绝》）这些句子一时不能尽举。

“某苦心为诗，本求高绝，不务奇丽，不涉习俗，不今不古，处于中间。”（《献诗启》）这里的“高绝”为高超绝妙，是“高摘屈宋艳，浓薰班马香。”（《冬至日寄小侄阿宜诗》）他对元稹和白居易不喜欢，就可知他对俗字是最忌的，但并非一味追奇。所谓“处于中间”，就是追求一种“气俊思活”。（清·洪亮吉《北江诗话》）

我们衡量杜牧的诗文，不可抽离七绝。没有七绝，杜牧将是另一副面目。我们掩卷而思，有时候甚至会觉得只有这些文字，才活化出一个俊逸的无可比拟的杜牧。他的潇洒俊朗和英挺飘逸，基本上都在这些文字中表露无遗了。他的雄拔气概似乎只有在文章中才凸显，但那些文章的核心韵致仍然能够从诗章中找到，这是一种更为靠近生命核心与本来的质地，其文字流传最广、最深入人心的，也是这一部分。他生前极其鄙视俗流功名，不屑于在俗众中寻找簇拥者，不认为那是知音，也不认为那是诗人的光荣。但是千余年之后，可能让他本人始料不及的，正是这些风格“高绝”的绝妙之音，找到了无以计数的咏唱者。人们陶醉其中，心向往之，珍爱叹赏之情无以言表。这是空谷绝唱，将人们心灵中沉睡的那一部分唤醒，形成一场合奏与共鸣。这是淬炼而出的生命精华，靠近它们，就是向绝高和绝妙看齐。

定格于青俊

我们纵观杜牧，遥思其人，总觉得他是一个青年才俊，好像从来不曾苍老过。

真实的杜牧像所有人一样，也有自己的晚年，有暮年吟唱，但奇怪的是他始终不给人以衰老之感。他的诗文所绘就的形象，总有一种挺括峻拔之态，是腰背不曾弓弯的永驻青春，是艺术“冻龄”。这虽然与他去世较早有关，但似乎也不尽然。因为我们知道，任何时代从来不缺年轻的小老头。

“猎敲白玉镫，怒袖紫金钟。”“豪持出塞节，笑别远山眉。”（《少年行》）“细算人生事，彭殇共一筹。与愁争底事？要尔作戈矛。”（《不饮赠酒》）这些音节韵律最易陪伴青春。杜牧的情形多少有点像法国诗人兰波，定格在人们心中的兰波，也一直是一个英俊可爱的青年甚至少年形象。这类才俊仿佛不曾老迈，总是风度翩翩，风流倜傥。他们的多爱多情，也使其放缓了衰老的速度。

“登高远望四山齐，何处风流杜牧之。”“文章小杜人何在？风雨重阳菊自开。”（元·萨都剌《梦登高山得诗二首》）的确如此。我们闭目遥思：一位羽扇纶巾的锦衣公子，一个纵马于大野的英俊男儿，原野之上，广袤之地，打马驰骋，绝尘而去。“星宿罗胸气吐虹，屈蟠兵策画山中。”（清·王士禛《冬日读唐宋金元诸家诗偶有所感各题一绝于卷后》）他的词锋利落，从来不吭哧，给人极为爽朗的感受。他只活了四十九岁，这样的年纪在现代已经是很年轻了，在古代则未必。可是他一直不像一个自诩的“樊川翁”，而永远是一个青年，甚至是一个少年。

我们真想跟从他的脚步再去洪州、宣州、扬州、黄州、池州、睦州和湖州，最后再到他的樊川别墅中逗留，饮一杯诗人新酿的春酒，与那些文朋诗友簇拥一起，待一些时辰。我们知道，他为了能够返回这个少年时代的宰相别墅，苦苦奋斗了一生，画了一个大大的椭圆形，最后再次回到这个人生的起点。如果他能够在这里多驻留一些时日该有多好，可惜时近黄昏，黑夜将临。这个时候，尽管华烛灿然，新月侵阶，在光色闪烁中，我们依然会模糊那个英俊的面容。曲终人散，在阵阵寒风中，他不得不离开此地。

他的《樊川文集》有沉郁低沉，有伤感幽怨，但这一切都未能折杀英豪之气。他那向上攀升和茂长的青春，几乎覆盖了我们的视野。饱经沧桑的沉稳与旷达，智谋兼备的老辣，踽踽独行的衰迈，白发和拐杖，蹒跚的步履，脸上的清泪，哀叹的回眸，这些图像都在隐去和淡远。我们看到一匹迎面驰来的白马，耳畔响起急促的嗒嗒蹄音，策马驰骋者是一位雄姿勃发的青年，阳光下锦袍闪烁，玉佩叮咚，在绿色原野上一展飒爽英姿。“连环羁玉声光碎，绿锦蔽泥虬卷高。春风细雨走马去，珠落璀璀白罽袍。”（《少年行》）

他定格在我们的视野中，不再改变，不再消失。他就是诗，他就是青春。他是这二者的代名词。

诗歌／

屋子里的白鹭（组诗）

◎霍俊明

一个来自小镇的人在舞台上接受采访

他来自小镇
确切地说来自小镇西侧的山麓
他的职业是护林员
舞台上的光聚照着他
可他的衣服和面孔仍然是沉黑的

他一直低着头
好像是在认罪
偶尔吃力地吐出几个字
甚至
有时他会轻咬嘴唇
他把日常的自己带到了舞台上

这是一个沉默的人
常年住在山上
他认识的草木和鸟类
比人多
小镇的家
他半个月回去一次
“家里太吵了”

一个人习惯了
面对那些树木和峭岩
更多的时候是在黑夜里
唯有头顶和山顶、山顶的星空
他短暂地
交换过眼神
和轻轻的喘息

一辆车从黄昏开往黑夜

和一群人
坐在一辆可以忽略颜色的客车上

马达轰响
人们　微微抖动身体

车一直向前开
从黄昏开到了黑夜

越来越黑
仿佛要穿越最黑暗的那个时刻

此地有数万只白鹭麇集
在黑暗中　人们却看不到它们

白色的身影在何处
恍惚是不可见的前世

未碾压过的路却一直在
前面　在无限的黑暗中

有什么被一点一点　吞噬
突然有人

窸窸窣窣解开塑料袋
一口一口　嚼食着苹果

声音响得有些出奇
窗外刚好是黑暗中的松林

松针簌簌落下
仿佛地面就是无尽的湖泊

屋子里的白鹭

这是一只
可以近距离观看
还可以用手
轻轻抚摸的
白鹭
甚至它会靠近
用长喙
抻啄你的衣角

白鹭
在临水的屋子里
它的右腿
还在恢复中
以前在水边
它们往往
都是用一只腿站立

有时它慢慢绕圈
身体略微向左倾斜
脖子
也总是倾向一侧
一天中
它只偶尔低叫几声
说不上悦耳
甚至还有些难听

看来
它还不能回到水岸
疗伤总是需要时间
或长或短
夜晚
最终滑过西山来到这里
一切都黑下来了
除了它
除了它微微倾斜的
白亮绒羽

庚子秋在南方遭雨偶遇白鹭兼致苏东坡

偶尔借助客居的高楼
我们才会扒开百叶窗
看看外面和下面

一条河穿过这座南方小城
它们更接近于灰色
曾经烟熏火燎的生活
留给现在的一点印记

顺着这条河
是同样灰暗的南方民居
突然下起雨来
此时你才发现
这里
居然没有一棵
能避雨的大树
小城被修葺过了
当然包括这些植物

避雨之处
一个公共厕所的顶檐下
举目雨中
对面的河边
有两只白鹭
也在避雨
它们上面

各有一棵柳树
它们一动不动
像被拉长的
白色保龄球

我和它们
都在雨中
一动不动
也不能动
突然　其中一只
张开翅羽拉长身体
振翅起飞
顺着河面一直向北

一瞬间
庞大而耀眼
我几乎是跟随它
走进雨中
是梦是醒
羽衣蹁跹

这个世界
这座小城
这些移植不久的植物
正在灰暗中
沙沙作响

苍雪羽毛

一年冬天
雪刚好落在山顶凹陷处
月余
人们望着雪山
不尽的虚空之物
如此真实

松针在背后的山坡
一次次落下
草丛中一些奇异的羽毛
沉落，翻卷
又再次轻轻飞升

雪野的山顶
人世有了
越来越多的反光
对立面
以及陌生之物

评论／

当代文坛与王小波的经典化

○房伟

1997年4月，王小波离开了世界。20多年间，中国发生了巨大变化，王小波却在传播过程中，渐渐成为“当代文坛经典”。王小波的经典化过程，也反映在中国文坛对他的接受的心理变化。张丰的《纪念写作个体户王小波》认为，假如王小波活着，会成为玩转新媒体的“老网红”。《三联生活周刊》指出，王小波是自媒体时代“金句小王子”和“撩妹高手”。媒体总能敏感地看到王小波与当下文化现实的互动问题。“对抗文坛”的王小波，“中产趣味”的王小波，开始转变为“网红段子手”的王小波，这暗示了时代审美的变迁，也有着诸多无奈调侃。然而，问题依然存在，如果说，王小波的经典化塑造存在问题，那么，对抗性思维为什么一直受到喝彩？王小波和当代文坛的关系到底如何？理解王小波经典化的“怪现状”，必须从1990年代文化语境下王小波、传统文学期刊、当代中国报业的关系，1990年代南北文学期刊不同策略等角度入手。

王小波与大陆文坛发生关系，主要在1990年代。王小波是一个“出口转内销”作家，由《联合报》获奖而推出。

一个台湾作家，如果连续在《联合报》副刊发稿，乃至获奖，绝对是一举成名。这种成名路径，现在看来也没什么，如作家薛忆沩、双雪涛都由《联合报》获奖，受到大陆关注，但考虑到1980年代末的紧张氛围，王小波在台湾获奖，所谓“文坛外的高手”，细究之下，也颇多复杂意味。王小波在文坛一亮相，就是“异端”。1991年，《黄金时代》获台湾第13届《联合报》中篇小说奖，提供了王小波走上文学道路的直接经济基础和创作动因。多年后，同榜获奖者已籍籍无名，《黄金时代》则广为传诵，并入选《亚洲周刊》评比的世纪中文百强。1990年代，大陆文坛无法接受王小波的原因，在于王小波对文坛的异端性，他的超时代性。有文章谴责：“即使是在现在大学中文系通用的教材洪子诚《中国当代文学史》（2007年第2版）和陈思和《中国当代文学史教程》（1999年版）都对王小波只字未提。”（界面新闻：《生前寂寞身后名，他是“文坛外的高手”吗？》）这个说法太武断。洪子诚和陈思和都对王小波做出过较高评价。如在《中国当代文学史》（1999年版）中，洪子诚说：“对当代历史，包括反右、‘文革’等事件的反思性主题，在90年代也有所延续，如李锐的《无风之树》《万里无云》，王朔的《动物凶猛》，王小波的《黄金时代》。”《中国当代文学史》（2007年修订版）更有几千字的篇幅介绍王小波，并声称：“他的创造借鉴的文化资源，更多不是来自20世纪中国作家影响巨大的感伤、煽情的一脉，而是有着飞扬想象、游戏精神和充沛幽默感的作家。”陈思和也认为：“诸如王安忆的《叔叔的故事》，史铁生的《我与地坛》，张承志的《心灵史》，张炜的《九月寓言》，余华的《许三观卖血记》，王小波的《黄金时代》都堪称当代文坛最美的收获。”（陈思和《中国当代文学史教程》，1999年版）有的文学史还有专章论述，如陈晓明的《中国当代文学主潮》（2009年版）。

文坛对王小波的隔阂，主要是不知道如何处理他。即使文学史对王小波做出肯定，也是基于其巨大的影响力，但对他的认识，还存在着诸多误读。王小波更像一个80年代作家。《黄金时代》解决的是革命伤痕的问题。他的小说闪烁着“后革命”气息，和1990年代新自由主义有契合的地方，也有着相当距离。王小波被认为是未进入“文学场”的作家，并非只是媒体看法，如赵勇谈到“我们也看到许多作家没有刻意去进‘文学场’，但他们也获得了某种声名，这是因为文学市场化的进程打破了原来那种僵硬的文学体制……王小波在世时，还没有赶上像现在这样的好时候。否则他与他的作品或许就是另一番样子了”。笔者认为，相比1990年代中前期文学界多元共生的场景，当今的文学规约性，不是弱化了，而是更强了。是什么导致王小波生前没有被文坛充分认可？简单谴责文学界对王小波的排斥和疏离，缺乏学理性。《花城》原编辑文能，曾大力推出王小波作品，但和笔者交流，也表现出相当的困惑：“我从1994年到1998年一直坚持‘推’王小波，以当时《花城》的影响力（或许还包括我），能持续发表两到三个中篇，基本上就能获得文坛的认可，但王小波却是个意外，这一意外亦是意味深长的。”

有心种花花不成，无心栽柳柳成荫。王小波辞职后，本想当小说家，却成了自由撰稿人。王小波生前，最先肯定他才华的，是《三联生活周刊》《南方周末》等报刊。王小波的杂文，作为中产阶层理性代言人，是很多流行至今语汇的发明者。王小波的机智俏皮、幽默辛辣，海归知识分子身份，作家兼学者的形象，特立独行的自由人派头，无不符合现代媒体个性化代言人形象。细究起来，台湾报业集团龙头老大《联合报》授奖给王小波，除了文学成绩、名人推荐、意识形态等因素，未尝没有传播方面的考虑。1990年代报业发展，给了王小波一个非正规的文学发展机遇。两者的遇合是现代报业自由理性的政治企图，与王小波的内在气质发生了共鸣。1990年代中国个人主义发育，市场经济的新伦理，需要文学的参与——无论是杂文，还是小说。1990年代的纯文学，总体趋势是解构性，去政治化与去历史性的，适应全球化资本主义的地域景观想象，却缺乏反映当时中国现实的主体性诉求。报纸传媒对王小波的认可不遗余力。4月11日，每个王小波的周年忌日，连续20多年，《南方周末》《三联生活周刊》等大报刊都连续跟进。中国当代作家，很少能获此殊荣。同时，发行量巨大的非文学杂志，非纯文学性质的出版社，如《人之初》《读者》等，也参与了对王小波经典形象的塑造。这个过程，还包括海量非正宗文学爱好者、小资知识分子的推崇。学者孙郁提及，他1990年代末在《北京日报》当编辑，曾编发旷新年批评王小波的文章《王小波的悲剧》。下午下班，孙郁被一群愤怒的青年读者堵在了报社门口。这份思想影响力，当下中国作家也少有人可比。

然而，这样一个管理学科出身、留学海外、思想异端的中国人民大学前会计系中年怪咖讲师，要被当代文坛接纳谈何容易。20世纪八九十年代作家的成长路径是，作家无论大学学什么专业，都以“纯文学”或“先锋文学”自居，像王小波这种兼杂文理的“野狐禅”，让人感到怪异。比如，作家张洁也出身人大会计系，但张洁的写作何时有管理学科的影子？出身自动化专业的朱文，不会在小说里叨叨理工科知识。“前牙医”余华也不会在小说中讲述拔牙。如果说，专业对作家有影响，那基本是潜在层面的。这些作家感觉是大学选错了专业，像王小波这样，痴迷于文学，也痴迷于计算机，曾发明国内第一套四声汉字输入法，是自己设计书写软件的作家，中国绝无仅有。而且，王小波也不是“策划作家”，他从不参与文学圈策划，也不比照策划规划创作，如新状态、新现实、新体验、新市民、新都市……王小波也就很难被归纳到1990年代“策划—发表—出版—获奖—成名”的文学圈生产机制。

进而言之，王小波和1990年代文坛推出的王朔、林白、朱文、潘军等作家的不同之处在于，他没有经过现代文学传统与当代文学传统的“双向挤压塑形”。不是文学圈中人，还可以补救，但文学气质“异端性”，更增加了王小波被文坛认可的难度。这种文学传统，要将作家纳入中国现代文学概念规训（包括左翼传统和启蒙传统），如现实主义、浪漫主义、批判现实等。这个文学传统，包括新时期文学形成的当代文学规范，诸如向内转、先锋性、主体性、新启蒙、纯文学、民间性等。1990年代文坛对市场经济的反应是应激性的，但基本在文学圈内发生。它丧失了1980年代强大的媒介资源整合度及大众关注度。即便《废都》《白鹿原》这样轰动的作品，也无法做到1980年代文学媒介的“共识性”。任何想在1990年代成名的作家，进入正规文学期刊界，必须经过这两个文学传统检验。当然，1990年代受全球化新自由主义影响，一些新文学规范在形成，如历史终结、反宏大叙事、私人写作等，但这些规范都和上面提到的现代文学传统与当代文学传统之间，有极为深刻的内在联系，也受制于一大一小两个传统。王小波与上述文学规范存在不少疏离之处。王小波注重文学形式创新，却不是先锋小说和纯文学创作，又有强烈的思想批判性。王小波注重个人写作，解构宏大叙事，却拒绝简单的历史虚无和语言游走。他深入中国文化，进行大胆讽刺与畅快想象，试图建构自由主义新伦理观。王小波的小说语言幽默俏皮，但不是莫言、刘震云式的民间狂欢写作，处处闪烁知识的智慧。王小波的小说品相，恰属于中国现代文学发育中最不发达的两个品类，即讽刺小说与学者小说。如果说，在中国现当代文学发展中，作家气质上接近王小波的，那就是写《围城》的钱锺书；再往上推，是写《故事新编》的鲁迅。有学者认为，将鲁迅和王小波联系起来很荒唐，但如果从理性精神、对悖论语境的反讽、讽刺艺术、深厚的学养、非文科出身的背景、狂放的历史趣味想象等角度出发，我们都能看到这两位同时操持杂文和小说的中国作家的内在相似性。

南北文学期刊的地域差异性，也是王小波在1990年代接受障碍的重要因素。王小波出身北京高级知识分子家庭，妻子李银河也出身北京高级知识分子世家。王小波的人脉关系、性格禀赋、精神面貌，有太多北方想象。甚至从外形上讲，王小波也是典型的北方大汉。然而，怪异的是，王小波作品的接受度，却是南方大于北方。这并非厚此薄彼，贬北崇南，而是以此考察1990年代语境、文学环境的内在差异性与选择机制。王小波虽是北京人，但他的文学理想，更适合南方文化氛围，而与1990年代北方有不少抵牾之处。或者说，在北京文化圈，王小波的接受形象，主要是自由撰稿人、思想型海归学者，甚至是电影编剧，而不是小说家。比如，《南方周末》《南方都市报》等南方系媒体，对王小波的推介和关注力度，基本与《三联生活周刊》《北京青年报》《中华读书报》等北方报刊相当。《读书》等北京权威知识分子刊物，对王小波的杂文推荐力度很大。王小波在南方报系发表的杂文，数量也基本与北方持平。然而，从小说发表来讲，王小波生前共发表19篇中短篇小说，却有12篇发表于南方文学杂志，包括《花城》《收获》《广州文艺》《小说界》等，还包括《人之初》——分6期连载《黄金时代》的南方非文学杂志。从出版上讲，王小波第一本小说集《唐人秘传故事》，由山东文艺出版社出版，经笔者考证，应为王小波姐夫衣秀东当年与书商合作出版，纯系自费。第二本小说集《黄金时代》，在编辑赵洁平的全力支持下，由华夏出版社出版，出版过程困难重重，受到内部审查，只能经由“二渠道”[①]销售，出版后受到批评。相比而言，花城出版社在1997年王小波活着时，就打造了精装本《黄金时代》《白银时代》《黑铁时代》三部曲。就文学评论而言，中山大学艾晓明教授出力最多、态度最坚决。她不遗余力地介绍王小波的文学成就，热情推广他的作品，并与李银河合编《浪漫骑士》一书，产生了极大反响。笔者在台湾查找资料，还曾看到艾晓明教授发表于香港、台湾的关于王小波的评论文章。

具体而言，以《花城》与《北京文学》为例，看1990年代语境下，王小波和南北文坛的微妙关联。《花城》老主编田瑛谈到1990年代文学环境时说：“90年代开始，文学期刊的订数急剧下滑，全国所有的文学期刊都面临着生存的考验，屋漏偏逢连夜雨，我们花城出版社这几年因经营不善而连连亏损，短短几年负债累累，权宜之计只好出租办公室。”面对市场化挑战，很多老牌著名刊物，如《当代》《十月》等，坚守办刊传统风格，终于杀出一条路，保持了刊物品质与影响力。《花城》的选择却是“先锋性”：“90年代初，《花城》开始转型，注重对小说形式的探索，追求一种自觉的文本意识。我一直认为中国作家的通病是缺少文本意识，如何为中国文学提供一个崭新的文本，一直是我做杂志的理想。”（田瑛、申霞艳：《九十年代：转型与尴尬》）北村、李冯、韩东、东西、陈染等等一大批具先锋意识的作家，通过《花城》走向文坛。对王小波的推广，《花城》功不可没，王小波生前发表19篇中短篇小说，《花城》占据了5篇（1994年《革命时期的爱情》，1995年《未来世界》，1996年《2015》，1997年《白银时代》，1998年《绿毛水怪》。均由文能编发。）1997年第5期发表艾晓明纪念文章《永别之约》，花城出版社率先推出王小波“三部曲”，取得非常好的营销成绩。花城版“时代三部曲”到2002年为止最少销售15万套（58元一套）。（夏辰：《王小波出版史：生前的冷落与死后的哀荣》）田瑛说：“我们在发他的小说的同时建议出版社出版他三卷本集子，当时出版社有不同意见，因为王小波不够出名，他的小说有些异类，市场认同度并不高，很多人对他那种感受世界和表达世界的方式还不能理解。可以说他就是《花城》推出来的，也是我们看好的作家。我对肖建国社长力荐王小波，说此人不可忽视。”（田瑛、申霞艳：《九十年代：转型与尴尬》）

笔者找到一些王小波生前和《花城》编辑文能的通信。王小波称：“北京文学界的朋友，对四大刊物的排名顺序是《花城》《收获》《当代》《十月》，我很为您高兴。正是因为有您这样有胆有识的人，《花城》才越办越好。”信中虽有夸赞之意，但王小波对《花城》的感激与肯定也溢于言表。文能在王小波生前和去世后，写的介绍王小波的文字，主要有3篇。文能在1999年山东画报出版社出版的《艺海双桨——名作家与名编辑》（陈思和、虞静主编），评介了小波在《花城》发稿的经历。文能追述《革命时期的爱情》被《四川文学》编辑杨泥推荐给他时，他的最初阅读感受：“他的路数和当时文坛上各路高手全然不同，连相近的旁支也找不到，看上去怪怪的。他写革命，却用一种戏谑的调侃，消解了革命的庄严和神圣，让我们看到的，分明是一场目的不明的游戏。他写爱情，情和爱却褪去了迷人的外衣，剩下的只有性和欲。”（文能：《阅读与倾听》）对这样“异端”的作品，又是来自完全陌生渠道的作者，从《花城》的编辑到主编，再到花城出版社的编辑钟洁玲等，都进行了高度肯定和大力支持。

北京支持王小波的文化界人士也很多，如《三联生活周刊》的朱伟、《北京文学》的李静与兴安、电影导演张元、学者丁东、编辑赵洁平、记者王童等，还有些青年朋友，如镂克、张卫民等。但大多不属文学界，或不是主流文学界位高权重之辈（如赵洁平本是专门编发社科学术类的图书编辑）。王小波作品发表史上，《北京文学》是仅次于《花城》的发表阵地，达到3篇（《夜里两点钟》，《北京文学》1997年第1期；《万寿寺》，《北京文学》1997年第7期；《马但丁》，《北京文学》1998年第6期），这和编辑李静艰辛的努力有关。王小波在《花城》拿的稿费，一直是刊物里最高的。据文能回忆：“小波当年的稿费大概是每千字40到50元之间（这是当时我们刊物能给出的最高稿酬，每发稿酬时我都强调他‘失业’，靠稿酬维持生计，为其力争）。”北京评论家兴安，曾推荐王小波参加北京青年创作笔会，但王小波只待了半天，就跑了回来，还声称活动特别无聊。兴安表示不理解与无奈。尽管刘心武很欣赏王小波，也试图帮助他结识更多圈里人，但王小波始终难以打开局面。

比较而言，南方文坛靠近市场，北方文学圈更靠近意识形态；南方强调文学形式创新与先锋性，北方更看重作品思想厚重与现实批判性；南方文学的个人性更强，北方注重文学传统和规范。这只是相对而言，无所谓好坏优劣，不过因此形成了不同文学淘汰选择机制。不能简单归结于私人恩怨或刊物眼光，而是要看到王小波和当时主流文坛的复杂关系。王小波的小说风格和主题，显然和1990年代公认的文学趣味相距甚远。他的出现，是对文学编辑的挑战，也是对文学圈对异质性创作容忍度的考验。王小波生前声称，曾收到很多谩骂性退稿信。文学圈话语方式在表面多元化之下，依然存在强大规定性法则。这既是对文学的政治性而言，又是对文学本身的游戏规则而言。他的长篇小说《寻找无双》《万寿寺》《红拂夜奔》均经压缩后，作为中篇小说发表。直到王小波去世，也未完整发表一部长篇小说。王小波的知青故事，缺乏我们熟悉的豪迈理想主义；他的日常生活书写，也没有暧昧琐碎、物质至上，以及王朔式低身段调侃；他的历史传奇，更像科学爱好者的无厘头臆想，没有微言大义；他也写性，惊世骇俗，却干净坦白，没有狡猾的方框和边缘性游走。王小波，对1990年代文坛而言，就是十足的怪胎。

尽管1990年代文学期刊，面对市场经济大潮，不断进行改革，但文学大环境的改变，加之体制的束缚，使1990年代的文学语境很难处理王小波这类具异端气质，又有极大市场潜力的作家。这里的市场潜力，不是说王小波有通俗气质，而恰在于，王小波的精英气质，满足了中国现代转型过程对知识分子形象的期待视野，也满足了普通小资大众对现代理性精神的呼唤。1990年代文学格局，权威作家大多成名于1980年代，如莫言、张炜、王安忆、韩少功、贾平凹等。1990年代崛起的作家，基本还是文学体制内部培养的。卫慧、陈染、林白、韩东、朱文等作家，虽多受市场经济影响，但依然与主流文学体制有重要关联。比如，卫慧、棉棉与身体写作的关系，林白、陈染与先锋女性写作的关系，韩东、朱文与新生代写作的关系等。甚至1990年代末成名的文学青年韩寒，也与“80后文学”有关。只有王小波，其定义、传播，依赖于知识分子与大众媒体来完成。王小波去世后，国内至今没有一个作家能成功复制王小波式的文学操作模式。王小波属于1990年代传媒业与知识分子共同打造的最后的“文化英雄”。报纸传媒的黄金时代已过去，自媒体时代到来，又带来了新的对王小波的认知态度。但当今中国文学格局，相比1990年代，除了网络文学崛起之外，变化其实不大。文坛和王小波的隔阂依然存在，并演变成了一种赌气式“对抗游戏”。媒体越是宣传，很多批评家和作家越是视而不见。

王小波生前与身后，文坛对他的质疑声音也一直没间断。由于进入文坛时间短暂，且文风、思想和路数与传统文学有很大差异，大部分传统经典作家对王小波并不熟悉，保持了一种疏远淡然的态度。王小波去世五周年，批评家李静在《南方周末》做了一组访谈，几乎是逼着文坛大腕们表态——

> 我应约采访文坛大腕对他和他的作品的看法。因为这一直是王小波评论中缺少的能“填补空白”的工作，我欣然答应，直到打了一圈电话以后才知道在自找麻烦。总结起来作家们的意见有如下两种：（1）王小波的东西我没怎么看过，就别在他的忌辰胡说了吧。刘庆邦、梁晓声、刘震云、格非、毕飞宇等表示了这个意思。“出于对逝者的敬意，像‘我不喜欢他的东西’这种话，现在也是不宜说的。”其中一位谨慎地说道。（2）“现在他已经这么热闹了，我就不说了吧！”这是王朔的原话。

成名作家中，公开为王小波叫好的也有一些，比如，60后著名作家李洱：

在经历了大腕们不约而同的沉默之后，《花腔》的作者、河南作家李洱终于给了我一个认真的回答。他认为：王小波是一个天生的、典型的作家，他进入事物细部并把缝隙打开的能力令人赞叹。他认为：小波在文体上有建构性，“他的小说写得比我好”；但是李洱同时认为小波的思想并没有什么创见，小说比随笔的成就更大。

很多人批评王小波推崇西方式思维，特别是有民族主义情绪的作家。比如，王小波刚去世不久的1997年7月，方舟子撰文《人之既死，其名也盛》，对王小波进行批评：

硬着头皮读完，发现王小波颇有点以青年导师自居的意思，或者竟是要当中国文化的导师的，跟他所深恶痛绝的军代表并没有太大的不同，只不过军代表要灌输的是毛泽东思想，王导师所指引的却是：中国文化乃是低能弱智的文化，只有西方文化才是充满智慧的。

1990年代初，由于王小波对民族主义风潮的批评，特别是对《中国可以说不》一书的批评，使他早就和一批“爱国热血”的文人结下了梁子，即使在他去世后，“王小波否定传统、不爱国”的说法，依然很有市场。如网文《一个不为人所知的王小波：一种装蒜的自由主义》，指责王小波是一个被仇恨淹没的人，恨的根源在于一个字——“穷”；该文还说王小波是一个被海外生活扭曲了心灵的亲美派。

而由于王小波明显的自由主义知识分子趣味，左派学者对他也较冷淡，如旷新年的文章《王小波的悲剧》。文章开篇就声称，“有时在报刊看到他的名字，也不过把他当作一个专栏作家浏览过去了，并没有发现他的特别之处”。接着，该文对王小波力挺林白的文章《艺术与关怀弱势群体》进行了批评。王小波在杂文中说：“笔者在北大教过书，知道该校有个传统：教室的门是敞开的，谁都可以听。这是最美好的传统，体现了对弱势群体的关怀。但不该是谁都可以提问。”旷新年认为，王小波的这个说法，表明了他是“虚假的精英主义者”。虽然，旷也承认，王是一个有趣的人，但也指出，自己不喜欢别人把王小波当成神话，因为“自由知识分子”把王小波的死当作一个庆典，并呼吁“赞美少一点，思考多一点”。

有很多学者喜欢王小波文章中的智慧幽默，但对其中的智力优越感，由英美经验主义哲学所带来的中产气味、精英主义，对平等精神的过分抵触等问题，有很多批评。比如，王晓华撰文写道：“王小波思想中的一个主要悖论是：他一方面认为‘参差多态乃幸福之源’，一方面又反对文化相对主义，认为文化之间存在高低贵贱之分。并主张用高级的文化(理性的文化)取代低级的文化(非理性的反科学文化)。他没有意识到用科学理性统一所有的文化只能消灭文化层面上的‘参整多态’，因而等于堵塞了文化层面的幸福之源。”（王晓华：《王小波的另一面》）这种悖论性，既是王小波对后现代中国的悖论性的体认，也表现了他思想中的片面性与偏执性。当然，任何思想立论都有排他性，王小波式的自由主义在1990年代被知识分子精英阶层广泛接受，也不能不说有着其隐秘的心理暗示和联系。宽容和理性，反抗专制，可以让王小波在很多普通人那里获得共鸣，而精英知识主义在一定程度上满足了全球化时代国际资本对中国智力资本的期待视野，也适合1990年代在上升的中产阶层形成比较稳固的阶层意识和公共空间的话语方式。

对很多更年轻新锐的作家而言，王小波更是一个应“被超越”的标志性人物。比如，新锐作家蒋一谈认为，“王小波的文学缺乏善，缺乏发自内心的悲悯”，“王小波的文学同样缺乏美。王小波的写作方式是单调的，他乐于重复自己……”“王小波的文字遗留下什么写作遗风？戏谑、阴郁、残暴、血腥、玩世不恭……”蒋一谈以短篇小说著称，作品温婉精致，又入世极深。他与王小波这样擅长中长篇却在细节上经营不够的作家，自然不是同路人。与王小波同样以“惊世骇俗的性趣味”和“智性写作”闻名的作家冯唐，毫不客气地指出了王的缺点。冯唐的杂文《王小波到底有多伟大》承认“小波的好处显而易见”，列举出“有趣味”“说真话”和“纯粹个人主义的边缘态度”三条，随后又指出，“王小波的不足显而易见”，理由则是“文字寒碜”“结构臃肿”“流于趣味”和“（思想）缺少分量”。他最后总结说：“总之，小波的出现是个奇迹，他在文学史上完全可以备一品，但是还谈不上伟大。”80后作家李傻傻，曾经的王小波推崇者，也提出不同看法：“忘了看王小波作品的最初感受了，也很难提起再看的兴致。年轻时候被他吸引、蛊惑，年轻时他用有趣吸引你写作，用智力蛊惑你蔑视，估计过两年会忘掉他。”李傻傻曾经表示，王小波是其文学写作上的引路人之一，他的长篇小说《红×》能看出王小波的痕迹。

70后作家阿乙的《26岁之后不读王小波》，也可以看作是试图寻找新路径、新思想和新的文学表现形式的青年作家们的野心和自我期待。他坦言：“在26岁之前，我读得最多的是王小波、柏杨和李敖的杂文。我将一本《沉默的大多数》翻烂。相比来说，王小波的小说倒没给我留下太多印象，我大概记得有一篇《红拂夜奔》。”阿乙认为，王小波有一种“智慧的瘾”，也是心灵的鸦片，以常识代替个人思考：“但在今天，我对王小波基本没有感情。而且我觉得自己在26岁前的阅读状态基本是一种有毒状态。我对王小波、柏杨、李敖的所谓智慧有瘾。我取的是瘾，而不是营养。他们所说的我基本都懂，我懂得这个道理，而继续迷恋，只是为了附和到他们的嘲讽中去。”

阿乙无疑指出了王小波的杂文和小说的一个问题，即王小波有很强的精英主义思维，他在反庸俗、反道德主义和反虚伪的路径上，很容易通过常识性，展现出对普通人的智力和精神的优越感，而对于小知识分子而言，王小波是解毒剂，也是制幻剂——他制造新的愤世嫉俗的智力幻觉和精神幻觉，而一旦脱离了这种精英主义的思维，王小波本身的文学成就和素养，就显现出很多不足之处。

说起来，王小波的影响主要是在70后和80后这两代人。很多青年作家和批评家，还是充分表达了对王小波的敬意。比如，80后代表作家王威廉认为，王小波是一个有独特的生活世界的作家。王小波的立场是一种自由主义的务实态度，他希望每一步都有据可依、逻辑严密。他倡导一种渐进式的改良，既不高调，也不回避，直面问题。但王威廉也有困惑，王小波的影响这么大，为何那种独特的叙事方式、机智繁复的话语，以及黑色幽默，在当代文学创作中却失传了。

20多年过去了，无论喜欢还是讨厌，王小波正在变成一个被超越的“经典”，他身上负载了太多复杂的社会信息，也负载了太多怨恨、愤怒、喜爱、沉静与悲伤。然而，与王小波在公共空间不断被抽象成为符号相反，对更年轻的90后青年、00后青年而言，在这个充斥网络信息的喧嚣时代，深刻的东西，似乎都在被简化为更具快感的表达与更炫目、直接的娱乐。不管是否承认，“黄金时代”的故事已经过去了，庄严宏大的东西依然存在，而那些激动人心的爱情、蓬勃无忌的欲望，都已在“似水流年”中化为无尽的怀念。在喧嚣的2020年，我们还能为中国写下未来的寓言吗？

编者注：

① 二渠道，指民营文化公司。

优秀奖

- 拾梦录
- 巨鹿坡一号
- 佛罗伦萨瓦片
- 九号线
- 花骨朵破胸而出
- 潜伏在医简里的草木和沙场
- 替父亲拾骨（组诗）
- 时间的河岸（组诗）
- 他活在了世界的全部之中
  ——谈阿来的《云中记》与《尘埃落定》
- 从中汲取，以及感受智力和情感的愉悦

短篇小说／

拾梦录

◎东　君

一

D先生讲述了这样一个梦：夏日午后，他昏昏然躺在书房里的一张小床上，忽听得女儿在门外喊他。他的四肢黏在床上，不想动弹了。连眼皮也懒得睁开，连话也都懒得出口。迷迷糊糊间，女儿推门进来，好像要他帮忙找什么东西。可他仍然倦于回答。女儿轻轻带上门，出去了。然后，他就进入悠长的梦境。他梦见自己在一座大院里游走，出门时，忽然想起女儿还在庭院里面。他又踅返寻找。院子空荡荡的，没有女儿的踪影。他开始大声呼喊女儿的名字，依旧没有人应答。就这样，我突然惊醒了，D先生说，在做梦之前，女儿喊我，我没有应声；在梦里，我喊女儿，女儿也没有应声。

一位老友听了，也跟D先生说起自己亲身经历的一件生死相隔的事。两年前，他突发脑出血。他想喊儿子的名字，可身体与舌头就像是被冻结了一般，怎么也动不了。他在脑子里一遍又一遍近乎绝望地呼喊着儿子的名字，直至意识逐渐模糊。过了不知多久，他听到儿子在耳边轻声喊他，可他张不了口。那时，他觉得这就是死亡，他站在死亡这一边，与儿子相隔一条不可逾越的河流。儿子喊他的时候，他无法应声；他在脑子里喊儿子的名字时，儿子也无法听到。

二

理发师的头发长到秋草那么长时，才发现整整一年都无人光顾理发馆了。除了理发师本人，屋子里唯一会动的是一条金鱼。寂寞的理发师对着一面日益暗淡的镜子，举起手中的剪刀，一寸寸地剪去杂乱的长发。之后又举起剃刀，沿着清晰可见的发际线，一点点刮去那些硬直的发茬，且满足于剃刀带来的冰凉的快意。慢慢地，一颗肉球般的头颅就在镜中浮现出来。剃刀从耳郭穿过时，刀锋一转，陡地一下切入耳根，圆兜圆转地沿着头颅四周转了一圈，揭开了一张血淋淋的头皮。随着剃刀的深入，头颅中露出了鱼子酱般的脑浆、交叉的经络。那些细如钨丝的神经，微末的细胞，似在张皇地等待着；还有一些散碎的灵光，闪回、停顿、跳跃着。理发师无意于研究X和Y染色体，以及颞叶区解决高等数学难题的可能性。剃刀继续深入颅缝，意欲撬开颅骨，但这块安置头顶的骨头内封存着古老的静默，那里面似乎隐藏着什么不可知的物事。其表面有灼伤的痕迹，至于如何灼伤，什么时候灼伤，被何物灼伤，他浑然不知。理发师把手伸进温热的脑浆，一点点地搜索着，忽然，抓住了其中一颗腐烂的肉核。理发师哭了。他将肉核小心翼翼地取出，放在一个盛有福尔马林的玻璃缸内；然后，对着镜子，重新塞回脑浆，理好经络，牢牢地包上一层头皮；头发呢，也用黏合剂一一粘上了。咣当，咣当——有一阵清脆的撞击声从钢筋水泥的丛林那端反弹过来。理发师猛地惊醒，摸摸头颅，尚在，还冒着噩梦带来的寒气。金鱼缸内的小鱼儿不知什么时候已经僵直了，他呆呆地望着，疑心这条死鱼就是脑子里那颗已经腐烂的肉核。隔着一层玻璃，理发师感觉自己从来没有如此接近透明的虚无。寂寞的理发师将椅子搬出屋外，坐在冬日一枚老旧的太阳底下，无力地吸吮着孤独。风呼呼地吹着，理发师的脑子里再也没有旧日恋人的影子了。

三

M先生走着走着，就走进梦境里去了。一扇窄门，一个充满霉味的房间，墙是倾斜的，仿佛随时都有可能压倒他。窗外阳光汹涌，屋内却是雨声淅沥。他在梦里，自然无法分辨这是现实还是梦境——有时候，梦就是遥远而模糊的现实，现实就是切近而清晰的梦，在模糊与清晰之间，他常常感到现实生活中发生的事不过是一个梦，而那些梦也无非是现实生活的一部分。

M先生是一位普通公务员，案牍劳形姑且不说，还要经常下乡，很费力地去做一些在他看来毫无意义的事。有时候，他在白天无法完成的事就交给梦来做，他可以在梦里非常漂亮地把它完成（不过，他在梦中完成的那件事，仍然会在醒来之后搁在眼前）。让他感到蹊跷的是，近来每次在梦里遇见的都是同一个人。此人既熟悉又陌生，只留给他一个模糊的轮廓。更离奇的是，梦中人偶尔会走到现实中来，躲在阴影里，不动声色，他能感觉得到。他时常会问自己：我真的认识梦中的那个人？梦中的那个人真的认识我？他决定逮住那个梦中人问个明白。

这一天上午，M先生在大街上行走时，再次撞见那张曾在梦里见过的脸。别走，他大声喊道。他在阳光与阴影之间紧紧跟随着那个梦中人，目光飘忽不定，因此，他感觉那人有时像一道树隙的阳光，有时又像一道树叶的影子。那人的背影有些佝偻，步履也有些迟缓，但M先生无论如何加快步伐，都没法追上梦中人。那人从一条大街转向一条像河流般可以无限延伸下去的巷子，M先生的目光与脚步也悄然跟随着。走到一座庭院，他才惊觉，这里就是自家的老房子。让他纳闷的是，上午过去清扫庭院时，庭前的树还是青翠的，转眼间却是一片苍黄。他站定，略显迟疑地打量着周围的景物。建筑没变，唯独变化的是这棵树。甚至可以说，树的形态也没变，唯独变化的是树叶的颜色。他与这棵树对视良久，才算慢慢恢复了原有的方位感。树影投向正北方向，可以确定此时正是午时。一阵倦意袭来，他打算进屋略事休息。那一瞬间，他透过门框，看到那个人就躺在自己躺过的那张小床上，蓝色的门框仿佛给现实与梦境划出了一道边界。他问自己：如果那个躺在床上的人是我，那么，站在门外的我又是谁？莫非我就是那人梦见的人？于是，他决定进入房间一探究竟。他跨进门那一刻，躺在床上的人突然坐了起来，满脸惊愕。身后墙壁上一道道不规则的裂缝，竟像是依稀可见的北风的残余，透着阴寒之气，让人感觉，那些旧死与新故的亡灵尚未远离。天花板上飘着一朵乌云，屋内雨声淅沥，但地板是干燥的，连一滴雨都没有打在脸上。你是谁？M先生问，为什么会跑到我床上？那人问，你又是谁？怎么贸然闯进我的房间？M先生看着那人的脸，又看了看镜中的自己，恍然大悟般地嚷道，你是三十多年后的我吧？我怎么会变成这副模样？那人盘腿坐着，阴沉着脸说，你曾经是我，这没错，可我一点儿都不想跟你见面。你不喜欢我眼下的样子，我也不喜欢你这副德行。说实话，我甚至有点儿讨厌你。M先生撇了撇嘴说，没想到，我活到这么大岁数还住在父母留给我的老房子里。不，那人说，你走过很多地方，也住过大都市的小洋房，可你在地球上兜了一个大圈子，还是要回到这里。这叫什么来着？对，宿命。M先生有意让语气缓和了一些说，瞧你现在这副模样，活得不算好，但也不算太差。那人嘿嘿一笑说，我们同是梦中人，你遇见年老时的自己不敢相信，我遇见年轻时的自己不敢相认。别说老汉我倚老卖老，我本可以给你一些忠告的，可我一想到你转身就会忘掉，也就不想说什么了。M先生说，至少看到自己的晚境是这般模样，我往后的日子想必不会再稀里糊涂地过吧。那人冷笑一声：命中注定的事，谁也无法改变。中年时期，你有钱有地位，除了妻儿，还有一个情人，很可惜，乐极生悲，有一天你突然得了一种虽说没有致命，却让人痛苦不堪的疾病；晚年时期，对，就是现在这样子，你既没钱，又没地位，情人和妻儿都已离开了你，所幸的是，你无病无灾，可以安然度过余生。你说，你会喜欢过哪一段日子？M先生与之惶然对视，不知道如何回答。

M先生退出屋子后，仍然回想着那个问题。他来到庭院。白云飘移，蚂蚁爬行，时间过得很慢。阳光如午后的猫，在墙角懒洋洋地移动。他斜靠在庭前的一棵树下，缩起一条腿，然后又进入了梦境。

四

初见时，他还是少年，衣裳单薄，骨感毕现，让人见了有水清见石之感。在她看来，他们之间的相遇真是无端的。她说，我不知道你是谁，到底是从哪里来。他说，我也不知道我是谁，到底来自何方，从小到大，我就跟着风流浪，他们都说我是一阵风的化身，我寂寞的时候，就喜欢跟风说话。她问，你能听懂风说什么？是呀，他说，每一阵风都是不一样的。我就是被一阵风带到了这里，直到遇见了你。他们静默地观看着。风是看得见的。

这一天没有早晨。她是在中午起床的。阳光时有时无，记忆半明半暗。天黑之后，她又安然入梦，恍惚间听到有人喊她的名字。她与他再次见面时，他的头发似乎又长了几寸。她问，你有可供联系的电话或地址？他摇了摇头，说，我们可以通过意念保持联系，彼此意念相通，就能相遇。她的小手被他握着，由微凉而温暖，心里有一团小小的异样的兴奋。她感觉这就是爱。他们沿着一条银白的小径，翻过爬满野花的山坡，草木的芳香像是从彼此的灵魂深处散发出来的。月光照着南坡，他的唇上已有了淡淡的胡髭。他把衣裳甩到地上，她也把衣裳甩到地上，他们就像两条蜕了皮的蛇。太阳底下没有新鲜事。但没有太阳的时候，新鲜事就出来了。这种新鲜事发生了之后，她细细回味，觉得这些事终归不算什么新鲜的了。

在梦里，无论是白云卷舒悠缓，还是鱼儿来去倏忽，时间总是一如既往地流逝。梦醒之后，她每每倚床回味，感觉过往的一切犹如童话故事。在梦之外，她还有一个男朋友。他们是同班同学，一起翘过课，一起跳过舞，一起吸食过一种算不上毒品但很有可能致命的笑气。她眼下正在念高中，每一次叛逆之举都会给她带来一种恶狠狠的快感。在梦里，她扮演的却是一个乖女孩，总是低着头，声音低微，说话放肆一点就会脸红。她会为一只死去的小鸟哭泣，夺眶而出的眼泪就仿佛晶莹剔透的雪莲花，让人看着心都要碎了。有一次，她含泪对他说，你虽然好，但毕竟是梦里人。什么？我是梦里人？他说，我们不是生活在一个真实的世界？不，她说，我们现在生活在一个梦境里面。他说，这不可能。她说，如果我醒来，你就消失了。他说，你可以试试。

她真的就这么做了。于是，让她懊悔不已的事就这样发生了。有一阵子，她常常走神。在蓝色或灰色的天空下情绪的变化不定仿佛都与一个人有关。她不知道，要过多久才能跟他再见一次面。她对自己说，如果可以再次见到他，我就会告诉他，我们生活在一个真实的世界里。

然而，她终归是没再见到他。短短一年间，她差不多要将他淡忘了。她度过了一个并不算漫长的叛逆期之后，也算顺当地考上了一所自己中意的大学，本硕连读，其间谈了几次恋爱，毕业之后就闪电式结婚，也不避柴米油盐，跟别的女人没有什么区别，她养了一只猫，生了一个女儿。孩子喜欢睡觉，而且，常常在梦里发出咯咯的笑声。

多年以后，不知是意念起了作用，还是别的什么缘故，他在一个有月的夜晚蓦然出现在她的梦里。真的是你？她问。他的一头白发随风飘动，苍老得几乎让她都认不出了。这么多年来，你究竟去了哪里？她又接着问。他沉默片刻，说，我去了很多地方，拜访了几位智者，读了一些书，只为证明一件事：我们生活的世界是否真的只是一个梦。她问，现在你弄明白了？他点了点头，是的，你说的没错，我们眼下就在梦里。她叹息了一声，短短几年，你竟老得让我都快认不出来了。他说，现实中的时间跟梦里的时间是不一样的。你在现实中过了几年，我在梦里也许已经过了几十年。更何况，到了冬天，北风一吹，头发白得也快。他这样说着，不停地搓着手，仿佛在空气里洗手。她不知道该说些什么。他抬头望着天空说，我这番是来向你告别的，因为我就要离开这个梦的世界了。她听了，怕泪水会顺着面颊淌下，因此就把头抬高了一点。天空中什么也没有，除了黄昏的雪意。就在她喊着“等等，你要去哪里”时，一场风雪从山谷间猛然涌起，朝四周弥漫开来。他像雪花一般飘走了。在极度的寒冷中，她有一种被大火烧身的感觉。紧接着，身体像是被什么东西猛推了一下，失去平衡。醒来之际，一道阳光恰好照在摊开的手掌上。她又重重地叹息了一声。

在这一声叹息与那一声叹息之间，她度过了漫长而又平淡的一生。此间，她没再做过一个梦，但她是把自己的一生当作梦来过的。好梦有之，噩梦亦有之，她都淡然以对。当她回首往事，便常常以一种十分清醒的口吻对身边的孩子说，人的一生真的是一个梦。临终之际，她居然做了一个梦，梦见什么，她没有告诉旁人。她在半梦半醒间说了这样一句话：从前是，梦没了，做梦人还在；现在是，做梦人没了，梦还在。

五

风一吹，窗帘间闪过一道白光，让人想起一只振翼飞过的白蝴蝶。有人进来，在书桌前的一张椅子上坐下。是一个老人。清清冷冷的一张脸，在阴影里悬着，略有些孤苦。你知道自己在哪里？老人问。他摇了摇头，说，好像在一个陌生的房间里。没错，老人说，你闯进了我的房间，也闯进了我的梦。他听了，开始感到有些不安。蓝色的房间，仿佛有什么东西在阴影里漂移，隐隐约约透着阴郁的气息。他不知道自己何以会转到这个地方。老人问，你是从哪里来的？他报出了自己所居住的城市的名字。那么，你认识张晚风？老人又接着问。他再次摇头。

老人递给他一支烟。他接过烟，闻到一股发霉的味道。老人点燃一根烟的时候，眼睛里那两颗煤渣似的眼珠也在那一瞬间点燃了。老人缓缓吐出一句话：你回去之后，能否帮我打听一个名叫张晚风的人？他把香烟从唇间移开的一瞬间，下唇微微颤抖了一下，仿佛有几个词是沉重的，会从下巴掉落。

他从房间出来，沿着盘旋而下的楼梯，走到一扇铁门前，打开门。笔直的街道，弯曲的巷子。风里面有河水搅动的声音。醒来，月亮还挂在西天外，水管里传来哗哗声，料必是楼上有人正在洗漱，或是使用抽水马桶。

第二天晚上，他又梦见了那个老人。他的影子投射在一块被风吹干的平地上，如同清瘦的竹子。老人问，你帮我打听到那个名叫张晚风的人了？唔，他迟疑了半晌说，我醒来后，发现是一个梦，就没再打听了。老人阴着脸。那张瘦削的面庞里镶嵌着的眼睛，如同装在破旧窗框里的玻璃，里面全是空洞与冷漠。

你走出梦境之后，务必帮我打听一下张晚风这个人。老人再次叮嘱。

他醒来后，第一件事就是跑出去打听一个名叫张晚风的人。但这座小城压根没有人知道张晚风是谁。他在电线杆上贴出寻人启事，也没人打来电话。他忽然感觉，自己这么做也是够荒唐的。

第三天晚上，他又见到了老人。老人衣裳未更，面露静穆之气。窗外的云默默绕过一座山，飘到别处的山顶。

你打听到张晚风这个人了？

打听过了，没有人知道。

他活着的时候，没有人知道；死了之后，也无人挂念。

烟圈飘到他头顶，仿佛他说的话都含在这烟圈里了。老人请他坐了下来。

他们之间仅隔着一张桌子。老人给他斟上了一杯酒，他一饮而尽；老人又斟上满满一杯，他又喝掉。酒入口中跟水一样无味，却上来了一股子酒劲。眼前的面孔顿然变得有些模糊。他觉得他是隔着一条河看那个老人。再过一会儿，他已经看不清那张面孔了。他感觉自己跟那个老人隔着一座大海。

然后他就带着醉意下楼。一阵晚风把他的一身酒气吹得飘飘扬扬，他的步态有些踉跄，好像他走的不是平整的马路而是坎坷不平的山路，他也因此产生了一种向上飘升的感觉。

一阵敲门声惊醒了他。他带着宿醉般的眩晕感，摇摇晃晃地走了过去，打开了门。门口站着一位戴蓝色宽边帽的中年妇女。听说你在打听一个名叫张晚风的人，她问，你是他什么人？他愣怔一下，说，我不知道张晚风是谁，但我要打听他的下落。妇女说，他是我的父亲，五十年前，他丢下了我和母亲，无缘无故地离开了这座城市。

请进。那一刻，他不知道是应该让她进屋，还是进入一个梦境。

六

他从前是一个英俊的青年诗人，身材高挑而清瘦，五官棱角分明，嘴唇薄薄的，让人想起叶赛宁。不过，人到中年，他就开始发胖，连嘴唇也厚了。说话的声音仿佛也更肥钝了。他喜欢坐着，很少运动；喜欢睡懒觉，很少见日出。他说自己是因为忧郁而发胖的。他常常为肥胖而叹息。叹息归叹息，不会跟轮胎漏气般，让他见瘦。他不再写诗，不看书，不读报纸，不谈论跟文字（更不用说诗）有关的话题。他像仇恨子弹那样仇恨每一个字。有人问他叫什么名字，他就说名字是没有意义的。他的朋友越来越少，用一句富于诗意的话来说，他成了自己的陌生人。

他跟楼下的老房东也许可称得上是朋友。老房东不相信自己快要瞎掉了，他每天都要把镜子擦了一遍又一遍，但他还是没能照见一个清晰的自己。

老房东总是一成不变地坐在门口。空洞的微笑仿佛没有装玻璃的窗户。陪伴他的，是一条老土狗。它那神情，像一个随侍左右且随时准备搭腔的仆人。主人只消喝令一声“趴下”，它就乖乖地趴下来，而他常常会用自己的手指或梳子给它梳理毛发。

有一天傍晚，老房东坐在门口的椅子上说，我快要死了。这句话刚说完，他就靠在墙上不动了。死者的目光突然落在他手上，他打了个激灵，感觉自己的手有些冰凉。愣怔片刻，他把手缩回到袖子里，仿佛一只胆怯的啮齿类动物正躲在洞口向外张望。狗趴在地上，一声不吭。

老房东死了之后，那条老土狗就用看主人的目光看着他。他想跟狗说几句什么，但他不知道该怎么说。狗看了他一眼，又看了他一眼。他们之间仿佛有了默契。他常常问自己：我在狗的眼睛里看到的一个彩色的世界与狗在我的眼睛里看到的黑白的世界，究竟有什么不同？

像影子一样跟随过老房东的狗，如今跟随着他。因此，他时常感觉自己身后的狗就是老房东的影子。每天，他出门的时候，狗就站在巷口，目送他远去；他回来的时候，狗就站在巷口恭候，目光里满是温情。吃饭的时候，狗坐在餐桌的另一边。他们各吃各的，偶尔对视一眼。他的表情是淡漠的，狗也是。

有人说他是一个厌世者。他越来越不喜欢跟外界（包括老朋友）交流，一封信写了一整个秋天还没写完。有时候跟一个人说话，说着说着，他就打起了呵欠。有时候，他在床上躺了一整天，脸上却呈现出漂泊之苦。

他不喜欢做梦，但每晚偏偏有梦前来叩访。他做的梦都是彩色的，比如梦见一只蓝色的鸟、长着绿色头发的人。他梦见过一个女人，左眼是火焰的颜色，右眼是海水的颜色。从前，他很少做彩色的梦，仿佛现实世界里的颜色全都一股脑儿跑进梦境里去了。

某个周末，他独自一人买了票，在座无虚席的电影院里看了一部悲情片，四周安安静静的，他感觉是在荒野看一轮愁苦的月亮。他忽然想起，自己看的竟是一部黑白片。环顾四周，他惊讶地发现，周围的人也全是黑白的。

七

他醒来，跟一只猫对视。记忆却像是被什么照亮了，脑子里忽然掠过四岁以前发生的一幕：一群人用门板把他的父母抬到板车上，姐姐手中的塑料袋掉落在地，水流了一地，两条金鱼剧烈地蹦跶着。他注视着慢慢死去的金鱼，不知道父母去了哪里。三十年之后，这段记忆突然从脑海里闪现出来，让他大吃一惊。他不知道记忆的光源究竟来自眼前那面镜子，还是猫的眼睛。

四岁那年，父母死于一场大火，他们的样子他都不记得了。事实上，那些往事已经从记忆的线团中抽离出来了，而他的姐姐和外祖母却收藏了跟他有关的一部分，她们后来诉说给他听时，也许带有记忆上的偏差，但仍然会让他恍惚回到过去；一点气味、声音，都能让他拼凑出往事的碎影。没有一种欢乐的阳光可以消除童年时代的不幸遭遇在他内心投下的浓重阴影。随着年岁的增长，他对这个世界抱有的热情如同夕阳的余晖，正一点点地消散。平日里，他很少做梦，即便做梦，做的也是噩梦。

你没有做过美梦？一位心理医生曾这样问他。是的，他说，但凡我做过的梦，全都是噩梦。心理医生对他做了种种检测之后，最终断定他身上出现了一种“脑内化学物质失衡”的问题。

梦里发生的事大都与火有关。比如，某个圣诞节的夜晚，他梦见自己在一座破败的房子里面生火御寒。突然，门被风吹开，一条瘦长的影子戳在水泥地上。那人面目狰狞，手提黑色布袋——显然不是圣诞老人的扮相——二话没说，就拿布袋罩住他的脑袋。他眼前一黑，醒来，擦掉脖子间的冷汗，喘息半刻，又继续睡。之后，又梦见了那座灯火摇曳的老房子，墙上是一个变幻不定的投影，让人感觉那是一个怪物。他面朝墙上的投影，手指弯成枪状，嘴里突然发出“砰”的一声，影子应声扭曲、瘫倒。随即，墙上又出现了另一个怪物的影子。影子持棍，朝他这边移来。他退到墙角，一记闷棍击中了他的头部。他的拳头松开了。醒来的那一刻，他依旧能感受到床的轻微颤动。没事，没事，不过是一个梦。他这样安慰自己。每次做完噩梦，他都会让心头的恐惧在粗重的喘息与细密的冷汗中一点点稀释。

他干过不少工作：做过小学代课老师、替身演员、医院护工、殡葬工、景区解说员、送外卖的骑手、保健品公司营销员等。其间遇到的麻烦也不少，比如：因为没有及时处理好顾客的投诉问题而被上司解雇；在本城最高的写字楼遭人群殴；被一位肌肉发达的同事恐吓（此人曾扬言要将他从十七楼扔下去）；等等。

现实生活带来的恐惧常常让他做噩梦，反过来，噩梦也常常让他在醒来之后产生一种无以名之的恐惧。他总是小心翼翼地跟每一个熟人说话，呼吸着每一口陌生的空气。出门时，他要么戴上一顶帽子，要么夹一把雨伞，仿佛半路上随时会有一阵急雨或什么不幸的事落在他头上。

八

人在亭中，亭在树下，树下漏些散碎光点，漏些风声。移时，身边的位置突然多出了一个人。长须古貌，有树的气息。

你是谁？来自哪里？

我是谁？来自哪里？不必回答。我呀，无非是这棵树下的闲人，有事没事就会到山中走走——这么多年来，看山不厌，看水不厌，看草木虫鱼还是不厌。如果你说这些东西来自造物主的善意与智慧，我也不会有丝毫怀疑。

看出什么来？

一座山越看越不像一座山。

像什么？

我也说不清楚它像什么，就是觉得它不像一座山。

也许像一个老朋友吧。

也许是吧。我看山的时候，感觉山也在看我。

山用什么看你？山有眼睛？

唔，我也说不清楚它有没有在看我，也许它是用一只野兔的眼睛看我，也许是用一只猫头鹰的眼睛看我。山没有眼睛，但山的眼睛无处不在。山的眼睛隐藏在山的背后，隐藏在流水的深处，隐藏在每一片树叶中。山看我，正如我看山。有时候，这种“看”是不需要眼睛的。我苦闷的时候，无趣的时候，就想跟山说话。

山有耳朵？

我也不清楚山有没有耳朵。枝叶低垂的时候，我就感觉山在侧耳倾听。我说的话，跟风说的话、雨说的话，山都能听懂。山不说话，但我感觉山有话要说。我们常常就这样对话。

老人形同幻影，但他脸上的皱纹、衣袂间苍苔的印痕，分明又是真实的。

你究竟是谁？来自哪里？

其实我跟你一样，不过是这里的过客。不同的是，我是在寻找一只野兔时偶然经过此处。

你是猎人？

不，我是那只野兔的朋友。

这里的游人变得越来越多之后，野兔只会变得越来越少。我可以断定，你的朋友不会跑到人丛中，你还是到树林中去寻找吧。

对我来说，有没有找到那只野兔并不重要，我只是对寻找本身感兴趣。

你要寻找什么？

寻找那些消失的事物。

言毕，那人突然委地，与影子重合。影子延伸到树下，仿佛就是树的影子。尔后，影子消失，不落姓氏。

九

庄周：我知道我在做梦，梦见了一只蝴蝶。

蝴蝶：难道不是我梦见了你在做梦，梦见了我？

庄周：如此说来，做梦的是你，而不是我？

蝴蝶：你在梦中能清醒地意识到，这是白天或夜晚，是在自家的草席上或屋后的菜园？

庄周：我的确不知道现在是什么时辰，身在何方。不过，我醒来之后就可以知道，我在什么时辰、什么地方梦见了你。

蝴蝶：不管谁梦见了谁，有一点可以肯定——你醒来之后，我就不存在了；或者，我醒来之后，你就不存在了。

庄周：难道你是另一个我？你的翅膀让我想起那个穿着宽衣大袖在水边模仿云容水态起舞的人，然而，兄台，你那轻盈的舞姿曾让我羞愧。我，中年发胖，一事无成，活得那样沉重。

蝴蝶：也许我可以把一对轻盈的翅膀借给你……

庄周醒来，把自己与蝴蝶在梦中相遇的故事写了下来。可他写完之后突然不知道，自己是那个名叫蝴蝶的庄周，还是名叫庄周的蝴蝶。

两千多年后的某个夜晚，你梦见了庄周。清晨醒来，瞥见窗台上停着一只蝴蝶。

十

你突然进入她的梦里，把她的身体重新摆弄一遍。你把她的嘴唇摆在肚皮上，把她的一根手指安在她的尾骨上，看起来像一只拖着尾巴的类人猿。你从她的梦里退出之后，竟发现自己的手还留在她左边的乳房上，而你的眼珠子还在她的眼眶里打转。你并不知道这一切都不过是梦的摆弄。

十一

然后，你踩着梯子爬上屋顶。梯子突然消失了。你静静地坐在那里，看月亮。月亮放下了一把梯子。喏，在那边，你对自己说，一把银色的梯子。接下来让你困惑不已的一个问题不是怎样下去，而是怎样上去——沿着那把银色的梯子，爬到一个你所不知道的去处。

十二

就这样，她站在离你不远的地方，中间相隔着不知多少根雨丝。你穿过一层又一层雨丝织成的帘幕，一步步向她走去，但无论如何都无法走近她。仿佛你每前进一步，她就会退后一步。但事实上，她一直在那里，周身的参照物也丝毫没有发生位移。而你费了那么大劲朝她走去，仍然只是像原地踏步。据目测，你跟她之间相隔的距离丝毫没有改变。也就是说，时间的流动并没有带来空间的变化。你在这里，她在那里。于是，你告诉自己，你此刻一定是在梦中。你跟她之间的距离就是一段梦的距离。你无法接近她，就像她无法接近你。你只有打破梦中设置的奇幻空间的阻隔才能走近她。你试着这么做时，一个吊诡的想法就随之出现了：你打破了梦，就意味着她也会消失。你在梦中居然知道这是一个梦。因此，你试图用另一个梦来连接这一个梦。也就是说，你要把她接引到另一个梦中。

十三

于是，河流改道，陆块漂移，星辰流转，一座水底的城市在瞬息间变幻无穷。你站在山顶朝下看，水底是一座梦幻之城：一种柔软的、流质的、可以自由组合的秘密元素构成了这座城市。因为流水时缓时急，富有层次，必然影响到城市的内部结构：你所见到的繁荣街景，上一刻还架设在流水深处，下一刻却突然在你的视野中消遁，你再也无法从空间的任意一个点上找到它原来的风貌。当你指着一辆马车喊：停下。“马车”这个词已被拆解成“马”和“车”，车在前面跑，马却跟在后面；坐在马车上的阔太太总是面带焦虑，因为她将要错过一场七秒钟的昆曲；水流变快的时候，水底的人们匆匆行走，却不知道奔赴何方，也许他们匆匆行走仅仅是为了行走而已；流水缓慢的时候，城市的生活节奏就会变得极其缓慢，一个人可以在仇敌射来一支箭的过程中回味一遍床笫之欢。流水会篡改一切，让这座城市永远处于未完成、不真实的状态中。城里的人即使凝然不动，城市本身也会流动，有时两座城市会在河流的交汇处融为一体，因此，你在梦幻之城可以看到南方与北方的建筑风格（其中也许有几个相连的暗门通道）。流水是可怕的，不可抗拒的。本城的占梦师L先生总是这样喊道。流水会把贫民的茅屋改换成金碧辉煌的宫殿，把手持凶器的暴徒改造成手捧经卷的仁者。在这座梦幻之城，没有一个帝王不担忧自己的龙椅换成一条粗糙的板凳，没有一对情侣敢夸口他们的爱情比朝开暮落的木槿花更长久，没有一个诗人敢提出要为自己竖立一块永恒的纪念碑。因此，在这座城市里，囤积粮食、购置房产、建立政权、签订合同、描绘交通线路图、巴结权贵终归是徒劳的。进入梦幻之城的路线有无数条，但没有一条返回的路线。你知道的，梦幻之城在每一瞬间都像万花筒一样不断变幻，企图出城的人随时都有可能迷路。一个生于13世纪的人在城市中跋涉两个世纪，有可能在15世纪的城市中迷途。相反的情况也会发生。占梦师L先生如是说。

短篇小说

巨鹿坡一号

○梁宝星

一

从北京到东京要坐四个多小时的飞机。出发时是北京时间十一点三十五分，飞到东京上空的时候我把手表调为东京时间，那时是十六点五十五分。

父亲来机场接我，一年不见，他又沧桑了许多。他把我的行李提到后车厢，载着我前往他和母亲在东京市区租住的公寓。他问我为何突然来东京，我坐在副驾驶座看着街上的广告屏幕没说话。东京下雨，广场屏幕上的画面被雨打散了，在光洁的地面上胡乱流淌。我熟悉东京，十七岁之前，一年当中我有相当一部分时间生活在这里。十七岁那年，我去北海道疗养所治病，在那里度过了四年时间，随后便直接回国读书了。我在国内和外婆住在一起，其间再也没有来过东京。这次来日本，不是为了看望我的父母，我要去的是北海道，那是一趟势在必行的旅程。

我把车窗摇下来，雨小了一些。东京比北京要暖和，也许是街道拥挤、海水削弱了西北风的缘故。父亲不时侧过脸来观察我，他十分谨慎地开着车，跟我说了许多这些年发生在东京的事情，对于他正在经营的海鲜市场只字不提。

我的父母还住在原来的地方，四周的风景我依旧感到熟悉。母亲撑着雨伞走来，问我一个人来东京，外婆在家里谁来照顾。我说表妹在北京上大学，我出来的这几天，她住我们家。母亲看我闷闷不乐的样子，明白我这次来日本的目的不简单。她盯着我把饭吃完，然后领我到楼上的房间。

房间保持着我离开时的模样，连尘埃都没有积下。母亲说她经常到房间里来翻我的东西，特别是跟父亲吵完架十分想念我的时候。她比父亲老得快，经常发愁的缘故，发愁的时候她就打电话到北京找我说话，好几次她都说在东京太孤单了。他们想找机会放下海鲜市场的生意回国，然而又一年过去了，他们还没放下。他们喜欢小孩，特别是女孩，那样的生活会热闹一些，但是他们不敢再给我生一个妹妹，害怕生出一个像我这样的怪物。

看着房间里的一件件东西，过去的画面不断在我脑海中翻滚，这几天我都生活在回忆与现实不断切换的模糊状态下。十二月十五日，我在北京的家里接到一个电话，淑子告诉我玉子去世了，去世之前她一直在呼唤我的名字。

“你该去送送她。”淑子说。

站在窗边能够看见繁华的东京市区，车辆像神经点在立交桥上穿梭。雨还在下，不知要下到什么时候，这个时节，北海道已经大雪纷飞了。

我第一次去北海道，同样是在下着大雪的寒冬。我和父母从东京出发，坐了好久的电车抵达青森县。那时我精神状态不好，整个人昏昏沉沉，不停地睡去又一次次醒来，以至于东京到北海道的距离在我印象中变得无比漫长。

从电车里出来，坐船渡过津轻海峡，再坐电车前往札幌，穿过札幌市还要往北走二十多里路。父亲开着租来的汽车在林间水泥路上疾驰，后来他说那是他开过最快的一趟车，走过最长的一段路。他当时以为我要死了，顾不上安危，忘记了饥饿与疲惫，将我带到巨鹿坡一号。我被北方的寒风吹醒了，摇下车窗看见父亲在跟保安说话。他急匆匆交代我的病情，恳求保安尽快放我们进去，保安依旧有条不紊地登记着我们的信息。我看到了被大雪覆盖的北海道，漫山遍野都是白色，只有后面的水泥公路留下黑色的车辙。

进入疗养所时我已经清醒了许多。医生拿着手电筒观察我的五官，护士检验我的血液。母亲在旁边跟医生讲述我发病时的症状，在她口中，我发病时浑身发抖，眼睛泛白，口吐白沫，怎么叫都没有反应。这些症状是否真正在我身上发生过，我无从知晓，我只记得我沉睡过去了，醒来时已经身处医院，医生正在向父亲介绍坐落于札幌北部的巨鹿坡一号辐射病疗养所。

那是一所占地面积很大的疗养所，有三座六层高的大楼，分别属于癌症科、变异科和调理科。医生让母亲安静下来，他观察了半天我那只有四根手指的左手，然后让护士带我到变异科去等候进一步治疗。辐射病康复治疗需要一个漫长的过程，父母很不情愿地把我留在那里，等待医生将我体内被损害的机能重新激活。

大部分时间里，我都在疗养所接受治疗，开始的时候父母十分频繁地来看我，我身体渐渐恢复以后他们便很少到北海道来了。在巨鹿坡，那个四周布满密林的山地里，安静带走了所有的痛苦和烦恼。那年我十七岁，身体已经不再生长，身高定在172厘米，左手依旧是四个手指，除了无法完成必须五个手指才能做的事情，我尚能掌控自己的生活。

我的病情较为稳定，只要每天注射维生素和抗体，食用抗辐射食品，身体均能维持在健康状态，因此，护士对我的看管不严。白天我会和调理科的人到山林里去散步，面对漫山遍野的雪我并不觉得单调乏味，我喜欢在山坡上晒太阳。护士不允许我们在太阳底下晒太久，因为太阳光带有辐射。但是北海道太冷，再者，长时间生活在被树林覆盖的地方，太阳光实在诱人。遇见淑子的那天，她和我一样穿着厚厚的衣服，头戴一顶针织帽站在山坡上贪婪地吸收阳光。护士在不远处使劲招手，叫我们回病房休息，我们假装没看见，淑子拉着我的手逃出护士的视线跑到山的另一边去了。

“你怕不怕山上有熊？”淑子问我。她比我大三岁，但是她身体瘦小，丝毫看不出她已经二十岁了，她看上去像个十五岁的小女孩，“在富良野和知床的森林里，随时都可能碰到棕熊”。

我说这里不是富良野，也不是知床，这里是札幌，再说熊不会吃不健康的人的。她问我得了什么病，我挣脱她的手，摘下手套，露出左手。她有些吃惊地盯着我的左手，确认那根消失的手指并不是因为意外而被截断的，而是实实在在忘了长出来。“你是变异科的？”我点点头。“你不是日本人？”我又点点头，说我是中国人。“中国人？你日语说得很好嘛。我从来没有离开过日本，但是在这家疗养所我认识了几个外国人，一个是白俄罗斯人，一个是韩国人，你是第三个，中国人。”

淑子所说的白俄罗斯人是阿拉多夫，一个在切尔诺贝利核电站爆炸事故中被灼伤的农夫，而韩国人就是刚去世的玉子。

二

清晨，我醒来的时候父母已经到海鲜市场去上班了，早餐放在一楼餐桌上。我给淑子打电话，告诉她我已经顺利抵达日本，正准备北上，会在天黑之前抵达新千岁机场。吃完早餐，到外面去散步，这个地方好些人曾经认得我，现在如果不去看我的左手，大概不会想起我就是当年那个中国男孩。

海鲜市场就在附近，跟公寓相隔两条街。母亲在跟员工讨论什么问题，看见我走过去，她被吓了一跳。她不希望我到海鲜市场来，因为我以前对海鲜的腥味有一种莫名的恐惧感。我曾告诉母亲这些都是过去的事情了，在巨鹿坡的时候，我体内已经培养出了抗体。母亲还是担心我旧病复发，她和父亲永远无法忘记一九九五年夏天，四岁的我哭着从幼儿园回来问他们为何我只有九个手指头的那个情景。父亲当时说他们是在海上生下的我，我的一根手指变成白鲸游到大海里去了。当我自豪地把这个故事告诉幼儿园那些说我是怪物的小朋友的时候，他们并没有因为这个具有传奇性的故事而仰慕我，反而嘲笑我是“鲸鱼男孩”。事实上，我的病情是母亲怀着我在海上作业的时候，被海上的辐射渗入体内造成的。那时候太平洋有核弹引爆试验，海洋污染严重，而我的父母对那片寂静的海域毫无警惕。

我告诉母亲我要去一趟北海道，已经订了下午的机票。这些话原本只要在电话里交代清楚或者留纸条告知他们即可，但我的路程太匆忙，还没跟父母好好说会儿话就要离开，为此我决定到海鲜市场亲自跟他们说明白。虽然我已经二十五岁，在他们眼中我依旧是个需要被人关照的男孩。父亲说他可以送我到机场，我拒绝了。我想坐地铁去机场，我要给自己一点时间去准备面对玉子的死。

其实玉子不是韩国人，她是个地道的日本女人，只是嫁到韩国后入了韩国国籍。最初认识玉子，是通过淑子的介绍。由于不能使用电子通信设备，图书馆成了巨鹿坡最受人欢迎的地方。在那个狭小的图书馆里，图书被翻过好多遍，皱巴巴的。在漫长而枯燥的日子里，这些书都是大伙儿消遣时间的道具。跟玉子见面那天，她坐在灯下，正在看太宰治的小说。这个四年前还是三十四岁的女人看起来比她的实际年龄要大，我从淑子口中得知她是癌症科的，在医院放射科工作的时候由于机器出现故障导致辐射外泄，她患了子宫癌。玉子见到我们十分高兴，她把书合上，跟我们到图书馆外面去喝茶。她喜欢向我们打听山林里的景致，说她来这个地方一年多了，还没有到山林里去过，每天只能通过房间的窗口往那边眺望。

“你在这里一年多了?”我问。

“实际上，我可能要在这个地方过完这一生呢。”玉子望着不远处被雪覆盖的山林说，“我的一生并不长久。”

“我们不能老这样子，”淑子说，“这里所有人都死气沉沉的，我们不要跟他们一样，我们要过得开心才是。”原本是灾难的受害者，在这个地方却成了幸运儿。淑子的心境比其他病人开朗，她牵着玉子的手走进图书馆，告诉玉子不要老看太宰治的书，应该多读读海明威的小说，毕竟，人是不能被打败的。

玉子对我这个刚来到巨鹿坡的男孩给予了足够多的关怀，她告诉我在医院要遵守规则，告诉我怎样才能讨得护士的欢心，“跟护士关系好的话，她们打针的时候会温柔一些，在限制出行方面也不那么死板”。她还给我介绍她家乡长野县的景色和美食，跟我说韩国女人多么温柔。

抵达机场，飞机误点，我在候机厅里静静地坐着，看着窗外那些飞走又飞回来的庞大机器，有些心慌，再过两三个小时我就要回到那个熟悉的北方了，回到那个充满死亡与病痛的山林里。上飞机之前，淑子给我发来短信问我到哪里了，说她从福岛出发已经抵达北海道。淑子比我更早离开巨鹿坡，她是福岛核电站事故的受害者，所幸她没有受到多么严重的伤害，她在调理科只待了两年时间就离开了。我在巨鹿坡的最后两年，淑子来看过我两次。两次都是在酷冷的冬天，她说她喜欢北海道的冬天，四处白茫茫一片，让人觉得干净舒适。虽然只在巨鹿坡住了两年，这两年时间在她的一生中足以造成深远的影响。那片看似寂静的山林里，病人每天面对的都是死亡。早上六点，往往是天还没亮，疗养所西门的水泥公路上就会有一辆白色卡车开进来，那些在夜里死去的人被抬到白色卡车里送到两公里外的殡仪馆，病床留给后来者。许多人像我一样，每天早早醒来，等候那辆白色卡车开进来，又看着它离开，有时候卡车会带走两三个死者。午后我们就会留意谁没有出来散步，那些没有出现的人很可能就是在夜里死去的人。玉子每天早上都坐在癌症科大楼前的花坛边看一会儿书，好让楼上的我们知道她尚未被白色卡车运走。我们都害怕死亡，玉子也一样，她在那张病床上抗争了将近十年，最终还是被白色卡车带走了，而我正在前往巨鹿坡参加她的葬礼。

三

飞机经过漫长的奔跑升上了天空，建筑物变得越来越小，整个东京城都在慢慢变小，仿佛只是一片堆满石头的平地。穿过云层，飞机往北驶去。这是我两天里第二次飞上天空，第二次进入云层，仿佛置身于皑皑白雪当中，不见人影。

我还记得阿拉多夫偷来保安的雪地车带我和淑子、玉子到冰湖去玩耍的那个早晨。那是我在巨鹿坡度过的第二个寒冬，我从来没有见过那么大的雪，宛如大地被盖了一层一米厚的棉被。我们帮清洁员打扫院子里的雪，淑子说她知道不远处有一个很大的湖泊，那里的景色非常美，阿拉多夫便建议我们到那里去看看。阿拉多夫是个开朗的东欧人，那时他的双腿已经不是特别灵活，他每天早上绕着癌症科大楼跑步，以此来跟肌肉萎缩做斗争。他用生硬的日语跟保安说了半天也没借到停放在医院门口的雪地车，便趁保安去喝水的时候悄悄把车开走了。他得意地呼唤我们上车，“伙计们，是时候离开这个鬼地方去见识一下大自然的魅力了”。凌乱的胡子遮住了他的嘴巴，白气透过胡子从他嘴里冒出来。

公路被铲雪车清理过后又铺了一层雪，淑子和玉子为能够开车出去走走而感到兴奋，因为暴风雪，我们在医院里待了好长一段时间了。困在病房的时间里，玉子的精神状况很差，护士说她已经出现幻觉了，总对着镜子说话。玉子曾怀过一个小孩，只是那时年少，才十七岁，因为恐惧，她的男友带她去做了引流，没想到那是她第一次也是最后一次怀孕。她不是对着镜子自言自语，她是在和她尚未来得及降临这个世界便死去的孩子说话。她曾跟我说过，假如当初把小孩生下来，小孩的年纪应该跟我差不多，因此，她做梦的时候时常会梦见我，梦见我敲开她的房门叫她妈妈。她跟我说这些话的时候有点难为情，她希望我理解她。我当然理解她，一个没有生育能力的女人是孤独的。

湖面结了厚厚一层冰，冰上又堆了厚厚一层雪，几个当地人在雪上面行走，拖着沉重的双腿慢吞吞地从这边去往那边。我们把车停在湖边，然后跑到湖面上去玩耍，扒开湖面上的雪观看冰下静止的水。玉子很开心，忘记了身上的病痛，忘记了伤心事，沉浸在白色的冰冷的世界里。我们到树林里去找野兔，下了这么大的雪，兔子在雪地里跑不动，捉到手丝毫不费力气。阿拉多夫十分轻松就把一只灰兔捉住了，提着兔子的耳朵放在玉子怀里。回医院的路上，阿拉多夫不停地讲述过去他在白俄罗斯的生活，他感慨说那一切都一去不复返了，切尔诺贝利附近变成了无人区，只有那些变异的动植物在那里艰苦地生存着。玉子把脑袋靠在我的肩膀上，仿佛所有的力气都在雪地上花完了一般，她疲惫不堪。刚来巨鹿坡的时候，医生跟她说她最多只能再活两年，然而她不但挺过了医生诊断的时间，还多活了七年。

天空已经昏暗，大地银装素裹，新千岁机场上的灯光星星点点，机场像一块巨大的墨石。飞机平稳落地，空姐十分友好地帮我提行李送我下飞机。刚走到机场出口，我就看见了淑子，她穿着一件黑色大衣，戴着粉色针织帽。我们上一次见面还是四年前，我从巨鹿坡一号出来的那天，她从福岛来给我送行。我们在机场喝了一杯咖啡便告别了，我回中国去，她继续留在日本。相比四年前，她成熟了许多，不再是那个活蹦乱跳的女孩了。她把我搂进怀里，然后捧着我的脸说我长大了，像个男人了。“这一天还是来了呢，”她哽咽着说，“听说她这两年过得很不好，癌细胞不断扩散，她原本不打算接受化疗的，担心死得太难看，后来可能是不想死，她还是接受了化疗，她没能挺过去。”

从机场到巨鹿坡的大巴一天只有三趟，我们错过了前面两趟，只好等下午六点四十五分那趟。机场外面的停车场上有几辆正在离开的公交车，其余熄火的车辆上已经铺了一层雪。我和淑子捧着热咖啡站在候车厅门口，望着久违了的景象说着各自的生活。淑子说她已经结婚了，生了个女儿，丈夫是一名环保组织人员，他们在福岛环保局认识，结婚以后她也加入了丈夫的组织，帮助那些在核事故中受到伤害的人。

“生活还过得去，每天都在做一些有意义的事情。”

“女儿还算健康？”

“健康，没有受到我的影响，不过她不跟我们住，她跟爷爷奶奶住在乡下。”

“还是会担心？”

“当然会担心，主要是我现在做这方面的工作，有时候意外是不可避免的。”

大巴进站以后，我们相互依偎着往前走，这么晚还到巨鹿坡去的只有我们两个。上车以后淑子突然想起忘记买花了，“只顾着说话，把这件事都给忘记了呢”。她问司机能否等几分钟，她去买一束花就回来。司机看一眼空空的车厢，点点头说我们要在一根烟的时间内回到车上，不然他就要送一车空气到山里去了。

淑子牵着我的手往外面跑去，天又开始下雪，我们身上挂着绒毛似的雪花，天黑得深沉，灯泡已经尽力了，灯光依旧无法照得更远。我们在一个老人的摊档里买了一束兰花，这种花在北方较为难得，特别是在这样寒冷的冬天里。

“以前在巨鹿坡图书馆里，玉子偷偷养了一棵君子兰，那时候还不懂得把植物放在温室里，在这么冷的地方君子兰是不会开花的。”淑子挽住我的手臂，脸蛋贴着我的肩膀，“她非常细心地照顾那棵君子兰，时常坐在窗下盼着它开花，样子十分可怜。”

图书馆里的君子兰在最里面那排书架后面的窗台上，因为阳光不足，长得特别瘦弱。它在这样寒冷的天气里并没有死去，我离开巨鹿坡的那天，它还在图书馆那个逼仄的角落里努力往太阳光的方向伸展。

四

大巴走了四十分钟的山间道路，终于来到了巨鹿坡。阿拉多夫在疗养所门口等候我们，他两条腿已经不能行走，只好坐在轮椅上。为了不让雪花落在身上，他蜷缩在保安亭的屋檐下，像个七八十岁的老头。他远远就张开了双手，呼唤我和淑子的名字。这个四十几岁的白俄罗斯人，在这个地方待了近十年。在前往招待所的路上，我提着行李，淑子推着阿拉多夫，轮子碾压地上的雪发出清脆的声响。阿拉多夫说他要回白俄罗斯了，他非常想念他的家乡。在这个地方待这么久，完全是为了玉子，如今玉子已经死了，他也没有理由在这个地方继续待下去。我问他的病情如何，他说不是很乐观，我和淑子不好再问下去，三个人沉默了好一会儿，他才回过头来问我在中国过得怎样。

“我修完了大学的课程，正准备找工作。”

阿拉多夫对此表示满意，他说：“玉子去世前还叨念着你，你好久没有写信来了，我们困在这个地方也不清楚你过得怎样。”

四周都没有太大的变化，招待所还是四年前那个样子。我和淑子住一个房间，把行李放下以后，趁医院饭堂尚未关门，阿拉多夫带我们到饭堂去吃饭。阿拉多夫最大的变化是他不再有说不完的话了，他甚至变得沉默寡言。淑子为了不让气氛过于冷清，不停地问阿拉多夫这几年的生活状况。在阿拉多夫断断续续的讲述中，我得知在我离开以后，他和玉子过着孤独又乏味的日子。玉子依旧每天早上到癌症科大楼前的花坛边坐半个小时，以此证明自己并没有被白色卡车带走；阿拉多夫坚持绕着癌症科大楼跑步，直至跑不动。随着两人病情的加深，他们在治疗室度过的时间越来越长。玉子接受化疗以后脸色日渐苍白，头发掉光了，轻易不会走出病房，阿拉多夫就摇着轮椅从三楼爬到五楼去看她。

“医生说一般人不能忍受化疗的过程，她的毅力胜于常人，遗憾的是，化疗并没能控制癌细胞扩散。”

吃过晚饭，我和淑子送阿拉多夫回病房休息，阿拉多夫在病床上躺下没多久便睡去了。我和淑子在大楼后面的院子里踱步，离开四年后重新回到这个地方，有种说不出的滋味。我们走进图书馆，光线不是特别充足，这个地方就是这样，很难要求它再明亮一些。玉子精神病发作的那个晚上，我们同样是吃过晚饭到图书馆去看书，看了将近二十分钟的书。玉子突然哭了起来，把脸藏在书本里，身体剧烈地颤抖着。淑子靠过去安慰她，被她一把推开了。她踉踉跄跄站起来，走到图书馆外面，门外大雪纷飞，她张开双手不知在寻找什么，她头发散乱，涕泪横流，样子十分狼狈。她说她儿子来找她了，他就在这个院子里头。之前我们都不知道玉子所承受的精神压力，她结过婚，生病后丈夫到巨鹿坡来过一次，她的丈夫是来跟她商量离婚的事情的，这件事狠狠打击了她。

图书馆里有一面照片墙，上面的人多数已经去世，我们四人的合照还在墙上。那是淑子离开巨鹿坡的前几天，我们约摄影师拍的。照片中的玉子端庄优雅，她挽着我的手臂，右手抱着那株瘦黄的君子兰，那时她已经把我当作她的儿子。我从来没有想过我的离开会给她带来这么大的影响。我走到图书馆后面，看见那棵君子兰在月光下如雕像一般悄无声息。我决定把这棵君子兰带走，带回东京，带回中国，让它在暖和的地方开枝散叶。

招待所有些简陋，房间里冷冰冰的，我和淑子都喝了一点酒才钻进各自的被窝。淑子说她曾想过回来这里做公益服务。她问我有没有打算到日本来生活。我摇摇头，说我不能在日本待太久，虽然日本是个宜居的国家，但总有一种不安的气息在这个国度弥漫，我从飞机里走出来的时候就感觉到这种气息了。

“其实，我选择到环保组织去工作正是因为这个，我们见识过真正的死亡，才懂得活着的意义。”淑子希望我到福岛去一趟，去看看她们为救助当地辐射病患者做的努力。“在福岛，环保组织人员是特别辛苦的，我们抵抗电子产品，抵抗核电，推销抗辐射食品，组织大伙接受治疗。虽然我们不是医院，向我们寻求帮助的人还真不少，大多是没钱去医院看病的低收入人群。好些人身上的病十分恶劣，要在这里，他们就应该被关进癌症科大楼。他们没有放弃活下去的希望，按时来取药片，跟我们反映自己的身体情况，汇报自己生活上的困难。”淑子爬到我的床上，钻进我的被子里，脸庞贴着我的胸膛。“有时候人真的很脆弱，但是只要有一股力量推着我们向前去，我们就会特别强大。就好像如果我们静止不动躺在地上，一群蚂蚁就能把我们吃掉，但是如果我们在高速行驶的飞机上，我们就是一颗子弹，我们能穿破任何东西。”

淑子在我的臂弯里睡去了，而我依旧没有睡意。那棵君子兰在桌子上静静地吸收着月光，就好像玉子坐在那里静静地看着我。我和玉子的故事绝非偶然，在前往巨鹿坡之前我曾做过一个梦，梦到我并非我的父母所生，我是白鲸的孩子。来到巨鹿坡以后，我发现玉子就是梦中的那头白鲸。玉子对我关切之至，给我送吃的，给我织围巾，托她的护士从札幌给我带三文鱼寿司。别人认为玉子对我好是她的精神病导致的，我并不这么认为。我认为在和我相处的时间里，她一直都是那个真实的她，甚至真实得过于理智，以至于我要离开巨鹿坡的时候她没有因为舍不得我而不让我走。

成为一枚子弹，是否能够穿透时间和死亡呢？我爬起床，找来纸笔，坐在窗前写了满满一页字才回到床上。

天亮了，我始终没能闭上眼睛睡一会儿，窗外的景色一幕幕被阳光照亮。我看到了二世古雪山，它高高挺立，在十分遥远的地方，天气晴朗，它得以在窗外露出庄严的面貌。玉子曾说她最想去的地方是二世古雪山，想去那里滑雪，她没有滑过雪，只是觉得在雪上飘着会很自由。我想她肯定从后山、病房窗口或者图书馆天台上看见过二世古雪山，看到它如此美丽的影姿才想要到那里去。

淑子翻身醒来看我满眼血丝，为打扰到我睡觉而道歉，“晚上一个人冷冰冰的，所以我才爬到你这里来，害你整晚睡不好”。她走到窗边，戴上乳罩，又从行李箱里拿出一套黑色西服，她的身材已经变样，穿上西服也不显瘦。

“穿这么少，不会冷？”

“外面还要披一件大衣。”

我没有西服，找了一件黑色大衣穿上就出门了，和淑子去癌症科大楼接阿拉多夫，三人一起到楼下吃了点东西才去告别玉子的遗体。淑子推着阿拉多夫，阿拉多夫捧着昨晚我和淑子在机场买的兰花，我捧着从图书馆带出来的那盆君子兰，我们走在通往殡仪馆的路上。阿拉多夫跟我们说，玉子的家属并不知道她已经过世。她去世之前嘱咐医院说不要通知家人，这样她会走得安心些。玉子的后事是阿拉多夫帮忙打理的，墓地选在殡仪馆后面的墓园。我在殡仪馆门前看到了那辆曾令我毛骨悚然的白色卡车，车里面空空的，什么都没有。我们绕过白色卡车走进殡仪馆大厅，玉子的主治医生以及照顾了她好些年的护士也来了，我跟他们简单问候几句就去找玉子的棺木。大厅里停放着四个黑色的棺木，玉子的棺木在最里面。我把君子兰放在棺木旁边，端详起玉子冰冷的面容。她很瘦，皮肤是紫色的，圆碌碌的脑袋上只有几根黄色的头发，眼圈是黑色的，看起来像一只受伤的鸟。

淑子靠在我肩膀上哭了，受到她的影响，大厅里另外几个死者的家属也跟着哭了起来。医院和殡仪馆的代表陆续走进来，巨鹿坡有一个传统，为每一个死者举办追悼会，鼓励死者家属、朋友以及照顾了死者好些年的医生护士把死者生前的故事说出来。玉子是巨鹿坡第二百三十二个死者，轮到我上去念追悼词的时候，我把那盆君子兰捧在胸前，将视线投放到门外，白色卡车开走以后，二世古雪山竟出现在眼前。我回忆着玉子的过往，摊开昨晚写好的悼念稿读了起来：

> 现在，一个不健康的人正在悼念一个刚死去的人。她是无辜的，她被一道从机器里逃出来的锋利的光所伤害，使她失去了作为女人的完整的躯体。玉子生命中的最后几年精神不好，她承受着巨大的心理压力，承受着失去丈夫、家庭和生育能力的痛苦。她在病痛面前挣扎了九年，一次次赶走死神，她知道人只活一次。
>
> 我还记得玉子在图书馆跟我说过的话，她说她之所以喜欢待在图书馆，是因为读书的时候时间走得比较慢，她希望活着的时候能够更真实地去感受时间。没有人比玉子更渴望活下去，而那些轻生者，那些虚度者都不能把活着的机会留给她，给巨鹿坡其他已经死去和即将死去的人。我知道，这里

还有许许多多命运多舛的人，这些人都有各自的故事。我要说的是，这是一个伟大的时代，科学正带领我们走向未来，玉子没能成为这个时代的幸运儿，巨鹿坡大部分人都没能成为这个时代的幸运儿。但是在这个一年里有将近四个月时间被大雪冰封的地方，我们不应该把悲痛当成日常生活的一部分，我们要珍惜活着的机会。活着的时候很多事情不能尽如人意，但死亡面前一切平等，希望玉子在天上能够获得永恒的健康。死者已矣，生者节哀。

中篇小说／

佛罗伦萨瓦片

白琳

1. 打印机

她是来看一台打印机的。乳白色喷墨式的惠普老型号，墨盒里的墨还剩一半，我卖二十五块。

还不错，她说，你买回来的时候是新的吗？她拉出墨盒，又推了进去。桌子上的一只隐形眼镜盒被不小心带到角落，她慌忙用手接住，对不起。

没关系。我接过眼镜盒，把它塞进床头一只从宜家买来的白色收纳架里。我已经很久没有戴隐形眼镜了，最后一次打开那个盒子还是上个月，我看到之前的一对薄片已经皱巴巴粘在盒盖上，懒得清理，所以也没有马上扔掉，只是重新合上盖子，假装自己不知道。

她手腕上戴着玫瑰金手镯，一根长长的钉子绕了一圈半。

换一次墨盒多少钱？她问。

黑白和彩色加起来大概二十五到五十块，单买一个墨盒十三块。Unieuro比Euronics卖得便宜①，不过也就是差一两块钱。

怎么比买一台打印机还要贵！她表现出很吃惊的样子，语气有点夸张，说话时下庭动作很大，左侧下唇方肌上一颗不大的红痣也跟着耸动。

我老公好像需要这个，他最近在写论文，有些东西得打出来。二十块可以吗？

她穿着一件灰粉色的羊绒外套，左侧耳际别着一只U形珍珠边夹，靠着我的书柜冲我甜笑，一边笑一边摩挲着有几处起了皮的白色长条桌面。那是一张旧桌子，宽六十厘米，有一米五长，一部分插在嵌入墙体的书柜的下方，一部分暴露在窗框下，像是从火柴盒里抽出来的半根火柴。翘起的皮下面是褐色的底子，被水泡过似的浮肿着。靠近插线板的地方有几处焦黄的痕迹，我研究过几次，才明白大概是上一个房客用直板夹时留下的痕迹。桌子靠中间的下沿还有一排倒刺，我在那里钩坏过一条涤纶连衣裙，后来我用宽带透明胶沿着那排倒刺粘了一圈，隔一阵，黏性不好了，我于是撕下来打算重新再粘一次，结果粘掉了更多零零星星的皮，撕掉的胶带就像是一张粘满皮屑的黑头贴。一个错误会抵消另外一个错误，我继续犯错，在KIKO②花两块钱买了一瓶白色指甲油，涂在大部分掉过漆的桌面，白色和白色也有区别，并不相融。桌子更加斑驳，尤其引人注目。

二十五是最低价了。我看着指甲油的斑点说。

那我考虑一下……她拍拍那只打印机的后背，像是对面邻居费德拍着他的拉布拉多犬的头那样：我一个人也搬不动，得叫我老公来和我一起搬。顺便也让他看看。

好的。我说。

我没有告诉她从这个早晨我把打印机发到佛罗伦萨留学生群里后，已经有五个人联络过我了。他们都说要来看一下。顺便看的，还有我这间小公寓里的七七八八。我还有一只银灰色的冰箱，有一个刚到佛罗伦萨的男生想要买走它。

大吗？他问。

并不大。是一只小冰箱。我平时不怎么烧饭做菜，只放一些水果和乳制品。

那很好，他说，我用来放酒。

约好了下午三点钟。还有十五分钟。我想，如果她不走，那么我就要同时应付两个买家。

你要搬走了？灰粉色年轻女人问。

应该会的。我说。

是回国吗？

不是。

那是去哪儿？

她颈上戴着一条Chocker（贴颈项链），一条黑丝绒带子从金属扣里蹿出来，耷拉到锁骨前。她的锁骨很漂亮，胸锁乳突肌前有两只深深的小窝。可是我忍不住想要拽紧那只耷拉出来的黑色小舌头，截住她的话。这个下午，她的话太多了。半个小时里，我几乎已经知道了她的半生。她和老公一起来佛罗伦萨。老公访学，她是全职太太。他们从江苏来，但又不是江苏本地人。房价这些年涨得很快，但她还是和老公在苏州买到了一套小别墅。出国前把别墅租了出去，房租刚好够在这里租一间两室一厅的带家具的公寓。冰箱电视也有，虽然八九成新，但比起国内都是些早已被淘汰的老型号。

她开始在我的房间里转悠，像是在逛减价的卖场，黑色连裤袜上粘着一些白色的毛，也许是卡拉瓦乔留下的。有时候我会帮费德照看它，卡拉瓦乔很听话，喜欢在我的身边卧着。而我又常常坐在书桌前。它于是常常贴着我的脚睡觉，只要我有一点动静，它就支起上半身谨慎地盯着我看，像一个守护者，但也许它只是更喜欢我铺在书桌下面的那块宜家圈绒保暖地毯。

屋外阳光时隐时现，把室内白墙照得斑驳凌乱。阳台画框的侧影映上墙，一会儿是一条斜立的线，一会儿又糊成一团。灰黑色的云层动荡不安，空气湿润。我从滤水壶里倒了一杯冷水，在餐桌前坐下，看她仰着头四处打量。

啊，她忽然兴奋起来：这个卖吗？

她指着一台红色小型烤箱。它蜷缩在厨房的角落，上面摞了一只纸箱子。早晨的时候，我忘记拍它的照片。

卖。我说。

卖多少钱呢？

三十五。我随口说，一边回想买它时的价格，却怎么想也是暧昧模糊的一团。也许我的报价比买一只新的还要贵。

我买了。她忽然很痛快，从钱夹里抽出纸币。她的钱放得整齐，三折夹子的中间是一张照片，一男一女被黑色的边框困在中央，压在透明塑料薄片的后面。她把钱递到了我的面前。

是今晚来取吗？接过纸币我问。

不，我现在就带走它。她很兴奋：你知道佛罗伦萨瓦片吗？她拨开一缕粘在嘴唇上的卷发，她的嘴唇湿漉漉的，豆沙粉的唇膏和她粘在一起很和谐，她皮肤白，和于莎丽一样白，这样的颜色用在她略微有点薄的嘴唇上，看着十分温柔。

是什么？我问。但其实我一点也不好奇。

是一款超级香甜的瓦片酥。用杏仁片做出来，很香，很甜，很酥，很浓郁，最适合冬天来吃。我老公超级喜欢。他不太爱吃甜食，但就是喜欢这个。

她三点半才走，佛罗伦萨美院的男孩子失约了。他没有来。我的餐桌上留下了一张食谱。她走之前问我要了一张纸条和一支笔，弯着腰就着厨房里的圆桌写了一阵子，然后微微倾斜餐桌上插满塑料雏菊的花瓶，把纸条的半边身体压在了下面。

【佛罗伦萨瓦片】（大概可以做18片哦）

配料：杏仁片60克，高筋面粉10克，动物性鲜奶油15克，蜂蜜15克，细砂糖40克，黄油25克。

烘焙：……

制作过程：……

她大概没想到她搬走了我的烤箱之后，这张单子对我来说毫无用处，等同垃圾。我很快把它扔进了纸篓。

晚上，费德还是没有回来，他的狗也很安静。而我也习惯了安静。老贺半年前搬走之后，我一直都自己住，那时候我觉得他走向了更好的生活。他离开了我，住进于莎丽买的公寓里，在一栋十八世纪的老建筑里，两卧一卫，面积八十平方米，开放式的厨房，有洗碗机。客厅不太大，但是推开百叶窗就可以看到圣母百花大教堂的顶子，离洛伦佐图书馆步行五分钟。几个共同的朋友被请去了乔迁派对，回来后，程老师说，老贺那个房子，挺有格调……他没说完就被白茉莉掐灭了话头：

房子是于莎丽的，不是老贺的。

当然不会是老贺的。

我和老贺相识于广州。那时候我还在读研究生，老贺来进修，在中文系旁听一门美学课。实际上他是一个画家，在一个市级画院挂着工作，但人在广州漂着。老贺比我大十岁，比于莎丽大十二岁，他和于莎丽更有缘分，同月同日生。到了佛罗伦萨之后，我们中国人的圈子很小，大部分都是留学生，其中又有许多人都是来美院学习，于是不到半年时间，我们就把佛罗伦萨美院的人认识得七七八八。于莎丽本科就是在佛罗伦萨美院念的，比我们早来五六年，对意大利了如指掌。

搬走之前，老贺帮我多交了三个月的房租，算起来有差不多三千块，我不知道这三千块是不是足以抵消他心里对我的一点愧疚。这之后我捉襟见肘，既往生活已经褪色，我乖乖收起了自尊心。

下午又接了几个电话。一个本科在芬兰念的经济系的男生看上了一台电扇。他问：是银白色的吗？

我说不是，是银灰色。

那就算了，他说，我就是想要一只银白色的电扇。

后来又有一个人，买走了我从国内带来的用了两年的美的豆浆机，八块。有一个人买走了我的两只羽毛球拍，四块。还有一个人买走了一瓶圣诞节的赠品香槟，两块。

之后我在床垫上躺了下来。这间公寓以前有一张自带的床，床骨断了两根，中间塌陷下去，我和老贺住进来才发觉，房东不肯换，我们只好去宜家买了新床。回来后我们把旧床拆掉，堆在衣帽间的一边。拆床时才发现根本不需要买新床，只需要配上两根床骨就行，但已经迟了。我们一起在这个公寓住了一年零三个月，后来只剩下我自己独自负担每月九百欧的房租和水电。老贺走了之后，那张新买来的床一百块卖给了白茉莉。她搬去程老师的公寓同居，两人在国内均有家室，此处访学一年，聊解寂寞而已。程老师的住处原本也有一张床，但他们觉得一米二的宽度太窄，所以问我多余的那张旧床是不是还可以用。我对他们说新买的这张可以廉价出售，我独自一人，用旧的也没关系，只要睡向另外一边，就不会有床骨的问题，况且我不想平白便宜了那个苛刻的房东，给她留下任何有价值的物件。

直到傍晚，手机消息都响个不停，一直有人来问已经出手的物品。我只好重新做了图，把卖掉的物件画上红叉，往群里又发了一次。剩下的也不多了：一套没有拆封的水洗棉床品四件套，一只皮制折叠凳，还有那台冰箱。一般来说，不会有人在留学期间买一台冰箱回来，出租的公寓里通常会自带冰箱。但那时候老贺和我都觉得原来的冰箱实在太旧了，打开之后总是会发出一股馊臭味，所有的蔬菜放进去都像是放进了一只垃圾箱。所以后来厨房里有两台冰箱，它们吞噬掉了许多空间，却让我们感到心安。

我坐在餐桌边，拆开一包苏打饼干，橱柜里有一只巨大的纸盒，里面还有半盒麦片。我总是买家庭装麦片，因为会无形中觉得更占便宜，不过每一次消灭它们都需要耐力，吃到一半就没有信心继续吃下去，可下一次还会买。我把纸盒拿下来，浅蓝色的包装，盒子上画着红色的、黄色的坚果仁和干果，它们马上就要到牛奶的漩涡里去。看上去很甜。我打开折成三折的塑料纸，倒了许多出来。冰箱里一盒全脂牛奶已经见了底，麦片倒得太多了，泡在牛奶里，用勺子不停翻搅，过一阵子，它们的融合物就像是快要晒干的河底的淤泥。

我吞着淤泥，没有听到费德回来的声音。

2.费 德

老贺刚走的那段时间，我花了很长时间去适应。每一个傍晚，我都会走大约三公里的路在佛罗伦萨城里散心。白色、绿色、粉色、褐色营造的壮观蜷缩在拥挤的人潮中，四周辐射一些小巷，大大小小的精品店如浮光掠影，不知不觉，我总会走到横跨阿诺河的桥上。一天之间，不同时间站在桥上，光线、氛围和风光都不尽相同。散步的时间不确定，有时候需要热量，我就白天去，到处都是人，我坐在桥上看人。

佛罗伦萨有不少著名的教堂，但只有圣母百花大教堂门口总是排着长长的队伍。画匠们在前面支起摊子，老贺总喜欢走过去看看，看完之后说：画得也不怎么样。圣母百花大教堂我只进去过一次。还是在刚来的时候，和老贺一起。但是我们没有去登布鲁内莱斯基的穹顶，老贺说他有幽闭恐惧症。和老贺分手之后我才自己去看，爬上了四百多级石头台阶，在螺旋阶梯上欣赏了八角形祭坛、彩色玻璃窗和壁画，以及并不那么让我震撼的佛罗伦萨风景。我想大概是因为我与它已经是旧相识，看了许多遍，熟悉稀释了美感。

老贺还在时，我出门总是跟在他的身后，整个城市和我之间隔着一个老贺。后来只剩我一个人了，我学会了去银行交房租，去Tabaccheria（烟草店）缴水电费，去给公交卡充值。我开始用地图找到需要去的地方，而不是继续跟着某一个人的脚。原来竖在我和佛罗伦萨之间的老贺消失了，就像打碎了一面巨大的玻璃，佛罗伦萨的空气和光线，迅速穿透包裹了我，我终于汇入了真实的河流。

几乎一整个夏天，每天傍晚我都会穿过阿诺河往山上去，山顶上没有什么人，如果持续爬坡，会看到一间冷清的教堂，里面没有很多装饰，陈旧而朴素。有时我会在里面转一圈，大部分时间还是坐在山上的台阶望向面前一片褐色的海洋。在那里我常问自己究竟要做什么，有什么可以做。远处的一切生命，似乎都有轨迹可循，一片一片叠在屋顶。我极目远眺，想要找到自己的那片屋顶，看看匍匐其上的自己的瓦片。远远看去，那些瓦片似乎都是一样的，一片与另一片没有什么区别。它们挨挨挤挤，附着在一起，没有一块是完好无损的。老贺已从佛罗伦萨的屋顶离开，我却常常想起他。我想我不那么爱老贺，但这么多年他已经成为我生活的核心。这些年当我们都不知道要做什么而觉得恐惧的时候，身边有一个处境相同的人陪着，令人纠结的恐慌就不那么显著了。然而只剩我一个人了，我努力想把生活撑起来，可一切做起来都非常费劲。

老贺走了之后，我几乎每一天都吞咽着绝望。直到有一天傍晚，费德打响了我的电铃。那铃声像一支射来的箭，插在我的脚下，声音弓弦紧连着那只白色的正方形门铃。严苛一点来说，那不是我的门铃，上面写着BENINCASA C. DI MARCO L.——我的房东，一个不太高但是很壮硕的女性。她的皮肤还算紧致，我想她年龄大概和我差不多。按响门铃的通常只有快递员和房东。房东总会隔上几个月来检查一次房间，把卫生间马桶上沿的内侧都勘察得仔仔细细。为了保持整洁，我每天都会花半个小时一边听听力，一边打扫卫生，所以始终没有给她过多的滔滔不绝的机会。她更不喜欢老贺，她讨厌他把空了的红酒瓶子在小露台围成一圈。

但那天不是周末，房东不会在工作日到来。我站在门口，鲜血混着水流到了地板上。我能够听到滴滴答答的声响。那些液体从我的血管里肆无忌惮地滑落。黄昏逐渐张开它的翅膀，在我的身后鼓起了风。我又想，也许门口站着的是那个总想让我帮一点小忙的从东北来的小姑娘。有一阵子她不断拜托我去超市的时候顺便帮她买牛奶，并不在意我是否拿了过重的东西，有好几次我的手都被塑料袋勒出深深的凹痕。那是假性伤口。当真伤口在我的手心里出现时，我发现却也没有比勒痕疼多少。微风把血味吹散到了门外，我听到一只狗开始狂吠，然后是一个男人冷静地喝止：

安静，安静。

费德帮我扎好了绷带，坐在我的对面，以前老贺经常坐的位置。我们对视了不到三秒，为了逃避尴尬，我起身走到冰箱前，取出最后两瓶老贺剩下的啤酒，用开酒器开了瓶盖，倒进一只玻璃杯里递给他。

谢谢。我说。

他喝完了那杯酒，拍拍那只狗的头顶，起身告辞。狗在我的身边打转，冲我摇着尾巴，偶尔抽到我的小腿，比想象中有力。我想它大概有一点担心我，所以我蹲了下来，用另外一只手抚摸了它的脸颊。

有时会有这样的意外，一个陌生人会从丛林里走出来，还带着一条狗。

我和费德不能算是完全的陌生人，在此之前，我们见过面，还讲过话。偶尔还会在电梯口遇到，那时候他总是会选择走楼梯避开我们。毕竟电梯太小了，容不下三个成年人和一只体型不小的狗。他住在对面，与我的大门只有五步的距离。最初我和老贺刚搬来，意大利语并不过关。房东拿走了空调的遥控器，说如果要使用空调的话，每天还要额外收一块钱的空调使用费。我和老贺想要据理力争，但是语言不通，费德正巧回来，在走廊上，他帮我们省了每个月额外的三十块，要回了遥控器。

费德会讲三国语言，这在欧洲很常见，不是特别值得注意的技能。长相上他也是地地道道的意大利面孔，虽然严格来说他是混血，外祖父是意大利人，外祖母是波兰人。父母都在意大利出生。现在他们在都灵。

你愿不愿意教中文?我有一个写诗的朋友，想要到中国去。他没有什么钱，但是愿意每小时付十五块给你。第二天在街区口遇到的时候，他这么说。卡拉瓦乔走到我的脚边，一边摇尾巴，一边嗅着我的帆布袋，我刚从超市回来，买了一条Dauk Rafia[③]火腿。

好。我说。

就这样，费德的诗人朋友帮我缓解了部分经济压力，后来在他的介绍下，有几个要去中国留学的青年也来上我的中文课。

偶尔下了课，我们会聊聊天。诗人眼睛很大，周围有很多很深的纹路。他大概有四十二三岁的样子，我不确定。最开始的时候，他想要成为我的情人。我怀疑他只是想要节省每小时十五块钱的中文课费用。但是他的邀请很坦白，第二次见面，他说：我结过一次婚，不过已经离婚三年了。一会儿我们可不可以去喝杯咖啡？

就这样，被我拒绝了两三次之后，我们成了简单的雇主和家教的关系。

为什么要去中国？熟悉之后我问。

他狡黠地笑一笑，却始终不肯正经回答。

你喜欢费德？他问。

不，他只是一个邻居。我说。像是为了辩明，我又着急补充：他常常外出，我又有时间，所以可以帮他照看卡拉瓦乔。

这基本上就是全部的事实，实际上我见到那条狗的时间远远多过我的邻居。他好像总是很忙，每个月都要回到都灵待一阵子，再次回来时看上去都很疲惫，但我没有深入打探他的麻烦。

我给诗人上了四个月的课，进度很慢，他去北京的时候才刚刚会写人口手。后来我知道他是费德的前职场同事，他们从前都是医生。费德在外科工作，而诗人是牙科医生。

“但我们都不想那么过日子，”我记得诗人那么说过，“我不想每天对着各种丑陋的口腔钻来钻去。那些病人的嘴像是一堆又一堆的粪便，你能想象人的口腔里有多少细菌吗？”

多少？

至少2000亿个。他说，实在是太恶心了。

可至少你的经济就不会出问题。我心里默默应答，我看出来诗人有一点拮据，他总是穿着相同的T恤。

夏末的时候，费德从都灵再一次回来，我把卡拉瓦乔交给他时他问我愿不愿意和他们去蒙泰罗索待两天。诗人在那里有一个小别墅，带泳池。

现在去人会少很多。他说，况且，这是诗人去中国之前的最后聚会，如果你不来，他一定会很失望。

他为什么不直接邀请我？

这个嘛……费德有点苦恼怎么回答。

算了，我去。我说。

蒙泰罗索是一个小渔村，夏天有很多人去那里度假。我们真正过去的时候已经到了九月中后段，诗人的新女友回国了，返回意大利的时间一推再推。她是一个越南人，英语和意大利语都讲得很好，年龄是诗人的一半。她也来上过我的几次中文课，大眼睛，塌鼻梁，蜜色皮肤，洁白牙齿，身高不到一米六，常穿一件短款紧身T恤，下身是短到不能再短的毛边牛仔短裤。转过身还能看到臀部的微笑线，比例很好看。诗人身高一米八多一点，对亚洲女性很感兴趣，一直想要一个弯腰才能亲到的女朋友。

九月份仍然很热。大路平坦，穿过很短的隧道后，是大片住宅区。大中午马路上只有我们一辆汽车。整个村子都沉浸在午后的睡眠里。沙滩上全是小石子，一个人也没有。群山、碧海、蓝天，以及色彩斑斓的小房子在烈日下铺排开，色泽亮度太高，扎人眼睛。沿海边有一排排木椅，上面空无一人。和地中海别处的海洋相比，蒙泰罗索的蓝不值一提。

诗人的别墅位于山上，周围柠檬树林环绕，享有大海全景。一路上可以看到很多陡峭的阶梯，都被精细的田地花园切分开，经过两千多年的砍削、挖掘、铺设，终于有了一个宏大的外观。车子开到半山腰，铺设的全景美感减弱了很多，更多的是普通的建筑和没有太多想象力的设计。房子不大，矗立在一片被固化的住宅区的西南角，院子里真的有一个泳池，没有水，池底四四方方地铺了地中海蓝色马赛克瓷砖，看久了会晃神。诗人没有打扫的兴致，越南女朋友还在倒时差，他们在一个卧室待了剩下的半个下午，并没有发出令人感到尴尬的动静。

我站在自己的卧室往外面看，落地玻璃窗正对着那个泳池。它那时候像一个歪斜的洞口，再多的阳光灌进去也无法将它填满。

要游泳吗？费德递过来一杯冰水。他的脖子被晒成柔软的红色，手上的绒毛透着汗水的湿意。

不。我说。

我不喜欢游泳池，尤其是没有水的游泳池。我记忆里有两个关于泳池的故事。有一次，一个孩子死在了泳池里，因为他妈妈放掉了里面的水，然而他却没有注意而一头扎了进去。还有一次，一个男人的肛门被泳池的排水口吸住，半截肠子就那么被吸了出来。

快要日落的时候，我们打算出门走走。沿着九号路径穿过一片树林和一座古老的六角教堂的遗址，有一条通往Sovior

的古老的石砌骡马道。Sovior是利古里亚最古老的教堂，十一世纪的建筑。路上经过几家酒吧和餐馆，费德说天气晴朗的时候，可以从那里眺望到柯西嘉岛。

我们原本打算去一条叫作蓝径的徒步小道走走，这是我来之前在书上翻到的最吸引我的景点。我们走到一家旅行社询问了徒步事宜，发现那条路只有一半对外开放，剩下的一半完全封闭了起来。几年前利古里亚海岸骤发洪水，给蒙泰罗索带来了巨大的破坏，古老的道路和房屋被掩埋在数米深的淤泥中，之后即便经历了多次修复，一些步行道仍然很脆弱，因此不向游客开放。费德说，至少我们可以去那些没有封闭的路段看看。但是我看了看即将坠落的太阳，说不如还是去沙滩上走走。

我们总是臣服，又那么擅长找到一个折中的办法。往山下走去时他说。

我们在沙滩上漫步的同时看了一些刻在岩石上的雕像。海浪肆意地拍打礁石，咸味夹带着热浪的海风扑面而来，蓝得深邃的海面浮动着人的头颅，海边有废弃的古堡，也不知道那是什么时候的，现在可能是私有财产。我们没有拖鞋，怕沾湿鞋子，只在远离海水的岸边走着，像另外一场徒步旅行，我们直视前方，在行进的过程里脑子中恐怕只有空白。走过一个弯道，一块石头恰到好处地把海面变成一颗心脏的模样。斜对面的巨人雕塑正在维修中，被包得密密实实。一只喜欢刨坑的金毛犬在沙滩上不断劳作，不管主人怎么呼唤都不理睬，埋头刨了一个又一个坑，它大概会挖五十厘米，挖到那个深度就去挖另外一个，永远没有耐心一直继续挖下去。我们隔着一米以外的距离并排走着。海水有些污染，没有尼斯和圣岛的那样纯净。

岸上有一家冰淇淋店，费德买了两只开心果冰淇淋，我们坐在店外的小长椅上，很快吃掉了它们。虽然九月份的气候不太热了，冰淇淋还是化得很快。他的头转到左侧，望向海边的人群。大部分人穿得很清凉，像是许多被夜晚呼唤的从蜗牛壳子里爬出来的软体动物。

他很久都没有讲话。

天黑了，海滩上的人都变成了剪影，我们在幕布前观赏那些陌生人的表演。

一对情侣不知道因为什么争吵了起来，女人抡起酒瓶砸向了男人，一群人围了上去。我看到费德的手攥紧，那上面有因为紧张而暴起的青筋。

要过去看看吗？我问。

他没有回答。很快我看到救援人员跑了过去，一个人手里拎着很专业的医药箱。

我无法忍受疼痛。他说。眼睛没有从海滩上收回来。做起手术来，我每天都很感激那是别人的痛苦。

我们再次陷入沉默，不一会儿人们四散而去，海滩上恢复了平静，就像什么都没有发生。

他不能忍受疼痛，即便是毫不相干的陌生人的疼。我猜测着那个傍晚他站在我的门口闻到血腥味时是十分犹豫的。当时我的手在流血，在此之前我敲碎了一瓶红酒。那是老贺喝剩了一半放在冰箱里的。老贺彻底不在了，我每一次打开冰箱，看到那瓶酒就感到厌恶。老贺喝酒的时候很糙，方嘴唇对着瓶口，像是喝矿泉水那样。睡觉的时候，老贺的嘴巴上还有黑红的色泽嵌在干裂的纹路里，像是茹毛饮血的证明。

我心里是期待破裂的伤口的，那样的话，我就有理由感到痛苦了。所以当一块碎玻璃扎进我的手掌的时候，我的眼泪流了出来，肉体上的疼总是更痛快直接。

那个傍晚，巧合之下，费德按响了我的门铃。他只是想要问问我可不可以帮他照看一条狗。在此之前他已经询问过好几个邻居，但是都因为各种理由遭到了拒绝。

按响门铃的既不是房东也不是东北小姑娘，我给费德开了门，卡拉瓦乔在血液的气味里狂吠。费德做了一个噤声的手势，留下狗陪着我，自己回对面去取医疗箱。

我坐在厨房的椅子上等待援救，那只狗的喉管一直轰鸣。它蹲在我的身边，上身笔挺，像是一个受雇佣的守卫。除此之外，我觉得它的眼睛里竟然浮现了怜悯。费德路过餐桌时，腿磕在了桌子的一角，玻璃花瓶晃了一晃，他迅速扶住了它。桌子上还放着一瓶腐乳，和褐红的血浆的颜色差不太多，有几天我就用这个东西涂面包。

也许我流着血的时候，费德也会庆幸那血不是他的。

我们第二天就从蒙泰罗索返程了。我和费德在沙滩上看游客被酒瓶破颅的时候，诗人和越南女友在泳池里发生了激烈的争吵。那个女孩子改变了主意。她原本是要和诗人一起到中国去的，但是现在，她说她要回越南。这一次的返程就是来和诗人告别。

本来我可以不用回来。一米五八的女孩子说，但我们得有一个善始善终的结局。

我从来就没有善始善终过，诗人在车上说，我讨厌那个游泳池。我讨厌加娜一天到晚泡在里面的样子，穿着条纹连体泳衣。她像一条*Tilapia buttikoferi*（十间鱼），我讨厌那种鱼，我竟然忘记了。

我竟然忘记了。

诗人一点也不绅士了。他穿着前一天的T恤，一片松垮的白，上面原本直挺挺站立着的字母，现在也软了下来，歪歪扭扭。他戴着墨镜，这样他眼睛上的纹路和眼眶里的血丝就可以得到片刻休整。

加娜是他的前妻。*Tilapia buttikoferi*是拉丁文，那是一种性情暴躁、会攻击其他体型相近的鱼类的鱼，常常导致其他鱼类惨死，不适合与其他鱼类混养，除非混养明显比它大的鱼。

越南女孩没有和我们一起回来。前一天晚上她就走了。她说正好有一个佛罗伦萨美院的留学生团体在三十九公里之外的另一个小镇上，她打算去和他们会合。费德开车送了她。诗人一直在喝酒。我看到他的胡须每过半小时就长出来一截。

也许我们可以不折中试试看。回家之后和费德在公寓电梯口分别的时候，我想那么说。但我合紧牙关，对他人的事件不予置喙。

他在门口停下来，看着我进去。

晚安。他说。他的嘴唇从鼻翼上垮下来，看上去有些厌倦或者疲惫。

3. 雒芳芳

那些都是三个月以前的事了。

诗人很快去了北京，而我和费德很少见面。从医院辞职之后，他原本的计划是做设计师，但是一直没有找到合适的工作。

佛罗伦萨进入了雨季，雨断断续续下个不停，但是好过北部地区，每到这个时候，北部总会面临洪水的风险，中部地区只需要忍耐连绵的湿润就好。早晨起来推开窗户，嘴里都能呵出一团白雾。房子里所有的窗户统统被打开，空气在其中穿梭流通，不一会儿整个空间里都是冷空气。之前我总会把窗开上半天，现在开一会儿之后就很冷，于是会很快关上，但隔一阵子又忍不住再次打开，所以一天之中要开开关关许多回。半夜的雨水还湿漉漉地躺在地上，第二场雨就要从天边飘来。我站在露台上喝咖啡，楼下平台上支起来的烧烤架和几把铝合金椅子东倒西歪，雨水和大风把遮阳棚打翻了，一连好几天也不见主人出来收拾，我想他大概也在等待彻底放晴的日子。

有一个叫雒芳芳的女人申请加我微信，我没有理睬，过了一会儿又收到了一条，说：我是买了你烤箱的人。

我想起了那个灰粉色的女人。

怎么了吗？我仍然没有加她的微信，在她的留言下面回复。

“做了佛罗伦萨瓦片，想要带给你尝尝。”她写。所有的文字后面都带着抿嘴微笑的小人脸，脸颊上红扑扑的。

不用了，谢谢。我想起了她戴着钉子的手腕和白色的皮肤。

午饭后，我睡了一觉。床垫从床上拆下来以后，我懒得再把旧床骨支起来，于是直接睡在垫子上，高度降落许多，房间的内脏像是被挖掉了一块。为了防潮，我把画册都塞在床垫底下。从侧面看，是一片花花绿绿的字母和色块的结合。日落时的苹果和银碟子，男爵夫人，粉红衣着的贵妇，白色衣着的贵妇，飞鹅，耶稣，坐着、站着、行走的往往是裸体的人物，暗影中身上布满黄色太阳光点的牛。每一幅画里，整个生命，整个生活与许许多多的苦痛、疑惑、欢欣和光明的时分都被形象涵盖。艺术大师和理论大师的名字交叠在一起，躺在我的身后，撑住了我的重量。我的脊背被地球吸引，竖直向下，我感觉得到沉重心脏的跳动，从两肺之间往下坠，几乎要坠到皮肤的基底层，再有大约0.2毫米，就会被我挤碎在我的背面。粗细均匀的棒的重心在它的中点，球的重心在球心，方形薄板的重心在两条对角线的交点。我的重心随时在变。德国的、荷兰的、英国的、意大利的，大师们的手从字母里伸出来，想要把我托举出水面，在海上诞生。西风之神和花神将我的头发吹拂到岸边，春之神将自己的花朵斗篷献给我。玫瑰花在空中飘荡。我没有关窗。

睁开眼睛，我只能看到窗台上放着的鸢尾的发梢。天花板和四周都是冷淡的白色。墙角有几道酒渍，时间长了，看上去没有那么扎眼。那是老贺在床上不小心碰翻了酒瓶而留下的痕迹。老贺一边翻一本乌菲兹美术馆的画册，一边喝酒，伸手去抓的时候，指尖划过瓶子的脖颈。我看着那只瓶子的颈部，在台灯下发出深沉的琥珀光泽。酒陈在瓶子的小腹，像经血不通淤积出的暧昧的黑。

那时我看着老贺打翻了那瓶酒，没有伸手阻止。追不上倒塌的速度，不如袖手旁观省时省力。就如同人群徜徉的大厅里，嘤嘤嗡嗡的嘈杂之中，本该有话要说的人什么也没有对人说，本该听到的人什么也没有听见。

混混沌沌之间，电铃又响了。打开对讲机，一个甜美的声音在那边说，我是买了你的烤箱的那个人。现在我在楼下，方不方便上去呢？

我昏头昏脑，说了声好。

不到两分钟，雒芳芳的指头就抵住了那只白色的写着住户姓名的门铃。我光脚站在地毯上，把棕灰色的被子折了三折，扔在了垫子的中央。

她带了佛罗伦萨瓦片给我，整整十八片，装在一个蓝盖真空玻璃盒里。

我其实不知道佛罗伦萨瓦片是什么，但是我见到过雒芳芳带来的这种点心，这边大家把这种饼干叫作Cantuccini，又脆又厚满是杏仁，吃起来口齿留香。除了可以配咖啡或茶，最地道的吃法是拿来佐一种叫作Vin Santo的甜葡萄酒——把饼干浸入酒汁，软化了的饼身在舌尖塌陷，依然香硬的杏仁粒咀嚼起来别有风味。很甜，黄澄澄的甜。

不过我不喜欢甜。

家里一滴酒都没有了，没办法按照经典的吃法操作。为了招待她，我泡了从国内带过来的玫瑰花茶，也不知道有没有过保质期，总之喝了两年都没有喝完。雒芳芳谈兴很盛，就好似我们不是卖家与买家的关系，而是朋友。

话题自然还是围绕她的生活展开。她和老公到佛罗伦萨美院已经有一阵子了，老公忙着交际和做学术，而她大部分时间都很闲。她语言不通，英文讲得也不是特别流畅。周边都是些年纪比较小的女留学生，很少遇见年龄相仿的女性，所以遇到我，她觉得很愉快。她很喜欢去超市逛，但是这边的超市都太小，大一点的又得坐公交车去。从她住处等公交很磨人，有时候要等半个小时才可以等到。上了车她就非常紧张，即便是两三站之外，去过了好几遍，也还会紧张。她怕陌生人搭讪。这片街区倒是有两家华商超市，但是她又不喜欢去，她觉得那里太中国。她从国内带来了一本十分厚的意大利菜谱，铜版纸印刷。她预备在这边实际操作一遍。毕竟有些材料在国内不方便买到。她很喜欢从我这里淘走的那只烤箱，虽然小，但是很好用。当天晚上她就烤了若干点心，她老公也很满意。他们都爱吃甜的。

这些都是她说的。字和字之间很密集，但是它们的笔画交叉的结构中还有缝隙。她在这些间隙里从容呼吸，又抽空仔仔细细看我别的物件。

她看上去大概二十六七岁的样子，我没有问她实际年龄。

你是几几年的？冷不防她忽然问我。一边从桌子中央的抽纸袋里抽出纸巾，小心拭去粘在嘴唇上的一片泡成粉白的花瓣，又擦了白色骨瓷杯盏边缘留下的唇膏印。这回她涂了浅桃粉的唇膏，一种皮肤白的人才能驾驭的颜色，我想起了一首名叫《桃子》的歌，白白的脸颊，白白的、白白的脸颊。这样的脸很亚洲，看上去很年轻。

我有一点不耐烦了。佛罗伦萨这些天，一到傍晚就有浓烈的阴郁的样子。我从她的肩膀上望过去，窗户外面是灰色的冷雾，对街的房屋模模糊糊。夏天的时候，我看到过一个年老的女士穿着碎花点点的连衣裙给露台上的花浇水，她没有穿内衣，领口开得很低，乳房坠在胸前，像两座倒塌的山峰。阳台上种着两盆茅膏草，一种需要不停浇水的植物，淡红色，叶子大小就像一枚硬币，上面长着许多既能伸开又能合拢的绒毛。修长的叶子尾部拖着一柄肥大的叶掌，掌上有两百多根绒毛，像密密麻麻纤细的手指，手指上有透明清澈的液体扮演朝露，在阳光下闪烁着点点光芒。然而它们并不是真的朝露，而是极具黏性的天然胶水。小露珠散发出蜜香，昆虫闻到后禁不住诱惑，就会迅速飞过来，它们都瞎了，或者根本不畏惧甜的危险。于是黏液就会牢牢粘住这些被甜味诱惑的愚蠢的家伙。甜的恐怖不断发生，绒毛像手一样握起来，抓住可怜的小东西，不让它们跑掉。很快，又分泌出可以分解尸体或者准尸体的蛋白酶。然后，茅膏草的叶细胞就把消化后的养料吸到植物体内。一切结束。它们的绒毛就又伸开了，等待新的猎物，就像刚才什么也没有发生过一样。昆虫们前仆后继，一个个消失得无影无踪。它们的尸体为植物的生长提供了丰富的矿物质，然而这样还不够。每过一段时间，就会看到双乳下坠的女士举着一块巨大的肉片放进花盆，那植物的叶片上生满了嘴唇。它们在接下来的一个月长得飞快，食欲旺盛，吃掉了更多蝇虫的尸体。香槟色纱帘把这些尸体遮在后面，每天傍晚，她会拉开窗帘，坐在靠着窗户的纱窗上喝一杯咖啡或者茶，欣赏这一循环往复的过程。

秋天之后就没有再看到过她。

雒芳芳瘦，我这么看过去，雒芳芳是正方形里的一窄条。老贺会挡住窗户的三分之一。费德遮挡的内容会更多一点。他在我的对面坐着的时候，我很少把眼睛放到街道对面黄褐色的碎石墙壁上去。

雒芳芳没有再提打印机的事。显然她根本不那么需要，或者她老公的迫切需要并不像她自己想象的那么重要。她从架子最上边拿起了一本画册随意翻看。老贺走的时候一本书也没有带。本来老贺的东西都被我一点点丢光了，但因为是书，我不想扔到垃圾里去，所以一直积攒着，这次搬家时却也不准备带走。她拿的时候并不知道那是一本什么书。戴着钉子的手腕只不过想要找点事来做，好抹去房间里的一点无聊。

这本画册要价四十块，是便宜的。老贺逛完乌菲兹美术馆之后买了它。那是我和老贺最后一次一起去美术馆这样的地方。当天我们在波提切利馆碰到了于莎丽。那时我们正感到无聊。波提切利画的圣母大多是自己终生的恋人，老贺从来没有画过我，或者是某一个时段的女朋友。他画了大量的学生，有男有女，在老贺看来都是一群照片里的人体模型。从一开始，我就知道老贺有一种能力，让所有人在他的画作里死去的能力。即便到后来老贺丢下公职，留长胡须，头发变白，人们还是会在他的线条和色彩里一一死去。死状相似，个个了无生趣。

老贺不喜欢波提切利，尤其是那幅最负盛名的画作《春》。

这就是一张美化强暴的作品。老贺说，从身体到心灵逼人就范。

那时他和于莎丽站在画前，用专业的眼光审视一切，谈话审慎而严肃。

我离开他们，站到远处去看，一片花团锦簇。佛罗伦萨意语Firenze，直译鲜花之城。波提切利的画作中处处是鲜花，它们原本生在四季，却被画在了一起。玫瑰开于夏天，地中海的柑橘树开在每年三四月，矢车菊在四五月，还有冬天的款冬。我能辨识出的只有这几种。每一次走到野外，这些花就在脚下，放眼往山下望去，那些破破烂烂的旧房子身上有时间的刀锋。鲜花之城最鼎盛的时期已经在历史里凋谢，而这些花在佛罗伦萨郊外的山上绽放。万物都应有度，画里的花实在太多太多，两百多种挤在一起，黏腻感扑面而来。我也不喜欢波提切利，不仅仅因为肿胀的双脚和过长的脖颈。

那个下午老贺第一次看完了馆里所有波提切利的作品。于莎丽讲解得很详细，她是这方面的专家，对画家了如指掌，手头上正在做关于波提切利画中植物与十六世纪静物画花卉艺术的研究。她每隔一周就要来一趟乌菲兹美术馆。

老贺，她说，你在国内做的是中国画，或许你可以将花鸟画和这个时期的静物画做一个比较。当然，这时候欧洲还没有完全地把静物专门列出一个学科，但是你也看到了，他们在很多人物画背后都点缀了这些东西。

你说得很对。老贺说。这是他那个下午使用得最频繁的一句话。

一定是一场讲得通的对谈。只不过交流的管道里，有一颗石子总是摩擦着畅通的语速。于莎丽很照顾我的情绪，过一阵子就会专门和我讲讲话，我知道那是客气。我之前跟着老贺学习，现在老贺毕恭毕敬地跟着她学习。

你觉得怎么样？于莎丽问我。

波提切利？

嗯。

不喜欢。

为什么？

不知道，就是觉得过于矫揉造作。

那你最喜欢馆里的什么？她接着问，像是一个幼儿园老师在耐心诱导。

雒芳芳待到傍晚才走，说要回去给老公做饭。晚餐简单，烤猪排。她很喜欢那只红色烤箱，它让她和她老公的生活多了食物焦化的味道。

我在盥洗池旁边洗杯子，竖耳聆听，费德仍然没有回来，卡拉瓦乔也没有动静。我的杯子里还有好端端的一杯茶，但是早已经冷掉了，喝了一口，竟然有油腻的味道。倒进水池，泡成粉黑色的花瓣往下水道而去。花再怎么美，总会有变成让人扔掉也不觉得可惜的时刻。

七点半我去按了费德的门铃，没有人开门。卡拉瓦乔也没有叫。我想他大概带走了它。有一个卷头发年轻人从楼梯经过的时候看了我一眼，他穿了一双绑带靴，带子一直攀爬到他的小腿。他很瘦，看上去像被藤蔓纠缠的枯掉的老树枝。我手里捧着一只白色骨瓷盘子，上面是已经有些潮湿的佛罗伦萨瓦片。

回到家简单收拾一下，雒芳芳翻过的画册放在书桌上。摊开的一页印着《乌尔比诺公爵双联画》。我在椅子上坐下来，手被台灯打得发白。看上去单调却绚丽的光从我的手上散开，一部分反射，一部分吸收，一部分穿透。它们塞满了四角，房间里遍布明暗和阴影。

公爵和公爵夫人侧面相对，毫无感情。他们嵌在玫瑰金的框子里，嵌了好几个世纪，以后还会继续相对。公爵右眼受过伤，眼窝特凹，鼻子并不是一条连贯的线，下面的鼻梁部分很平，棕褐皮肤，有皱纹，散布着一些痣和色斑。他年轻时在一棵枯萎的橡树洞里引诱过一个情妇，为了她，与对手决斗，失去了一只眼睛，毁掉了高挺的鼻梁。那夫人皮肤干净，没有一丝斑痕。苍白病态，发型讲究，头上、颈上、胸前装饰富贵逼人。他们望向对方，却又不互相对望。他们的身后是田野。田野比夫妇更显真实。平川，山岗，道路，河流。特拉西梅诺湖面上笼罩着一种柔和分布的光线，明净而又醒目。

我合起书，把它塞进角落里堆着的一群书籍里。那面墙下就是老贺的红酒创作。印子已经淡了，浅褐色的。勉强一点说，是波洛克风格的作品。

被老贺碰翻的那瓶酒并没有倒出来多少，老贺及时将它扶起。剩下的一些，塞好塞子放到了冰箱里。后来我在水池里敲碎了那瓶酒，玻璃瓶的瓶口割伤了我的手掌，费德帮我缝了针，伤口靠近手腕，到现在还有一条疤痕，续接在掌纹的底端。费德延长了我的生命线。

现在回想起来，老贺已经计划了很久，他离开时把东西整理得很干净，不想要的都堆在一起，写了让我随意处置的便签。他还开了窗户通风，似乎要把整个公寓里残留的自己的味道都清除掉。

这是一次想了很久的逃亡。

4. 雪

费德一直没有回来。他离开的时间越来越长，有时候我知道他不在，也会走到他的门口，再折返回来，好像如此，这世界就不只有我一个人在。我在手机上下了几个只能聊天的软件。我对它们说：

费德，你到底在做什么？

今天阳光很好。聊天助手说。

费德，你真的不做医生了？

现在有一点热。聊天助手说。

费德，我很孤独。

给你一个拥抱。聊天助手说。

自从诗人去中国之后，费德不再到我这里来小坐，也不再拜托我帮他照料那只狗。卡拉瓦乔似乎被送走了，他也看上去越来越忙，经常一连许多天都不回来，偶尔在电梯口碰一面，也只是简短地打个招呼。他的房间里偶尔传出声响，但大部分时间都很沉寂。尽管接连许多天都听不到他的动静，我还是会定期找各种借口按一按他的门铃。

中文课成了我收入的主要进项，一个人走了会迎来另外一个新的人，好像总有人要去中国，也总有人要从中国来。房子的费用太高，我一个人住着也很奢侈，所以提前三个月和房东讲了退租，那个女人说她知道了，要我确保走之前把房子收拾得一尘不染，不然不会退那两个月的押金。

圣诞节之后的第二周，佛罗伦萨下了一场大雪，早晨七点多钟醒来，窗户外面就已经是一片雪白，也许是从夜里开始，白色逐渐覆盖了整座城市，像在姜饼上撒上了糖霜。我走到露台去看，雪是小颗粒的，不是很大，但一点也不柔软，很多还带着细小的冰碴，落在身上瞬间就融化了。天空上罩着一层青灰色，雪意不见减弱，我无所事事，把暖气开大一些，套上一件赭红色的旧毛衣，又裹上一条绒毯，静静地望向窗外。书房里有一扇可以打开的落地窗，我把电脑架在面窗的小桌子上，双腿蜷缩着，像一只猫在窗前惯性发呆。我喝完了保温杯里的咖啡，看窗外的雪花渐渐增大，终于朝玻璃扑打过来，想起自己小时候在北方过年，真的会有鹅毛大雪在天空中飘散。手机上的新闻弹跳了出来，佛罗伦萨人迎来了额外的假期。新闻说从早晨五点开始，短短七个小时，雪就积出了十五厘米的厚度，这在佛罗伦萨很少见，公交车停运，上班族会有半天的假期。

我从椅子上站起来，套上牛仔裤和一条及膝的羽绒衣，出去买一点吃的。冰箱里早空了，只剩下冷冻室里的半包速冻水饺。冻了差不多半年了，我并不打算吃它们，我只是没有扔掉它们。

楼下几乎没有什么行人，只有一个老先生穿着睡裤，站在花圃的一侧等待他的狗解决生理问题。有热度的尿液在雪地里融出一个黑洞，那只面相严峻的黑色斗牛犬尿完之后飞快地抖动了一下，跑回主人的身边，他掏出了大楼的钥匙，走进隔壁公寓的围栏里。

雪下得很大，我可以感觉到它们在我的绒线帽子上扑簌簌地拍打，可等它们接触到了裸露在外的皮肤，强悍的力量顿时软化，冰水覆盖了我的脸颊。平常开着的比萨店都关了门，走过两个街口之后，我终于看到了一家还在营业的咖啡馆，店里挤满了人，玻璃柜台里只剩不多的几只面包，我要了两只。两个中年男人紧跟着我一起进来，要喝一杯咖啡，店员说他们已经停业，并礼貌地要求他们离开。咖啡机就在背后，他不肯转身去再打两杯泛着油脂的浓缩咖啡。我把纸袋塞进自己的口袋走了出去。

回家的路上，我想我为什么一定要出来一趟，两个面包显然不是果腹的最佳选择。这种后悔和出国差不多，我们都没认真地想究竟要怎样处置生活，就跑了出来，最后只拿到不恰当、不足量的结果。老贺说要来意大利时，我什么都没有准备，把攒了三年的工资都拿出来，就那么一起来了，老贺曾经信心满满，以为自己会成为大师，他带着那些信心去了广州，来了佛罗伦萨，后来发现自己的局限并不能因地域的扩展而改变，他失望了，他绝望了。没有什么比认识到自己的无能更绝望，四十岁的老贺感到了崩溃。想到老贺，三十岁的我喉咙肿痛，在回去的路上，无数的雪花飘来，冰碴刺入我的眼睛，流出了雪水。

公寓楼前一个小个子的女人正对着公寓的电话对讲机和人讲话。她讲英文，因为着急，所以词汇被说得零零散散。我认出了那件灰粉色的羊绒外套，现在她只不过在上面围了一条非常大的狐狸毛围巾。这样的装束很好认，因为打扮得很亚洲。

雒芳芳？我站在她身后问。

她霍地转过脸来，眼睛红肿，一看就是哭过好久了。

我不会说意大利语，她说，我给你打电话你也不接。

我们坐在餐桌前吃面包。我问她要不要喝一点玫瑰花茶，她拒绝了，说我的茶叶发了霉。她在我的面前吃掉了一小只夹了巧克力酱的牛角包。意大利的面包实在太甜了，并不如想象中那么好吃。她说。从前她在国内，对欧洲的点心存有许多想象，但是这些想象正在一点一点碎裂。她环视着我的房间，准确说出了我卖掉的一些东西，好似在玩现实版的找茬游戏。

如果我不买你的烤箱，那么现在我就能给你烤点心吃，根本不用吃这些东西。她喝完了杯里的热牛奶，对我说。

她一来就说饿，我只能从储物柜再翻出一桶牛奶，在煤气边加热。进屋之后她好像不那么焦虑无助了，四处勘察了我的房间，却对她为何肿着眼在雪天跑来找我的理由闭口不提。

我们坐在厨房里，温度低了很多，暖气也烧得不好。即便我仍然穿着羽绒服，凉意还是聚在了指尖。如果不是她在，我就可以钻进被子里，暖暖地睡一觉。

喝完牛奶，我们也无话好谈，可雒芳芳没有要走的意思，似乎没有道路通往她的家，她被围困在我的房间里，带着一点怯懦，远远地看向窗外。雪已经停了，光线仍然像灰尘一样漫散在每一个街区，大地仿佛是运送尘埃的列车。她望向的窗户对着一圈褐色的窗口，有一些鸽子躲在屋檐下避风。我觉得那一刻她不像一个人，她没有鼻孔，没有舌头，没有呼吸。她发呆的所向，似乎有一道不是特别疼痛的伤口，正在向我扯开。我理解了费德的怕疼，我想要走上前去帮她关上，因为我不想看到她的内脏。

这不是我老公第一次出轨了。她抢在我前面说。

我讨厌雒芳芳这种人，总也不在乎别人是不是想要听，有没有能力去听。她是她的语言的主宰，大量的词汇在她的口腔里铿锵撞击，搅拌得血肉模糊。她一股脑儿任由它们鱼贯而出，说出来之后就像是宇宙爆炸一样，能量和碎片会凝结成新的东西，零散而琐碎，更加复杂又离真相遥远。

雒芳芳顶着一张平静的面孔在我的面前大出血。我看着她的脸，想象那些肌肉和骨骼之下耸动的惊涛骇浪。她正在自我屠杀。

这跟我有什么关系？有点晚了，你还是回家去吧。我想要对她这么说，可话到嘴边又绕向了另外一端。

你有什么打算？我问。

夜晚马上就要来了，因为是阴天，不过才下午四点多，天空就暗沉下来，星云隐匿在浮动的灰色里，天空上有宇宙汪洋的血管，我感觉得到自己动脉的震动，突突突突，我们每天都浮在自己的情绪中，活得一点儿也不现实。我连自己都没办法对付，更不知道她究竟指望我什么。

我打算在你这里住一晚。她看着我，像是一袋垃圾看着一只还有容量的垃圾桶。

这恐怕不行。我说，你也看到了，我只有这一张床垫，冰箱里也没有吃的了，而且……

她转向我，如同一张衰黄的纸张一样翻转。

我不能回去，她说，至少今天不能。如果你不让我在这里待一晚，我只能到大马路上去，我出来得急，包里现在只有三十多块现金。

为什么不能回去？你这样的事并不特殊，好多人都遇到过。也许你们应该好好谈一谈……

因为好多人都遇到过，所以我就应该接受？你觉得我在你这里矫情？她忽然恶狠狠地对我说。

我看着她，此时的她坐在我的书桌前，如同坐在一片沙砾之上。我走到卧室，脱下羽绒衣，挂进了衣橱。我冷静了五秒，出来的时候告诉她，她还是不能在我这里过夜，因为我们几乎都还是陌生人，我不可能留一个陌生人住下来。“你只不过是在我这里买走了一台电烤箱，你搬走烤箱的时候，我们的交易就已经结束了。”我站在门口对着她说，“究竟你是不是需要去睡大街，这我管不着，我更不在乎你老公有没有出轨，这和我半点关系都没有。”

这时候楼道里有狗叫了起来，打断了我原本想要继续说下去的话。我迅速穿过走廊，走到门口去仔细听那些声响。狗又叫了两声，但显然不是卡拉瓦乔的声音。它来自一个比较脆弱的喉咙，声音尖锐，没有卡拉瓦乔的沉着稳定。

我的手握在圆形手柄上，犹豫着要不要打开门来看一看。我听到电梯上行的声响，知道一声咔嗒之后，屋外的人和狗就会消失，不会有更多的思考时间，我打开了门。

一个深栗色短发的中年女人站在电梯口，手里牵着一条黑色的绳子，另外一端是一只马尔济斯犬。她显然因为我的突然开门惊了一跳，但还是客气地同我打招呼：

下午好。

下午好。我说。

电梯上来了，她推开了橘色边框的小门，狗慢慢地走了进去，腿上的毛湿漉漉地缠成一缕一缕。我站在门口，看她合上对开门的一扇。大概是感受到了我的疑惑，在关上另外半扇门时她说：真抱歉可能吵到了你，我是对面这间房子的主人，房客今天忽然打电话，让我来看看暖气有没有关好。

真是辛苦了，我说，这么冷的天气……

没有关系，我就住在另一栋，走过来并不远。

这间房子很久没有人住了吗？我问。

大概只有两周。她笑着说，我相信你一定认识费德，他可是一个很好的房客，可是很快他也要搬走了。

我没有办法再打听更多了，她已经关上了另外半扇门。我退回了房间，尽量小心地合上大门，我的掌心里渗出了一点孤独的液体，我翻起来看了看，一条浅浅的疤还挂在上面，像是一条哭泣的垂柳。我在走道里站了一会儿，才想起来雒芳芳还在。我妥协了，不在乎她到底要不要走，反正无论走到雪地里去，还是留在我这里，都不会让我感到比此时更难过。

晚上她躲进厨房，煮了那剩下的半袋水饺。猪肉白菜馅的，大概是冷冻的时间太久，猪肉很腥，我们每人勉强吃了七八个，她说第二天她去买菜。来的路上她看到了一家家乐福，虽然远一点，但没关系，她喜欢逛超市。再加上，她忽然翻出了一只蓝紫条纹的小拖车，大概是上一个房客塞在什么地方的。她说这样就算走很远她也不会觉得累。她只不过才来了两次，竟然比我还熟悉这间屋子。

九点钟我上床睡觉，钻进被子之前，我想要不要帮她安顿一番。但是我还是决定不那么做。成为灾难的旁观者，享受有血有看头的剧情就好，如果想要医治别人的痛苦，那就是不自量力。我假装自己是一个铁皮做成的人，背对着那个房间，感觉到背身的骷髅里涌动着一团不安的火焰。我思考过她为什么坚持不回家，得出了两个答案：一方面可能是惯有的出走，为了给男人一点威胁；另一方面也可能是，现实的暴力等待着她，会将她撕碎或者冻僵。无论是哪一种暴力，她都不愿意承担。我看不到这些惨不忍睹的影像，连多花一点时间想象的欲望也没有。这样最好，她无法唤起观者的悲悯之心，我也不会体验到自己的无能为力。气血亏损的我们在生活中比比皆是，额外的关怀显得多余而荒诞。

晚一点的时候她绕过横隔在我们中间的一堵墙，坐在了我的床上，一双脚塞进了我的被子。我能感觉到她突兀地坐着，身上带着一点奇怪的湿意，她又变形了，发黄的纸张变成了泡烂的纸张。我猜她大概是又偷偷哭过了，因为她讲话的时候带着一点鼻音。

我第一次发现他出轨是三年前，和他们系一个新来的小老师。她说，他们车震被我抓到了。他那时候刚学会出轨，不够仔细。他们做爱的时候，行车记录仪一直开着。他不知道我有定期检查行车记录仪的习惯。

你为什么会有这种习惯？我问。

因为我有经验。

什么经验？

网上看到的经验。她像是被谁拧开了喉咙后部的塞子，语言开始如空气一般从一个膨起的气球里往外逃逸。她凑到我面前，嘴唇里包裹着一排洁白的牙齿，但是黑眼圈静止不动，牙齿在黑暗里一张一合，眼圈完全融在苦涩的池底。我觉得她长得很累。

外面彻底黑了。窗帘没有被拉上，对面房间的灯光射了进来。我坐起身，她也挺直了脊背，侧过身去，背对灯光，变成黑乎乎的一团。这一天不是末日，创伤之河照常流动着。她手里还拿着我的一卷卫生纸，看样子她不想结束谈话。

这一次是怎么发现的？我问。

我根本没有发现。

那么你怎么知道他出轨？

因为他说要和我离婚。

…………

可是我并没有觉得很痛苦。她接着说。

我看不见她的眼睛，只能听到她的声音震荡而来。晚上的暖气似乎比白天好了很多，我感觉到自己的脊背上已经出了汗，她的脚又往前伸了过来，彻底放平在我的被子里。

但是他凭什么贬低我？他说他说的东西我理解不了。他凭什么把自己摆得那么高？他对我的专业也不了解啊。我也没有多爱他啊，和他在一起只是觉得很方便。我习惯了。所以之前他出轨，我也没觉得特别难熬，反正他们不可能有什么好果子。

她倾诉的中途有意停顿，似乎等待我置入一些安抚的语言。但是我对这样的哭诉和哀号毫无兴趣，我想到了老贺，又想到了费德。原来人的可怜嘴脸一模一样。

过了片刻，她自顾自说下去：他是个什么东西啊，竟然敢跟我提离婚。她擤了擤鼻涕，把用过的卫生纸攥在手心里。我也握住了手掌，那里有一道疤痕，现在已经变浅很多。我的肉体总是愈合得很快。

他说离婚我不觉得难受，可是不能往深想。我不想出去工作，虽然要工作也不是完全找不到。我研究生毕业，考过了注册会计师……可是以后就一个人了……她坐在亮光的背面，白色的光还是刺了过来，我觉得我的房间成了最痛苦的监狱。

我逐渐看清了黑暗中的一切，我看到了从她的身体里跑出来的语言四处乱窜，她迅速瘦小下来，露出脆弱的头骨、乳房、腹部。她的其他部分已经埋在了我的被子下面，她的手也伸进来了，我可以感觉到她正在把袜子脱掉，她的腿蹭到了我的腿，我不着痕迹地挪开了，一种神奇的厌恶感跑了上来，它解开了我的喉咙，我听见自己对她说：

安安静静睡吧，我不想再听了。

5. 老　贺

第二天等我醒来，雒芳芳就已经出门了，她轻手轻脚的，我竟然没有发现。原本我松了一口气，走到厨房，把前一夜扔在盥洗池里的碗盘洗了，把料理台收拾干净，把所有的东西都放回原处，垃圾分好类。煮完一杯咖啡之后，我在圆桌边坐下，这才发现花瓶下面压了一张纸条，和上次她写佛罗伦萨瓦片做法的纸条一样，压在桌子的中央。

我去找那个女人了。她这次写得很简单，就这么一句话。

我放下杯子，跑回卧室取出手机，想要打个电话给她，才发现自己还没有通过她的好友申请。申请已经过期了，离她孜孜不倦地骚扰我的起始点已经过去两周。我在房间里彷徨了一阵子，才穿上大衣，最终走了出去。

半夜她不肯睡觉的时候，嘟嘟囔囔跟我讲了她老公的外遇对象。她说她老公就是拿那个女人和她比较的。在几个我快要睡着的中途，她嘴里吐出的名字都如一把利斧劈开了混沌。后来我睡意全无，而她则很快地打鼾，那声音很不像是从她那根细嫩的脖颈里发出来的。

我几乎到凌晨才睡着，往事解开又扣上，来来回回在我眼前换装。于莎丽在留学圈里算是成名了，她最喜欢做的就是证明自己的性吸引力。老贺如此，访问学者也如此。还有众多如此的男人，但他们与我毫不相关。雪的踪影一点也不见，外面是一览无余的晴天烈日。佛罗伦萨的暖阳之下，我走出了一身的热汗，一路径直走到翻新的旧建筑的楼下，按响了门铃，这不是我第一次来这间公寓。半年前老贺自杀的凌晨，于莎丽打电话给我，她在电话里颤颤抖抖地说：他喝了很多酒，又吃了安眠药。

我们都不相信老贺是自杀，我们认为这就是一场意外。但最后警方给出的结论是自杀。即便我们都不肯承认，却也总比谋杀的结论更让我们感到放松。我觉得老贺并不坚强，但也不脆弱。我还能够记得出国之前，我们在机场候机，那是半夜一点钟。老贺从包里翻出保温杯，倒了一瓶盖水给我，拿纸巾转圈把杯子边缘赭色的茶汁擦去。

我不回来了。你呢？他望向登机口，蓝牌子上面有一个大大的数字“18”。

我的幸运数。老贺说。

老贺的幸运数是他的生日。和于莎丽一样，6月18日。

生日那天，他们开了一场小派对，凌晨去卫生间的于莎丽发现老贺没有了呼吸，她用老贺的手机给我打了电话。她的声音已经不像在说起波提切利时那么冷静自信，她提高了音量，让恐惧穿透了自己的脑门。

我和警察一起造访了那间不错的公寓。他们整理尸体的空当，我欣赏了白茉莉和徐老师口中的景观。外面太黑了，我看不到洛伦佐图书馆，也看不到大教堂，布鲁内莱斯基的瓦片隐匿在黑夜中，我什么都看不到。佛罗伦萨缺少电灯和光亮。后来我专注打量内室。于莎丽的空间一点也不合老贺的习惯。各种物品杂交在一起。被子卷到老贺的脖颈，我简直以为他是窒息而死的。老贺睡觉的时候被子必须平整。有一两次，半夜醒来，看到他在整理被子，老贺说，被子不平整，他在床上抖了半天，把四只被角的尖角都拽平展，然后又到书架上的针线包里翻出一根针，把缩在被角一点凹陷中的最尖角挑出来。他拽着那些尖角心满意足。老贺还十分讨厌没有拧干的毛巾，他对湿漉漉的东西都有一点厌恶，有一次程老师和白茉莉来家里避雨短坐，过后老贺和我大吵一架，就因为程老师外套上的水弄湿了沙发。老贺说，你为什么不给他身下垫一条浴巾？

于莎丽的头发湿漉漉的，在地板上滴出一个个小圆圈。走来走去的于莎丽一直在下雨，雨水里没有讨厌湿漉漉的老贺。他并不喜欢海上的维纳斯。

你怎么浑身都是湿的？我忍不住问。

我吓坏了，刚才去卫生间把自己冲醒。她端着一杯酒，那个时候她仍然有心情把酒倒进酒杯。

我以为他过得很好。我说。原本我不想这么说的，但是我们站在忙碌的警察后面无所事事。

我认为他一直都不好。老贺有抑郁症。她说。

这之后她一直坚持着这样的观点。警察问话时她说老贺晚上经常失眠，有酗酒的毛病，有时候晚上能连喝三瓶酒。警察问我和老贺是什么关系，我的意大利语说得磕磕巴巴，于莎丽帮我把话说完整，她说：她是贺的前女友。

请问他以前有酗酒的毛病吗？

他喝得有点多，但我不知道是不是酗酒。

他有嗑药的习惯吗？

没有。

但是他有吃抗抑郁的药物。于莎丽插嘴，她从床边翻出一包药物，里面都是些我看着陌生的瓶瓶罐罐。

他有抑郁症吗？警察又问我。

我不知道，我说，我不知道。我从来没有看到过他吃这种药……

我按响了门铃，于莎丽在对讲机那头问我是谁。我说我来找雒芳芳，她打开了铁门。

我想象中的一切都没有兑现，互相撕扯的凌乱，被抓花的面颊，掀翻的桌子，哪一个都没有出现。雒芳芳安静地坐在客厅中央，在她的身后，能看见远处建筑的屋顶，有一面很特殊，内部层层叠叠，但在远处，只是混为一体的雄浑大气。我没有再往下窥探，屋里屋外的一切都和我无关，风景也是。我站在那里，老贺的形象反而离我远去，生命，只要不是自己的，就不那么重要。我缓缓放松了攥紧的拳头，指头触碰到手心里的一条细细的疤痕，它像是一条线一般伏在上面。

雒芳芳正在喝酒，于莎丽也是。她们在艳阳高照的早晨就开始喝，已经喝了不少，转角的矮几上立着两个酒瓶，一个已经空了，另一个只剩一小半。

你不走吗？我盯着雒芳芳问，我们去家乐福买点菜。

她回头看我，脸上没那么白了，我才想起来她来得匆忙，一定忘记了带化妆品。没有擦粉，夜里又没睡好，她的脸黄黄的，她的嘴也不是粉色的了，和老贺一样，上面染着葡萄酒的深紫红色。

我就知道你会来。她笑着说，有点傻里傻气的，但我明白她是在装醉。

你知道吗？这个贱货说我老公根本不用勾引，他……

好了，我说，我们走吧。

我不走！我不信！她大吼道，伪装的疯癫破绽百出。我失去耐心跟她说，听着，我一刻都不想在这里多待。如果你不走，那我也没有办法，总之我是来过了。

我伸手去拽她的胳膊，她老老实实地跟我站起来。一直冷眼看我们表演的于莎丽放下酒瓶，对我说，没想到你们认识。

留学生群里还有谁不认识你吗？我说，我想要控制住陡峭的音量，但显然我失败了。

其实老贺不关我的事，她冷冷地说。你该知道你们那样子生活一点希望都没有。没有计划没有盘算就来了意大利，以后要做什么也一无所知。艺术家？这些好听的词说出来不觉得寒酸丢人吗？老贺和我没睡，我对可怜的男人没兴趣。他来我这里就是借住半个月。那段时间我基本上都住在朋友那里，这个地方都让给他。他已经打算回国了，说回去以后要好好看医生，说这个抑郁症会传染，他不愿意传染给你，说你们两个谁也支撑不起谁。

我的手掌湿漉漉的，几乎像一张在冰水里浸过的毛巾。然而我张口结舌，根本无法反驳。我放开了雒芳芳，显然她也吃了一惊。片刻的无语尴尬之后，她像是要表演什么，举起了红酒瓶，手腕上的钉子要扎进血管里去。她是要将酒瓶往于莎丽的身上砸过去的，但是她抓错了瓶子，拿起了那瓶没有喝完的，酒倒扣下来，瓶子也只是轻飘飘地投掷出去，并没有伤害任何人，最终滚落在我们的脚下，染红了一张好看的白色地毯。这已经不是我第一次看到酒瓶的功用了，一点也不神奇。有好一阵子，我们一动不动，静静地站着，好像四周的墙都是群山，而所有的话语都会撞击在山上。

你流了很多血，究竟是怎么割伤的？费德曾经这样问我。

我不知道，就是不小心。我说。

费德按响我的门铃的那次，我不知道是不是自己的自杀进行时，但显然我是怯懦的，伤口不在动脉，它靠上了两厘米。费德也许看穿了我的企图和懦弱，但他知道他对别人的好奇不足以支撑疼痛的耐力，所以对我的伤痕就再也没有追究下去。我也没有告诉费德我的手从玻璃瓶口滑下来的时候，碎玻璃碴刮下来一条白色的皮肉，很可怜的一小条，中间厚，两边薄。那是一条寒酸的肉，皮肤组织远远大于浅筋膜，可是我的掌心涌出了鲜血，仿佛受到了巨大的伤害。

我想起一个在BBC科学频道工作的新闻记者，为了搞清楚人肉究竟是什么味道，所以从自己身上割下了一块。在煮熟了活体组织切片之后，他只是对它的气味做了化学分析。那个记者说气味是味道的一大组成部分，他只需要闻一闻那块来自自己身上的、被煮熟的肉的气味，基本就可以准确了解它吃起来的味道如何。

这么麻烦地想要知道肉的滋味，是因为吃人肉犯法，即便那是你自己的肉。可是我看着瓶口挂着的那缕肉，觉得如果我要吃掉它，这世界上又有谁会知道呢？谁会在意你的身上有一条肉去了哪里？谁会仔仔细细清算别人身上的疤痕呢？连自己的疤痕都算不清的人们没有那份余裕。

费德从他的屋子里拿来了药箱，脸色发白，他用生理盐水给我冲了伤口，然后用碘溶液再度消毒。我感到疼痛的时候，他的手也会跟着抖动，他没有麻药，所以我只能咬紧牙关看他缝合。奇异的是，我并没有感到额外的不可忍受，大概是因为原本的疼已经够疼了。缝合的过程里，每一次刺穿他都会停下来深呼吸。还好没有伤到神经和肌腱。收拾东西的时候他说。他为我的手做了包扎，打了一针，还嘱咐我要按时吃药。他的指头冰冷，像是在深海里浸泡过。

一切都结束之后，他走到书房，把卡拉瓦乔放了出来。那只狗在里面断断续续狂吠了半个小时，他出声制止它，可是它不肯听话。

狗围着我不停打转，眼神里都是焦躁和紧张，我在地毯上坐下来，它坐到了我的身边。谢谢你。我对费德说。

他没有说话，没有说不客气，而是静静地处理地面上、水池里、餐桌上的血迹和碎酒瓶，我想他一定看到了那条猥琐的死去的肉块，它一个小时之前还是我身体的一部分。后来他把用过的消毒棉都塞进一个撕开的塑料袋里，和玻璃残渣与医疗废材分装进垃圾袋，下楼扔掉了。

我不能忍受别人的疼痛。我不配做一个医生。回来的时候他说。

雒芳芳和我一起去了超市，买了菜，她被红酒淋过之后兴味盎然，也许是因为喝下去的酒精让她愉悦。她煮了味噌汤，在冬天很快暖热了我们的躯体，后来我们就躺在床垫上睡觉，睡醒吃饭，接着再睡。第二天，一个一米七五左右的男人来接她，我猜她跑出来以后就一直在和这个男人联系。男人看上去长得还算周正，身材也算匀称，头发抹过发蜡，身上穿着一件黑色的羊绒大衣，围着一条CK男士围巾，下身牛仔裤，露出脚踝，脚下是一双New Balance[④]的运动鞋。鞋子上没有污泥，佛罗伦萨的雪化得很快，地面也干得很快。现在外面又是刺眼的晴天，我看到他把墨镜的一条腿别在右侧口袋上。他跟她说了对不起，也跟我道了谢，他们又是一对正常的夫妻了。雒芳芳穿好靴子，用我扔在鞋架上用来当抹布的紫色绒毛小方巾擦了鞋面。她在他来之前洗了澡，吹好了头发，还喷了一点我的香水。她还穿走了我的一套优衣库内衣，我没有打算再要回来。

人类的身体部位曾一度成为最受欢迎的治疗剂，其中最常入药的有人肉、人骨和人血。同类相食并不像人们想的那样只是新世界的传统，它遍布每一个犄角旮旯。实际上，除了这些外部可见的物质，人还有其他看不到的部位也同样可以被蚕食。雒芳芳缓慢又悠长地啃光了我的精神，醒着的时候她不断追问老贺的故事，仿若她自己的事情已经不值一提。她像一条蟒蛇，从我的脚底爬上来，吞噬了我的身体，慢慢消化。她的嘴张得那么大，我不得不被她吞进去，连同整个房间都被吞吐过一遍。她呕出了我们的骨骼，在每一个物品上都留下了胃液，甚至连桌角的破布都不肯放过。那个男人出现时，她像是撕掉一张粘桌子的透明胶带一样撕掉了两天前的恩怨。那上面星星点点都是生活的黑头，但是她根本不畏惧。她不在乎桌子接下来怎么斑驳，至少桌子还在，那么她就可以用下一个错误来修补上面的失败。

雒芳芳走后，我也去洗了一个澡。热水器发出咕咕噜噜的声响，我洗得很快，想要洗掉自己身上雒芳芳的味道。她的生物痕迹沾染到了我的身上，我以为我为一个求助者提供巢穴就是我的强大，但是我现在发现在巢穴里游走一回的借宿者才是这世间的强者。

我吹干了头发，涂了唇膏，走出了房间。楼道里的空气清凉，却不再有半点湿意。我走到对面，敲了敲门，没有人回应。我又按了按门铃，没有人来开门。我正在蒸腾，和浴室里正在向窗户外面逃逸的水蒸气一样，马上就要散架，又意外地镇定。

费德还是没有回来。

我只是对不能告别的告别产生了遗憾。

6. 汪　洋

两周后我搬离了那套公寓，雒芳芳叫来了司机。我们才刚认识一个月，从她要来买我的打印机开始。生活里的各种事像一群又一群忙着迁徙的候鸟。它们扇动的翅膀鼓起了一阵又一阵的狂风，间歇地、不停地到来。打印机在我与雒芳芳相识的第二天就被一个学神学的欧洲人买走，他口音很重，我们只是互相问了好，我收了钱，他搬走了打印机。冰箱还没有卖掉，因为我发现在搬走之前，我需要用它来放牛奶、水果，或者还有酒。我几乎不喝酒，但自从那次离家出走之后，雒芳芳几乎每天下午会到我这里来喝一点。她不再穿皮鞋和大衣来了，而是经常套着一件合身的黑色棉服、一条牛仔裤，大冬天也戴着大大的墨镜，看上去像一只黑色的青蛙。

我感觉这个城市得这么穿才不显得怪。有一天她这么说。

清理完那间公寓的最后一天，她又在我的房间打转，像一只不小心又闯进室内的苍蝇，对每一个角落都感到好奇，却不知始终有驱逐它的意念隐蔽在彼时彼刻的平静中。她看着那张被我重新组装起来的旧床，说你怎么就能放着这张床不睡而在垫子上躺半年多，你看你最后还得把它装起来。她这么说话的时候，我觉得似乎我们认识了很久，也似乎发生过的一切都不是真的，似乎我的生活中只有她，而老贺和费德都不曾出现过。我看着她帮我往旅行袋里装东西，她把外套脱了，里面穿着一件金丝掐线的粉红色毛衣，脸白白的。

你怎么样？我把一袋书扛下来，问她。

好得很。她说。

不离婚了吗？我故意问。超市老板走过来，把书扔进了副驾。这些书他要拿回去给他的孩子读。我觉得这样也对得起老贺这几年花的钱。给一个人生还有希望的人，是书籍最好的归宿。

她站在栅栏外面，地锦圈起的枝蔓像是涟漪荡漾在她的身后。

哪有那么简单？等到我们开始讨论离婚的时候，我们就不是在讨论情情爱爱了。你知道吗？她看着远处的一棵榛子树，充满诗意地说，没有什么能够战胜对未来的恐惧。

小货车行驶在佛罗伦萨的街头，我们过了河。

春天来得很快，佛罗伦萨的山上植被吐露了新芽。雒芳芳适应了这里的生活，只不过再过几个月她就要离开了。我们总是抱着惊慌来一个陌生之地，最初留下许多不够稳重的足迹，当我们回望时，又常常觉得曾经的恐惧有些可笑。适应几个月之后，雒芳芳成了佛罗伦萨城里的野导游，带着几波从国内来的亲戚朋友把各大景点转了许多遍。但是她从不肯带着他们上山。

只有我可以知道这样的佛罗伦萨。她说，凭什么我辛辛苦苦的探索要他们来收获果实？

她往前走去，在半山腰看到写着字的一块石头上，她指着字用刚学的意大利语念给我听：

> Tutto ha senso, l'amore vero si muore, si annoia, si cresce, si rinuncia a se stessi.Tutto X il comantico gesto.

什么意思？她问。

一切都说得通：真正的爱情会死去，变得无聊，成长，放弃自己。所有的可笑姿态。

什么意思？

不知道。我说，我意大利文也不好。直译过来就是这样。

算了，她说，这样译挺好的，和我的理解也没有太大的差别。

你怎么理解？

凑合。她说，你记得那天吧，就是我去找于莎丽那天，原本我想着去打一架的。我知道你小看我，但是我确实是要去打一架的。结果我报上姓名之后，于莎丽说她根本不认识我老公。然后我就对她描述了我老公的身份，说了他的职业和现在的部门，可是她还是想不起来。我于是把我老公的照片翻出来给她看。我知道你觉得我蠢，实际上这种事我也觉得耻辱得不得了，我原本不计划跟任何人说的，但是我还是说了，毕竟我觉得老贺的事，除了我之外，你也不会对任何人说。

我对她的逻辑感到无语，但也还是饶有兴味地听了下去。

我让她看了照片，结果她还是没有想起来。你知道我有多气吗？我感觉到了极度的羞辱，却不能发泄。我老公竟然因为在聚会里见过她几次就拿我和她比较，还说出离婚这样的话。

那么他以前从来也没说过离婚吗？

倒也不是。她有点不好意思地说，我们吵架时自然也提过。可是那是在国内，我知道他只是说说而已。

可事实证明，在佛罗伦萨他也是说说而已。我说。

可是我们都在国外，他又说得很严肃。我第一次感觉到不安。我有一种紧迫感，所以我也好好审视了一下自己的生活。

我们走出一个圈子，都会有一时迷惑，觉得我们不是以前的我们了，可实际上没有差别，大部分的成年人都会衡量利弊，不再有勇无谋。

就是这个意思。只要现在的生活略微改动，未来就是一片凌乱，好像我们都没有那样的余力去应付了，所以转回头看看现在，也觉得没什么不好。有房有车，有正经工作，稳定的家庭。其实没几个人敢打破重建。

春天的山上还是有很多凌厉的风交错着从枝叶里迎头劈来。雒芳芳的头发乱糟糟的。她原本就顶着非常韩范的卷毛头，现在它们更像是从土地里往上努力伸展的茅草，被大风刮得乱七八糟。

我往山下看去，佛罗伦萨在一片汪洋之中，整个世界都在一片汪洋中，每一个人生活的建构，都自一张瓦片之下。外在的脊背，向下匍匐的内里，风吹日晒雨淋，承受无穷的内化于我们的困境，究竟哪一面比较煎熬？一片瓦和一片瓦的合作，看似牢固又不那么牢固，总有先掉落碎掉的瓦片，也有好几百年都能坚守的瓦片，究竟是早点碎掉比较痛快，还是撑着比较心安？交叠铺设的每一个我们，其实早已丧失了移动的可能。我个人高不高兴不重要，重要的是我有没有能力重新建设。

你知道白茉莉他们吗？她问。声浪在喘息和山风中抖动。

知道。我说。

华人圈子就这么小，所有的绯闻都传得飞快。白茉莉和程老师归国前不欢而散，皆因程老师动了真心，要抛妻弃子。一个三线城市的高中美术老师胆敢觊觎土生土长的北京白茉莉，一时传为笑谈。一月份，高中教师程老师先回了国，我在微信上看到了他的动态，一个三四岁的小男孩穿着宝露露的外套在机场接他，大约十秒钟的小视频里，那孩子喊了四声爸爸。机场很嘈杂，程老师风尘仆仆，身边是一只巨大的黑色行李箱，他张开了双臂。我还听到了一声女人吸鼻涕的杂音，它泡沫一样浮在凌乱不堪的背景音之后。也许是我听错了。白茉莉在中国春节期间和来探亲的公务员老公去了西班牙。她从郊区搬出来，行李放在于莎丽那里，旅行之后，他们也要直接回国。我看到我的那张床被放在留学生群里卖。

你准备在这里生活了吗？雒芳芳问。

嗯。

工作签下来了？

嗯，我这个专业只能找到导游这样的工作。

也不错，赚得不少，也不用卖东西卖西。

我那时候卖东西并不是因为活不下去。

可是你几乎毫无生气。

你对我能了解多少？我们才认识四个月。

可我们是朋友吧，不是吗？

大概不是。你只是一个从我这里买走一台烤箱的人。我不会将一个从我这里买走打印机、电风扇或豆浆机的人称为朋友。

嗯，真的也许我们之后就不是了。她想了想说，比如回国之后。我们只是在特定的时间、特定的地点、特定的情由下成为的朋友。你看，我们就像佛罗伦萨的冬天，几乎还没有暖热就不冷了。几乎还没有靠近，就不必靠近了。但是此时此刻，我们还是能够深情一点的。就在此刻此时，短短地，短短地享受一下。她靠上来，挽起了我的胳膊。

7. 瓦　片

雒芳芳没有等到她老公结束访学就提前回国了，入夏时她的亲戚在苏州帮她找了份会计师工作，雒芳芳说我说得不对，在佛罗伦萨看了那些瓦片之后，她觉得自己不要死守在一片房顶，至少不应该是浮在屋顶上的有风险的那种。

很快我们就没有再联系。但回想起来，还是感到有一点安慰。我现在住着的房子很小，与另外两个女孩分租三室一厅的公寓。她们都是还在读本科的女孩子，论年龄她们叫我阿姨也不为过。

我的房间没有卫生间，但是带一个大大的露台。有时候我搬一把椅子，坐在露台上吹风。从这里，远远地、隐隐约约地可以看到圣母百花大教堂的西侧，布鲁内莱斯基一手打造的穹顶仍然耸立于佛罗伦萨座座陶瓦屋顶组成的一片汪洋之上，它由一种相连的鱼骨结构和椽固瓦的方法从下往上逐次砌成。穹顶需要很多很多有着精确角度测量的砖石瓦片，密集的佛罗伦萨的瓦片。它们层层嵌在圆顶双层薄壳上，像一株永远不会被吹散的蒲公英花球。

大教堂顶着这些瓦砾俯瞰众生，守望着佛罗伦萨的条条街道。我已经看不到那些瓦片之间的缝隙了，它们在远距离之下融为混沌的一体。几百年前的疑虑和恐惧填满了瓦片之间的缝隙，我还未曾爬上过的顶端，是视线里遥远的一个黑点。

所有的，所有细小的伤痕，都匍匐在陶褐色的屋顶，风吹日晒雨淋，经历着生活的击打与磨损，而这些击打与磨损又如此相似。究竟是外在的脊背更受伤一点，还是向里贴服着的不为人知的一面更腐朽？层层叠叠，一片落在另外一片之上，可是总有先碎裂先掉落的瓦片，究竟是在一起更牢固，还是作为个体更牢固？罗马人用砂岩和凝灰石制成的瓦片交叠铺设，腹部和脊梁都在承担岁月的重量。

很多时候，我很想喝一瓶酒，像那两个女人一样，从大早晨就开始喝，让我清晨会头痛的味道古怪的酒，像一枚深蓝色的地雷，将毫无预警地爆炸。我很想知道真正的酒醉是什么样子，除了呕吐之外。

我一喝酒就呕吐，吐到脸上的毛细血管爆裂。从前费德在我面前喝过很多酒。傍晚，我听到他拎着酒走上三楼的声音。他将购物袋放在地上，掏出钥匙开门，卡拉瓦乔会先于我感知到这一切，它十五岁了，还是中气十足。

手上的裂缝闭合的那段时间里，费德和我拥有了一个共同的习惯。他会拎着酒来我这里坐一会儿，七点到八点，没有太大的误差。我们大概都想说很多话，但是却没有。他的手掌很大，中指远远长过其他几个指头，看上去有一点怪异。他的指甲总是修剪整齐，每一个下部都有漂亮的半月形。大部分时间他会讲讲都灵，讲皮埃蒙泰的饮食习惯，讲Langhe以及Agnolotti或Tajarin，还有Bagnacauda，一种用大蒜、酱菜和碎肉末一起在热炒锅上烧成的食物，一种完全用山羊奶制作的口味独特的意大利奶酪。还有榛子奶油杏仁糖。

他很少言及其他。我也是。

读医科的时候，费德的绘画在解剖课上有了长足发展，学科训练与线条和骨骼肌肉甚至内脏总是息息相关。有一天，他在一张白色餐巾纸上画了我的肖像。医生的手和眼睛忙碌着，剥离了我的皮肤组织和肌肉。我的舌骨、环状软骨、甲状腺和气管在他的笔下立体呈现。我把画夹在了一本画册里，但不知道是哪一本。他并没有因为我当了他的模特而爱上我。我们都是害怕燃烧的痛感而失去了火花的人。

卡拉瓦乔很老了。在画画的中间，它睡在地毯上，眼皮拥挤在一起，不一会儿开始打呼。它睡得很深，似乎又很浅，眼皮总是抖个不停，隔一两分钟就像是突然惊醒一样睁开眼，可下一秒呼声又起。这只狗有时候会做梦，显现激动的神态。大部分时候费德会等它醒过来，偶尔看它太过激动，也会慢慢地把它拍醒。醒来的卡拉瓦乔会显现混沌初始的一派懵懂。

我最后还是和费德见了一面。在我搬到新公寓几个月之后，他发来邮件，我们在阿诺河边短暂地待了半个下午，之后他搭火车回了都灵。卡拉瓦乔已经在那里死去，去年冬天，圣诞节下雪后的那几天，它在户外跑步的过程中倒地而亡，费德的父母把它埋在了附近的坡地上。而费德也终将回到出生地，顺应人生原本的模样。他拿到了皮埃蒙泰大区开业许可证，准备和另外两个医生成立一个联合诊所，合租一层或两层楼，再一起出钱雇一个秘书或护士。

他注定不会成为一个设计师，就算他重新去读了学位，也得和老贺一样，最终还是在现实面前认清了自己。人生中有很多无可忍受的疼痛，人们选择忍耐下来不太疼的那一些，继续生活。他不再上手术台，而是成为一个全科医生。他可能会治好很多人的病，可能一个人也治不好。我们每个人都像是有划痕和缺口的瓦片，黏着在生活之上，看上去不太牢固，却也并不容易坠落下来。费德无须为造物的缺失而疼，我们都无能为力。

告别的时候，他看了我的眼轮匝肌很久。我感到皮肤起了皱，一条一条的线刻在我的面颊上，沿着肌肉的纹理。

他走到我的面前，摸着被我当作外套穿的羊毛衫上的扣子，又把我的头发拂到肩后。

我感觉他的中指压在我左脖颈的一颗痣上，指尖有一点凉。

他的头略微垂下来，我以为他要吻我，但他只是闭上了眼睛，把额头贴上我的额头。

编者注：

①Unieuro和Euronics都是意大利零售商。

②KIKO，商店名。

③Dauk Rafia，食品品牌。

④New Balance，运动品牌。

中篇小说／

九号线

○禹风

一

油轮设计师施丰能总在傍晚走出九号线松江新城站，晚霞洇红西边楼群，鸽子飞翔。

松江这地方空间广阔，人口密度适中，空气质量优于市区。一方水土养一方人，没“上海”这名字时就有松江府。松江，前身是华亭县，建县至今已历一千五百多年，传承为今日老城区；新城前身则是一望无际的水稻田，十来年前才仿英国城镇而建。

施丰能走出地铁站，把公文包放到小广场地上。他望着火红西天，脱掉墨绿灯芯绒西服，撸起白衬衣袖管，往上慢慢举手，伸了个懒腰。他身高一米八，戴黑框眼镜，瘦长脸皱纹深刻，胡子刮得双颊铁青。

他今天不急着从地铁站打的回家。虽然仍正常上班没放假，他却有度假心情：太太带着儿子飞德国去了。儿子考上了法兰克福大学，当妈的去支付一切费用，并要为年轻人编织一只挂在洋树梢上的巢。

施丰能想到这些，嘴角泄出了一丝冷笑，没恶意，甚至带点赏识，却很有讽刺意味。他被忽视了：太太有了更重要的使命，暂时顾不上管他。事实上，他将被忘却般“野放”近两个月。

施丰能又撸下袖管，把西装一抖，穿回身上。

“难得！”他瞟着车站外一长排等客的橘色本地出租车，“难得自由自在！”

他终于笑了，长脸变圆些，露出还算整齐的牙齿。一个转身，迈开了腿，先走走再说。去哪儿？随意吧。

凡夕阳洒落的地方都金灿灿，夕阳下的本地石楠叶子亮晶晶，活像一条条沾着涎津的狗舌头。秋天的夹竹桃显得寂寥，花季早远去，等候它们的是难耐的冬天。大马路中间绿化带里成排紫薇已开败了一阵子，现在结着淡绿发黄的种子。

施丰能坐到街边暗绿色长椅上，欣赏嘉松公路连绵不绝的车辆。当年他上到远洋油轮跟船考察，先坐甲板长椅上看了整个太平洋，接下来又看了整个大西洋。

太太和儿子暂时离开自己飞去地球的另一方陆地，他日常生活里又出现了一片空旷无物的洋面，他回忆起远洋生活的寂寥，却又莫名地跃跃欲试！嗯，近两个月单身生活，嗯，自由，久违的，拿它不知道怎么办的自由……

首先就是今晚。施丰能点点头，立马就去吃一顿啰。一个人吃饭和全家一起吃饭，完全是迥异的人类行为。

吃饭前，得去一下酒类专卖店。喝白酒还是喝红酒？吃西餐还是吃中餐？

有一点是肯定的，他不可能呼朋唤友，呼朋唤友的日子早已灭绝。如今，老婆儿子在身边就三口子聚餐；他们去了远方，他只有独斟。独斟有独斟的趣。

第一个自由之夜，别奢求太多，就这样吧。

施丰能一个人独斟于小楼餐厅，似乎同他素不相识的邓小桔疲惫不堪地在九号线松江新城站入站。

邓小桔，大部分认识她的人都觉得她相貌别有一番风姿。她和别人不同啊，她天生属于少数派，上天给她的不给别人，给别人的呢，她也不稀罕。

当然，如今她已人到中年，不承认自己正在变老是不识相的，何况家里有负累，简直像甩不脱几只天天附膝盖上吸血的山蚂蟥，她不能不感到涣散，如此这般一种恐慌。但她还没蝉儿那种被秋风吹僵的厄运临头感，她尚在观望，情形似乎对她不利。

她看见九号线地铁驶入车站，透过车厢玻璃看，地铁上的空座已寥寥无几。她两手都提着包，她感到绝望，要知道从松江新城到达她的目的地马当路站要行驶一个多小时。

她已在人来人去的医院里站立了接近一天一夜，没怎么坐下过，也没捞到哪怕半小时的睡眠。邓小桔有种想哭的情绪，她心里储满了水，只要任何人惹她一下，她就要溅泪了。她咬住下嘴唇，等地铁开门，她告诫自己要克制，要有一个大都市女人的腔调。别示弱，但也别再控制不住自己向人示威。

车门打开，周围等车的人不由自主抢着向车上挤，丝毫不肯礼让下车人。邓小桔矜持地侧身让开，让车上乘客先下，她带着对那些抢座者的鄙视和漆黑的失望最后一个走入车厢，她只能找到一根立杆了，快把背靠在上头吧。她深深吐出一口气，如水泻地，实在撑不住了。

她心里愤恨：为什么在这城市活了半辈子，现在姆妈想在家门口看病却排不上号了，住院也等不到床位了？

她还没想通这问题，姆妈的病势不容她继续僵持，她只能把老娘送到松江的第一人民医院分院来治疗。市区的专家一周两天到松江分院接诊，这制度总算还能为姆妈在城里找到诊疗机会，争到住院资格。

别问为啥没人来替换她看护老娘：父亲过世了，她是独女；她没子女，离婚之后，自己也独守空房了，谁相帮？

至于邓小桔后悔不后悔离婚，她对自己清清明明说：“缘分如此，缘尽无分。”明白人嘛，打落牙齿肚里吞。

过了大学城站，乘客越来越多。邓小桔蹙紧了眉头，头晕腿颤，身上直冒虚汗。她决定放弃，到下一站先挤出车厢找座喘息。

不过，到了下一站她并没下车。她眼前金星乱冒，不敢动弹，身上大汗淋漓。她怕自己晕倒，把手里大包松开落到地下，那是带去医院后发现没用的杂物。她紧紧攥住自己的小包，里面有姆妈的医保卡，还有一万多元现钞。她担心一旦松开手，晕过去，这些重要的东西会被人拿走。

她顶不住了，咬牙晃身要在七宝站下车。正弯腰捡自己的东西，一个刚坐到空位上的年轻男生站起来：“阿姐，侬是不是不舒服？来来，侬坐。”

邓小桔感到一阵松弛，那白净男生二十多岁，牛仔裤白衬衣，满面神采。他俯身帮邓小桔拿东西，有个胖胖的中年女人却一屁股坐到他让出的空位上。

邓小桔疲惫地笑了笑，她眼前金星不冒了，人很虚，却清醒了些。她摇摇手，示意不要和那女人计较。这时候，另一个年轻女生扯扯她袖子，站起来把座位让给了她。

邓小桔坐下喘过了气，包里掏出湿巾纸抹汗。她想第二天一早还得挤地铁赶到松江来，早上八点主治大夫查房，查完后家属得和医生会面，讨论病人病情和治疗方案。

“坚持住！”邓小桔对自己说。

坚持，坚持，直到倒下为止！

二

施丰能的父亲曾是远洋运输轮正职船长，他虽不能带儿子出海远洋，两年一次回上海母港时，他有权让老婆孩子住船上来。只要家属乐意上船，他本人无所谓一定要回苏州河边的海员公寓。

说句老实话，海员公寓的条件未必有他那船长套间好，公寓甚至还缺乏他习惯消遣的种种东西。

这位干瘦多皱纹的父亲已习惯海上生涯，他的心从不属于这长江口城市，他和儿子谈论的都是那些遥远的外国城市。此外，施丰能发现，父亲同他母亲的关系也异常贫瘠，仿佛他俩只是一锅持续不断供应的食物的天然分食者，而他施丰能，恐怕仅是偶然性的产物——某种生活事故的无害后果。

老施船长对儿子还挺够意思。他一发现儿子开始批评他的船，便对儿子发生了某种兴趣。他搜查海员公寓，找到了儿子那种稚气批评的“培养皿”：一批从旧书店淘来的关于船舶的旧书和从图书馆借了不归还的船舶设计图。船长点点头，对施丰能说：“侬老卵的！有本事呢，设计条像样的船出来，让阿爸老头开！”

他私下给了儿子一笔可观的零用钱，交代说：“你可以拿这钱随便花，如果花在女小囡身上，也不是不可以，但下次就不给了；如果花来研究船，我见你一回给你一回。”

后来就不说了，施丰能天生爱船，想设计一条自己的远洋轮。

他考上了海运学院，到浦东上大学。那时候，浦东是没夜生活的地方，晚八点，浦西红男绿女，浦东从没奢望过什么“大开发”，都洗洗睡。

海运学院周末虽有学生舞会，却只许娱乐到晚上十点。平时夜里，校园黑沉沉，啥也没有，连夜宵也无处觅。你若不肯睡，走廊里有只高高吊着的昏暗灯泡，你可以闻着厕所臭气，捧厚厚的书，熬夜。

施丰能对妻子回忆大学时代：“有句话千真万确，监狱是最好的读书地。”

临近大学毕业，施丰能对自己能去什么地方工作完全没把握。那年头，毕业生自己不找工作的，都等着学院统一分配。老施船长从外国发回一个电报问他想去哪儿上班，施丰能晓得老头有法道，老实不客气回了七个字：船舶工业研究所。

船舶工业研究所当时算效益好的单位，不愁吃不愁穿，还管分房子。施丰能在研究所待了十年，和所里一位女同事结了婚，住进分配的一室一厅，过太平日子。直到他觉得这种太平日子散发土腥气，埋到了自己喉咙口。

这时候，他想动是好的：时代更新，外国公司来了。外国公司需要可以处理亚洲业务的设计人员：施丰能先从研究所跳槽到一家韩国船企；后来丹麦来的欧洲人更大方，他们肥厚的橄榄枝让施丰能再次移动，而他们懒惰和亲切的天性终止了施丰能自己也不喜欢的改换门庭的行为。施丰能在丹麦船企待了下来，一待就差不多二十年。他有了自己设计的远洋油轮，还不止一条。

作为国内业界声名鹊起的设计师，他一出手就是大船，这让他无法拒绝妻儿对大房子的向往。他保持了低调，在松江新城这种远郊区买下复式公寓。

日子连绵不绝，真像海浪般之间没空隙，不让施丰能有片刻喘息思考。

长久以来，他第一次面对生活中的停顿：老婆和儿子飞走了，给他一段独处时间。

第一晚他喝了白酒，白酒最能让人松弛。他找不到什么特别理想的餐馆，他坐在一排排年轻人中间，形单影只。

他一边喝酒，一边大啖平时老婆禁止他吃的辣菜，还旁听隔壁桌上谈话。

回到冷清清的复式公寓，懒得上下跑楼梯，简单洗洗，他就仰在客厅沙发上看碟。他喜欢看惊悚片，一连看了三部，没关电视机，睡过去了。

早上还按千年不变的生物钟醒来，浑身酸软，不得已热水淋浴，打车奔九号线地铁站。

早晨的地铁站怕是城里最望而无趣的地方：没睡醒的人们木偶般候在玻璃门口，样子像丢了壳子的蜗牛，手里食物散发的气味叫旁人难受。

施丰能今天心情好，同情地铁线上芸芸众生。他等地铁时有闲心观察四周，想统计一大清早能有多少人看上去和自己一样愉快。这时，他看见了萎坐在等候区铁皮长椅上的邓小桔。

邓小桔几乎一路站立到达松江新城站。

她完全受不了了，在这里喘气续命。

施丰能首先被这女人的病态所吸引：她正在受折磨？她脸色苍白，皱起了鼻子，闭着眼睛，嘴角抽搐，露出门牙……她的手紧紧攥住自己的小包，也许里面有重要东西，她怕自己晕倒？

施丰能决定放过正在入站的这班地铁，他想尽一个路人的责任。

如果这女人昏倒，他会马上招呼那边挥着小旗子的车站管理员；若管理员需要帮一把，他也可做力所能及的事。但他主要想帮生病的女人看住她的包，不要被人浑水摸鱼拿走。

施丰能仇视小偷和骗子，如有机会与小偷或骗子对敌，他会勇不可当。

一个男人认为自己是勇士，这是必须的。倘若男人最终选择当了胆小鬼，却也未必不能理解，事后要酌情而论。无论如何，没什么妨碍施丰能站在这里，为这不舒服的女人站一会儿岗。

邓小桔昨晚仍忙到深夜，自己必须为姆妈做一些汤羹，姆妈只接受自家口味。老太太病入膏肓，其实还很挑嘴。

她的理性提醒自己做好心理准备：姆妈这种病，日子不会长了。她能做的就是暂时忘怀自己，把老人服侍好。

凌晨她就从全身难受中醒来。也许半夜洗澡着了凉，她发烧了。

可恨地铁九号线马当路站，根本不会让人找到空座。她发着烧，竭力提着两只有汤水的锅子，冷汗涟涟。座位上坐着的人们全低头摆弄自己的手机，没人抬头观察她。她咬紧牙关，竟一路站到佘山才有位子空出来。她坐下去那时候，感到自己一屁股坐到棉花上，晓得不对劲了。

她出了车厢又在地铁站坐下，竭力对付自己的晕眩，感觉到冷风阵阵；她闭着眼想熬过去。她不知道有个中年男人打量着她，准备在她突发昏厥时帮忙。

施丰能和任何男子一样，既然没立马等到邓小桔病发，就顺势打量起她的长相来：略显丰满的一张鹅蛋脸，脸颊处丰满出来。最有特点的是眉毛，这眉毛肯定没文过，就是天然的两道弯，黑而神气。她的病容减低了肤色亮度。她偶尔睁开眼，是丹凤眼，烦躁而隐忍的眼色……

施丰能觉得这女人的眉毛很有表现力，隐隐撩动了自己的什么情愫。说不清楚，一种悠远的情愫，仿佛远在岁月深处。

他觉得偷偷打量别人不礼貌，就掂量起情势来：真有必要悄然守候这个陌生人吗？女人嘛，有各种各样出乎男人意料的可能性。自己可以走开了，别自作多情，也许就是一个痛经案例，关心多了成笑话。

新一班开往浦东方向的地铁已进站，施丰能慢慢移步进了车厢，找个位子坐下，他还可以看见铁皮椅子上病态的女子。他垂下眼帘，等待车辆发动。

车等候在车站上不动，他开始数数，一、二、三、四、五、六、七……他像只青蛙从荷叶上跃起，叫旁人吃惊地冲出了车厢。车门合上，地铁即时驶离了车站。

这瞬间，站点上只有三个人：远远站立的管理员，跳出车厢喘气的施丰能，以及睁开眼看着施丰能的邓小桔。

施丰能直视邓小桔，像个牵线木偶移动脚步。他走到邓小桔身边空位坐下。邓小桔的眼睛刚才跟着他移动，现在看住他鼻尖。

“不好意思，你是不是不舒服？”施丰能开口，“需不需要我通知地铁管理员？或者，我能帮你什么忙？”

邓小桔看着他，绽开一丝仿佛和生病无关、脱离了病态的微笑：“我们互相认识吗？”

“噢，”施丰能觉得这微笑有种魔力，像古代的一朵莲花飞来吻在自己嘴上，“我，我只是看你样子像生病，我想我应该帮忙。”

他感到一丝尴尬。

“其实你不是。”女人的笑意更深了，笑解除了她的病容，脸盘散放出柔和的光，“你是想来搭讪我。”

施丰能甩了下脑袋，他自取其辱。

反正，无论被人当成什么，这是自己这两天荒腔走调造成的。他倏地站起身：“对不起，很抱歉唐突你了，再见！”

邓小桔咯咯笑出了声：“坐下吧，施丰能！如果我没认错人的话。”

施丰能瞠目结舌。他回转身，仔细打量这突然摆脱了病态的女人。她在笑，笑着看自己，眼神很亲切。他恍然想起了什么人，不真实，很模糊，仿佛池塘里泛起一个暗影，还不能确定就是鱼。

她的笑容的确给他一种熟悉的感觉，那咧开的嘴唇恰到好处地衬出珍珠般的牙齿，很像莲花的花瓣托出完美的莲蓬……时光飞转，落下隐约烟花，有种酸楚的感觉像吞了芥末般刺上眼睛。他眼前出现一张蓝紫色的糖果纸头，一只放在眼前旋转以释放花环的万花筒，还有一块小小但斑驳的雨花石……

施丰能不敢相信自己已到了五十开外的年纪，眼前这陌生女人的名字一个汉字一个汉字竟在自己记忆里浮沉，他先打捞出一个“桔”字，而后是“小”和“邓”。

“邓小桔？是你？”他笑了。有颗潮湿的子弹以超低速旋转着射来，射中他那感知时间的神经中枢。

他听到胸前某个地方发出“噗”的一声。

三

施丰能一旦投入设计事务，喜欢把自己锁在办公室里谁也不见，戴耳机听交响乐。

他记起邓小桔这名字，登时耳边都是悠漫的乐曲，各种各样的时间：直线时间、曲线时间，个人时间、公共时间，人性时间、反人性时间，有效时间、垃圾时间，被牢记的时间、被忽略的时间……在九号线地铁站里飞舞回旋，缠绕在一起。

邓小桔是他小学一年级到三年级时的同班同学。那是差不多四十年前的事。

邓小桔欢笑着看施丰能："你怎么还是老样子？你两只老虎眼看人的样子没变！"

施丰能有点羞涩，"老虎眼"是邓小桔描摹他外貌的独创词，四十多年间无人提起。他喃喃说："那时候，我俩可真是好朋友！"

说完这句话，他脸红了，他想起正是他自己主动切断了和邓小桔的友谊，断交的原因匪夷所思。

他俩一起走出了等候空间，回到地面层。施丰能问："你没事吧？我请你去喝杯咖啡？"

邓小桔一路慌乱地偷偷修饰着自己，这边抹一下头发，那边掸掸衣服。这些天她太狼狈，模样全部坏掉了！她笑吟吟说："我要赶到第一人民医院去，我妈住院了。要是你下了班有空，我们倒可以聊聊。"

两个人在出口处交换了电话号码，邓小桔挥挥手，对施丰能一笑，旋过腰肢，要走。施丰能脱口而出："等等！是你妈住院？你阿姨好吗？"

邓小桔收起笑容，慢慢说："阿姨很多年前就不在了。"

施丰能眼前那个戴着黑框眼镜和蓝色有檐工人帽的女人形象一下子化为齑粉，他无言可对地点点头："哦，对不起。你路上小心，下午我们通电话！"

他是通过她阿姨，一个街道生产组女工，才认识她的。

施丰能这下子神不守舍坐在开往浦东的九号线地铁上，来自发霉的七十年代的雨淋湿了他。别人凡胎肉眼看不见，其实他像只落汤鸡，羽毛湿透，坐在他风起云涌的回忆里：

海员公寓前头弄堂里有栋六层楼房子，这旧房嵌在海员公寓和对面373弄12号楼之间。施丰能家六平方米大的阳台正巧位于那六层楼房的屋顶平台斜上方。站在阳台上，施家人看得见生产组工人们在每层楼道里走来走去。有几个工人还有钥匙能打开铁门，上到屋顶平台，晾晒大家做好的牛皮纸信封和马粪纸板。

那个戴黑框眼镜的女工有钥匙，她每次看见站在阳台上的施家母子就挥手招呼："你家男小囡好看哟，眼乌珠像桂圆核！"

施家姆妈听了舒心，拉细绳子吊小竹篮下去，请这女工吃切好的苹果。

女工的外甥女有时会来，小姑娘跟着阿姨跑到屋顶平台上，满屋顶兜圈。她粉红裙子白衬衣，脸蛋白净净。但凡她看见海员公寓那阳台上站着的男孩，会笑，挥挥手。不过，施丰能和邓小桔那时没互相说过话，他们彼此留意，保持观察，就像屋顶上那些野猫：我眼眶里有你，你眼梢有我，观望着，琢磨彼此。那年代的午后蛮长的，那时候的黄昏宁静。

邓小桔怀着愉快的心情和想同姆妈对话的欲望终于来到了住院部。第七层内科病室的门紧紧关着，家属们都被赶到门厅休息室里坐。大夫正在查房。

邓小桔选了个阳光里的座位坐下，太阳光兜头射她额上，她谁也看不清，像被笼在时光的茧子里。四十多年又怎样呢？阳光是同样的。

只要记忆的丝线被扯动，秘藏的感受就散发着旧气味被摊开，像被遗忘在铁皮罐里的陈年脆蛋卷，摊开时不但吸满时间的水分且布满绿霉点……

邓小桔记得，小学一年级开学那天，她主动和施家儿子说了话。老师吩咐大家到教室后面搬椅子，邓小桔在搬椅子的路上，对傻站着的施丰能说："喂，你好，你想心事啊？"

施丰能跟在她后面去搬他的椅子，他在她背后说："我坐你旁边？"

她点点头，回头对他一笑："我喜欢和长得干干净净的人坐一起。"

九号线地铁正停靠在小南门站，施丰能正巧回忆起邓小桔当年那嫣然一笑："我喜欢和长得干干净净的人坐一起。"

他为这回忆笑了。地铁车厢里在对面偷偷观察他的一个女学生看见了这突然迸发的一笑，她觉得这真是典型中年人的笑，似乎很甜，形式却还是苦笑。那种不敢相信、不敢应承和不敢得意的腔调，显得又笨又可怜。

施丰能又跳跃地想起后面的一些日子：邓小桔为人大大方方，她总穿整洁的单色裙子配白衬衣，身上有淡淡的馨香，像只合起翅膀的蝴蝶坐在他右边。

他忘带铅笔盒的日子，她慷慨地借给他削得尖尖的中华牌2B铅笔和有水果香味的橡皮擦。每次他想发脾气，或想起什么事觉得没劲，邓小桔眉毛一挑，给他一个淡淡却明媚的微笑，像一泼水落在炭火上哧哧响。

地铁驶入世纪大道站，施丰能出车厢换乘二号线，二号线到达他陆家嘴的办公楼。他走在换乘人流中，觉得今天是不同凡响的一天，有原初的清洁的光射进灵魂。

主治大夫是个黑脸膛的老教授，也许是多年的从医经验让他收敛了多余的表情。他翻看邓小桔姆妈的病历和化验报告，不动声色，有点像数学家做繁复心算。邓小桔面对主治大夫静坐，等他示下，她有不祥预感。

大夫抬起头："家里能负担大额医疗费用吗？"

邓小桔僵在那里，无法回答这问题。这问题啥意思？姆妈作为退休职工，本有医保卡。

大夫自顾自点头："七十八了，七十八的年龄，也许不算高龄，但也……"

"大夫，你的意思是不是……"邓小桔硬起心肠问。

大夫轻微点点头："晚期。年纪又这么大。"他看了邓小桔一眼："生命有规律，子女要想开。"

早上遇到施丰能的一点喜气此刻还蛮抬硬，积在心头暂没被冲散。邓小桔先扑进电梯下到医院草坪上掏出手绢，才呜呜哭了一阵子。擦掉眼泪鼻涕，她补了口红和眼影，没事人一般回进病房看姆妈。她今天不担心没话讲，她要给姆妈讲讲一大清早的奇遇。

姆妈好端端靠在大枕头上，脸蜡黄，精神倒还在，正和病友聊天。邓小桔走进去，姆妈递给她一只削好的青苹果。

"姆妈，侬晓得我地铁上碰见谁？侬就算想到头晕，也想不到的！"邓小桔笑着说。

姆妈仔细端详她，仿佛松了口气，冷冷答："世界上那么多人，叫我怎么猜？"

"还记得起施丰能这名字吗？从前我说起过。"邓小桔一心想说故事了，想必姆妈全部忘记了，可以从头说起，很能打发陪护病人的寂寞和愁思。

可惜万事都不如人意，只听姆妈喉咙里哼一声："怎么不记得？我记得一切。这不是那个听你说自己长大会变丑就马上不理你了的男孩子吗？这种人，现在难道有出息？"

一点点才怯露绿意的快乐被姆妈随手揪掉了嫩头，邓小桔噎住了讲不下去。同时，她这才回忆起后面那些事。那些事在她意识深处属于另一个男孩，那个后来对她失去兴趣的施丰能。

"也不晓得呢。"她装笑，"看上去像个工程师什么的样子，心还挺好。他没认出我，我在车站上不舒服，出冷汗，他想帮我叫地铁管理员来。”

姆妈的注意力完全转移了：“你不舒服？这几天连累你了，你的身胚也是不灵光的。唉，要不你快回去躺着吧。这里有护工可以请的。”

施丰能等地铁二号线时回忆起了自己和邓小桔最要好的那些日子。

那些日子里，他俩在教室里开开心心聊天，交换作业本，有商有量，放学还一起玩。两个八岁孩子腻在一起互相喜欢，没人说闲话，要说就笑说“由他们去”。

邓小桔的阿姨点了头，同意邓小桔下课后去施家做作业。阿姨会在生产组六楼探出戴蓝帽子的头，甩长辫子喊：“小桔子，我下班喊你，你就下楼！”

施丰能站在地铁车厢里，想起邓小桔阿姨当年抬头呼唤的怪模样就不由得笑了。这车厢里一位在无意间观察他的老阿姨心想：“哟，这男人笑得奇怪！心里啥好事？”

施丰能在家里向邓小桔展示自己的宝藏。他拉开五斗橱属于他的那只大抽屉，请邓小桔看大海。

抽屉里先铺了报纸，报纸上摊开一层奶黄色细沙，当然是父亲从遥远的太平洋岛屿拿玻璃瓶装来给他的。沙粒上有一只大油轮的小模型，油轮的大烟囱高高竖起，漆成黑色，非常老卵的！油轮四周不但有各色各样的贝壳，还有五颜六色的珊瑚柱子和布满细纹的珊瑚块。

“哇！”邓小桔张开薄薄红唇，淡淡叹息，“好看！”

施丰能好几次昏头昏脑对邓小桔说：“喜欢哪样？侬拿去！”

“是吗？你肯送给我？”邓小桔每回都欣喜地看着他，但从不伸手。

抽屉里最后还保留了完整“海图”，她只接受施丰能分享给她的动物巧克力。动物巧克力装在长方形包装盒里，要从侧边慢慢抽出来。

“哇！”打动人的不仅是巧克力，还有覆在巧克力盘上的半透明油纸。这油纸多么考究，散发甜甜香味。

施丰能说：“所有狮子、老虎、大象都归我吃，所有兔子、羊、猪和猴子都归你。”

…………

邓小桔问了护工服务价，帮姆妈找了护工。她觉得自己要睡着了，眼皮粘在一起。她在病室角落蜷在姆妈病床脚跟，将就着合一合眼。病友都可怜她，放低了嗓门。她一睡就到了半梦半醒之间，看见小时候的施丰能渐渐收拾起温暖笑容，变得不可理解的冷漠。

她自然还记得自己那次发疯，那可不是梦。

她不晓得自己为什么那样做，她当时就想那样做呗，想对施丰能说出那几句话。

好倦哪！我对施丰能说了什么？

扑腾在睡意里，她捏住了姆妈病床栏杆，记起那往事。

那一天从学校放学出来，还没走进施家，她请施丰能喝一瓶橘黄色的橘子水，说：“告诉你一个秘密，你不会对别人说吧？”

施丰能摇摇头：“不说。你和我两个人的秘密，不告诉别人！”

她那时必定是发疯了，她说：“我害怕。我们家的女人都有遗传病，就是、就是我长大了会变成脸上毛茸茸的毛人，变得像猩猩那样子丑。”

“你瞎说。”他笑了。

“没有，这是阿姨告诉我的。”邓小桔想把谎话圆到底，

“你看我阿姨，她戴着黑框眼镜，每天晚上都要刮脸。”

“啊？”施丰能的橘子水瓶子哐当掉在水门汀地上，跌成粉碎。

快要在姆妈脚跟睡着的邓小桔脸上露出了一丝尴尬，她抵抗着浓重睡意问自己：“到底为什么小孩子要说可怕的谎话？害人的谎话到底从哪里跑出来？”

施丰能出了地铁站，顺着马路朝大楼走。他漫不经心瞥了一眼东方明珠塔，踏上了圆形过街天桥。这个早晨，他最后一次兀自发笑：“我上当了？这邓小桔没变丑八怪嘛！其实她还挺有气质，她的鼻子是希腊式的！”

擦肩而过的一个女人看了他一眼，偷笑：“这大叔有问题，大清早笑得这么暧昧？这年纪了，不晓得危险？老房子要是着火，消防车也救不了的！啧啧。”

施丰能走进办公楼，跨进电梯时心情黯淡下来，他责备自己小小年纪就没经受住友谊的考验。

就算邓小桔变猿人又怎样？难道她变难看了就不是朋友？当年她对我不是很好的嘛，她把自己的万花筒和雨花石都送给了我。

他同前台打过招呼，推开自己办公室的门。电话马上响了：“老板，你太太有留言。”

四

施丰能记得公司曾有一位两度入职的年轻设计师。在这公司运气不佳，两回加入都像大象跑进瓷器店，打烂了很多微妙的东西，最后搞得自己立不住脚。施丰能对这倒霉的年轻人还颇有好感，只是帮不上他忙。

施丰能曾试过帮他的。那人第二次入职后不到半年就再次一筹莫展。施丰能巧妙不露痕迹地请他喝过一杯，告诫他："不能忽视时间与时间之间的缝隙，一不小心，人会莫名其妙陷进去。"

当然，正如施丰能事先预料到的，那人没听懂。

"在你上次入职和本次再次入职之间相隔了五年。"他对那年轻人指出。

"嗯哪。"那人点头。

"你需要做的是什么也不做，就是好好地看，看明白现在是怎么回事。"

"是啊，是啊。"那人诚恳地点头。

施丰能当即明白自己的金玉良言被当成了耳边风。

如今，施丰能想告诫自己吸取那人的教训。

人世间的事是这样的：哪怕你天天劝诫别人，搞得像个牧师，你劝诫别人的事往往却容易发生在自己身上，叫你不但叫屈，且羞愧得无地自容。

你和邓小桔已经是典型的陌生人了，就算她认出你，又如何?

你和她之间隔开了四十年，这简直就是隔开了茫茫人世，就算碰到，理应擦肩而过。

不过，你们竟约好了下班见面？等于约了吃晚饭嘛。这是个风险事件，别忘了时间的陷阱！她不是那个她，你也不是那个你!

施丰能回复了妻子的一些提问，没和她通话，通过微信留了话，也给儿子的微信留了几句。然后，他告诉妻子今天晚上有应酬，大概十点左右才会到家。

他总是按部就班处理事务，有条不紊地。中午吃什么呢？他本想去江边德国餐厅吃烤猪膝，却改成到正大广场吃石锅饭套餐，省下时间到负一层家居超市挑一样礼物送邓小桔。空手去见邓小桔不得体，当然对礼物本身要善加考虑，保持好分寸。

事实上，他在家居超市逛了一小时，买下一套千元价格的日本烧制欧式骨瓷茶具。

邓小桔可怜兮兮地只在姆妈脚边睡了一小时。她感到自己热度被压下去了，人说不上舒服，至少难受退减了些。她服侍姆妈吃过午餐，姆妈想睡午觉。邓小桔说："那我回家喘口气，明天一早再来？"

她出医院，打的直接回九号线地铁站，搭上驶来的那班车。下午这时候，车厢里全是空位。她闭目养神，想让自己彻底退烧。她觉得自己嘴里有股味道，身上也有了难闻的气味。她想到家就洗澡，弄干净再去楼下美发厅洗发；时间够的话，就把头发做一做，换身出客衣裳。

这样子会不会让已是大叔的施丰能有想法呢？自己是不是有点失态呢？邓小桔在地铁上一摇头，清醒过来。

不过也不能一副腌臜模样出去同人怀旧吧？施丰能毕竟是……是所谓发小嘛！多年未见，肯定是上帝安排着又见到的，至少要把自己弄得干干净净、山青水绿。

她打定了主意。

施丰能大约下午四点打来电话，她正洗头，手机特意放手边，终究还是擦脸抹发，有点手忙脚乱。

"咱们就在你家附近见好了，哪里我都可以打的去的。"施丰能体贴说，"本来觉得你身体不好，改天见也好。既然上午说了，就还是打电话给你。你行吗？"

"我没事。"邓小桔对着话筒笑一声，"就九号线附近找个地方吧。"

他们约了在日月光吃西餐。

放下话筒，施丰能开始整理桌面。他是个极有条理和尊崇纪律的人，不把自己办公桌文档什物收拾归类到井井有条就不会离开。此外，带着疑惑去办下一件事是不道德的，这是他对自己定下的一条规则。

因此，他紧接着干了一件秘事，他对自己说：“还是搞清楚为好。”

他缓缓打开办公室门，眼前出现归他领导的那七个雇员。他特意安排他们坐在自己视野里办公。

他装作漫不经心，却心怀鬼胎地打量侧对着他坐的设计助理玛丽覃。

玛丽覃是个二十七八岁的未婚女人，身材高挑，曲线分明，一头黑发大波浪，发色鲜润。施丰能瞄了一眼她的大腿和臀部，觉得心里一阵麻痒，后颈部泛起热火。他从没和玛丽覃说过超越分寸的话，也绝不同她单独相处：玛丽覃对他而言是有毒的。他一看到玛丽覃就明白自己还没老，只是某种麻木挺有来头地笼罩住了自己。

看过玛丽覃，他关上门，闭眼想了想早晨遇见的那眉眼漂亮的女子。他想起童年时的邓小桔，一朵茉莉花。他又想想现在的邓小桔，不，并非茉莉花干，还很好，但不拥有玛丽覃对他具有的那种天然力量。他自言自语：“这是很好的事情啊，像有机会伏下身子，仔细看看从前原初的自己嘛。”

走出办公室，他行路不紧不慢。经过大堂咖啡厅，要了杯意大利浓缩咖啡，仰头喝下去。

他眼前飞舞起一张糖果纸头，那纸头也许是邓小桔从前送给他的吧？记不真了。但他能细细回忆起蜡质小纸片上紫色的繁复花纹，那一片夜的紫色中有一轮弯月，柠檬黄。

昔日，宁静地蜷伏在遗忘之尘下。他现在兴冲冲去和一位分享过往昔的人一起拨开灰土，有幸探视对大多数人已不可得的过去。

邓小桔是唯一能和他分享童年的人。如果没邓小桔，那一段岁月只能继续沉睡并最终石化。现在，他俩可以合作把童年复活，如同从土窖起出几十年前的茅台，一起喝。

出门时邓小桔遇到意外之事。前夫刘粤迎面走来，对她招招手："你在家？"

邓小桔微微吃一惊，她以为离婚之后很难再见到刘粤了。他这是来干啥呢？

刘粤若有所思上下打量她一番，脸上露出她很熟悉的那种腻笑："打扮成清秀女学生，这是去见谁呀？"

酸酸口气登时叫邓小桔心火升起，那眼光看她也和其他人不同，仿佛看到她衣裳里头去的，一点没敬重。邓小桔声音不高，冷冰冰："全世界的人都可以问我这问题，独独你，没问的资格！"

刘粤唰地收起笑容，瘦脸黑了一黑，他在外企当高管，平时没人敢顶撞他嘲讽他。他沉沉脸，端正自己："听说你妈病了？我来看看，需要我帮忙吗？"

"不需要。"邓小桔回答。停了停，又说："跟你没关系了，不是你妈。"

"何必这样呢？"刘粤一本正经看着前妻，"离婚是你开口的，不要对我怀着敌意。我过来，是好意。你，你自己身体也不好。"

"好不好，跟你都没关系了。并不是谁提出离婚，离婚就是谁的选择。"她伶牙俐齿，"愿意赖着不动，成天吃腐食的人，绝不是好人。"

刘粤往后跳开一步，摆摆手："随你，随你说。我不是来斗嘴的，我带了些钱来，你给妈妈……"他从口袋里掏出两沓钱，应该是两万元。

邓小桔扭头看了看，周围没人。她回头对刘粤说："你回去吧，我不缺钱。这些事，如今同你真没关系了！”

刘粤僵持了一分钟，点点头，收起钱：“跟我没关系了呀。你提醒得好，邓小桔。但和谁有关系了呢？跟你现在出去见的人吗？嘿嘿。你办事挺麻利的呀！”

“不关你的事！”邓小桔蹬了一脚，地上扬起灰，脏了她鞋子。她转身回家换鞋，把刘粤晾在公寓门口。

五

施丰能早到，站在西餐社门外抽褐色卷烟，眯缝着眼睛打量红男绿女。

抽着西班牙带回来的这种卷烟，施丰能意识到自己最近一两年算松懈下来，刚有一点怡然心态。本来他像轧棍卷在机器履带上，愿意不愿意都随着喀喇喇转，消耗得很。有一阵子几乎撑不下去，到医院治发烧，青霉素皮试一针下去，立时间听到叮叮咚咚，人软下去瘫在地上，额上淌豆大汗滴……

不经意间，海运生意全球复苏，很多人欣赏他设计的新式油轮。他为枯燥无味的油轮设计了一个现代化奢享区域，船员可以焗桑拿，也可以烧烤，还可以飙歌……万里航行，必须可以享受，他是为养老院里患老年痴呆的阿爸设想而做的这些设计，欧洲上司觉得船员会喜欢，船东们和董事会也许更喜欢。当然，他的设计还不至于让油轮成为邮轮。

银行账户春江水暖，小溪汇流大河。他恍然大悟婚姻的瓶颈可以被陡然增加的财富疏浚。已经习惯抱怨和责备的女人忽然看见宽松的前景：自己有能力请长假（脱离公务）带着儿子离开老公（及繁重的家务）出国度过一段自己能做主的时光。幸福不多来，来了要抓住。本来儿子就是老公之后的永久情人，虽然这情人已在跃跃欲试，但毕竟暂时还无力脱离她的怀抱（老公也未脱离，似乎昏死在这怀里了）。

施丰能虽觉得“有钱能使鬼推磨”这话带恶俗动机，但确实感谢钱币帮他从一片黏稠的生活浆液里探出头，透过气来，休养生息了。

好比从前不知不觉投资在一只波澜不兴的油轮设计业股票上，快亏死时，股票陡然拉出漂亮长红，让他作为一个专业人士实现了“咸鱼翻身”。施丰能想，自己就是走了这狗屎运，现在翻过来了。

邓小桔迟到了。她没打来电话解释，已经比约定时间晚了二十分钟。

施丰能从不喜欢客户迟到，但邓小桔不是客户。

他怜恤地记住邓小桔今天早上还一脸病态，他反而想自己是否叫她为难了。如果邓小桔迟迟不到，他可以打电话问候她，取消这顿饭，也许这么做更合适。他知道自己不是怜香惜玉，这是上帝给他的一次机会：十来岁时他做得不像好人，现在他也许可以弥补。

邓小桔迟到了整整四十分钟，并非故意搭架子，是因为碰到了刘粤嘛！施丰能一下子没认出她，她往门前一站，露出明媚的笑，他才回过神来，分辨了一下，大声说：“哦！看我这眼神，我大概看花眼了。”

他看上去一点没着急，也没生气，这让邓小桔放下了心，忽有些隐隐得意。她闻到他身上一股柑橘香水的气味，这是早上肯定没有的。

面对面坐下，施丰能看清了邓小桔。眼前这女人和早上地铁里的女子应该不是同一个人！难道换了人？施丰能瞬间紧张起来。怎么一回事？

他本来真的不想多往邓小桔脸上看，现在不得不偷偷看了好几回。她没化浓妆，几乎都没怎么化妆，只是她气色看上去十分滋润了，皮肤吹弹可破，比早晨遇到的邓小桔年轻了很多，绝不像年过半百的样子。

“你没生病吧？”他切近地问，“上午你看上去很憔悴的。”

邓小桔轻快地翻开餐牌，她感到施丰能偷偷打量她好多次，这令她更神清气爽，不得不快活。

一切顺利，真正的老同学重逢。

不计算人的过错，把久远年代任何不愉快撇到一边；让我们荡起双桨，划进旧日金色池塘。

“还记得你家住海员公寓几零几吗？”她顽皮地笑问，“我前些日子走过那儿，海员公寓还在，外墙重新贴过砖。不过，我阿姨生产组那栋楼没了，现在是个停车场。”

“应该是这样的，时间的魔术是这样的。”施丰能本想说“油轮每次驶过同一个经纬度，船长都认为不是同一个太平洋”，不过他觉得这样人家听不懂，“时间的魔术会把东西位移。”

他接过送上来的开胃酒，放一杯在邓小桔面前：“我按照门牌号回去找海员公寓，那个门牌号你猜现在是什么地方？一个彩票站！”

两个人对视着笑起来，乐不可支，想想也是，彩票站？别逗了！那可是真的！

一瞬间，施丰能看见了时间迷雾里真真的邓小桔；邓小桔看见了傻乎乎的施家儿子。时光轮盘哧啦一声给他们变了一个魔术。

“然后，我一个楼房一个楼房看过去，明明这个是海员公寓嘛，名字不叫海员公寓了。叫啥不重要，怎么大门没了？真是别扭，本来朝着马路开的大门消失得无影无踪，现在人都从朝苏州河堤的门厅进出。那地方本来没门呀，本来啥也没有，是道墙壁吧？就像什么人伸手进我脑袋偷偷把记忆拎出来动过手术。你明白吗？”他说，表情生动。

邓小桔几次三番随着他的倾诉点头微笑，她觉得自己是唯一能证明施丰能这些回忆的人。

“记得那个有钥匙上生产组大楼屋顶的老头吗？”她歪过头问他。

“瘦瘦的，留着斯大林式胡子的那老家伙？”他马上记起来，“他跟我说他年轻时在东北服役，见过苏联大兵，还吃过老虎肉。”

“那可能是真的。”她点点头，“后来，你大概不知道，他爬上海员公寓顶楼，从楼顶上往苏州河里跳。”

“啊？”他瞪大眼睛，“那怎么可能？隔着河堤呢！”

“是啊，死在河堤上了。胡髭浸在血水里，像一把红色的刷子。”她皱眉，“这人为什么自杀？据说炸生产组的楼没事先公告，他不知道。他把所有养老钱都藏在楼里什么墙缝里，全炸没了！”

他想起老头站在生产组楼顶看他家阳台，她和他就在阳台上，老头龇开干裂嘴唇笑：“这不是小黄带来的闺女吗？怎么上到阳台上了？嫁过去的？”

他和她一起绷着脸，拿吃剩下的苹果核丢那老头。她紧紧闭着嘴，薄薄嘴唇发白。

此刻，他看了半老徐娘的她一眼，她也沉浸在回忆里吧？她笑嘻嘻咬着下嘴唇，看着送上来的头道醋渍小鱼。

“呃，你妈妈怎么样？还好？”施丰能觉得不能不触碰一下人道主义主题，这也是应该尽到的礼数。

笑容像被夏日阳光照到的水渍，倏然干枯。邓小桔好比被他扯了一把，一甩头，烦恼地抬起脸。他后悔自己过于急促地换到这话题上。

“姆妈？”邓小桔迷茫地摇头，“她躺在医院里，我把她交给了护工。”

除非男方有很霸道的目的导向，或处在明显主宰地位，在和女人的舞局里，他很容易放弃方向选择，被舞伴导引到事先没预测到的位置去。

施丰能一开始谈起邓小桔的姆妈，一个可怜的晚期癌症患者，西餐社里属于他俩的画风就全变了。就像你对着窗口不断抛出氢气球，不断抓住气球的绳子拉它回来，意外地没拉住绳子那次，氢气球就飘出窗口，脱离了你的控制。无论它在你视线之内流连多久，它已不属于你，慢慢飞到你难以企及的范围去了。

邓小桔刚才已喝了些他推荐的法国红酒，谈起可怜老娘，忍不住又喝了更多。和所有正常人那样，施丰能同她一起复盘了那个癌症案例，像讨论一艘油轮的内部结构般细细论证了所有可能性，然后两位老同学食不知味地推开盘子。

他对她说：“躲不开的事呀。人人都要面对的。你自己要保重。”

邓小桔并非故意，她只是一时间愁上心头，放下杯子，眼眶红了。

“怎么了？”他不由得拍拍她手背。

“没事。就是觉得吃不消了，挡不住了，应付不下去了！”她摇摇头，看看东边，又看看西边，最后看着自己的盘子。

这种无助施丰能感同身受，一个女子，柔弱，坐在你面前。从前，你们是很好的朋友，两小无猜。

施丰能谨慎说：“家里人要互相分担一下呢，不能一个人挑。”

邓小桔眼里闪过一丝泪光，西餐社做背景音乐的爵士舞曲正叫人心悠起。

“只有你一个人管老娘吗？”

于是，他得知了老同学的境况。

他心里一凉，立马觉得自己一脚踩在坑里。

他忍不住先嘲笑自己：太可笑了，老婆刚离开一两天，就碰到了青梅竹马，就一起吃晚餐，然而人家正落难！而且，不是邓小桔主动来招惹他的，一切全是天意。他一个脚印一个脚印踏踏实实踩了一整天，踩到这个坑里了。

难道施大设计师这么一个体面人，到了现在这时候，能够站起来随便吹个口哨，然后谢谢这女人，说声再见，消失在他自己的夜幕中？

一阵隐藏住的羞耻，又一阵义心侠胆，接着是跳跳跃跃的自我设想。施丰能心里这些激动，邓小桔都没感受到。

邓小桔现在的心思全跑到松江住院病房去，老娘没多少日子了。

夜晚往松江方向的九号线地铁能找到空座。施丰能刚才在西餐社已把礼物送给了邓小桔，现在又替她提着这套有点分量的瓷器。邓小桔放心不下姆妈，还是想去松江医院看一看，毕竟头一天用护工，她不能够放心。

“今天本来很糟糕，可碰到了你，我过得很开心。”邓小桔侧身看着施丰能的眼睛说。

她扯扯自己的衣裳，现在要完成的就是得体地同他道别。

仿佛一个头冲下的跳水，刺入年轮的池塘深处，欢笑过了，感慨过了，怀旧结束了。

前面是自己避无可避的坎，要自己咬牙去挨，去熬，去拼。

施丰能虽还坐在身边，同一列地铁却送他去不同方向。

她需要拿出最明媚的笑容，送给满有温情的、忽略了裂缝、接续了友谊的这位中年船舶设计师先生，让他带着愉快回他的家。

施丰能突然不合时宜地开玩笑说：“我说，小桔，看来你没变成什么女毛人嘛！”

六

触碰这个敏感点是为什么呢？邓小桔的微笑僵死在脸颊上。今天她回避了一天，即便姆妈一指头触上来，她也勉力装成听不懂。她这样辛苦地回避，是为什么呢？

那时候，她毕竟只有八九岁，如果是十八岁，那也不用想了。十八岁的男生和女生间发生那样一件事，没什么神秘。

本来她已吞下了自己酿的苦酒。是她自己十三点呀，好端端同待她蛮不错的施丰能编什么故事呢？什么故事不好编，要作践自己和自己家女人，说全家女人将来会变毛人！

当然，起因是当年报纸上到处报道的那个毛孩，太吓人，看过就不会忘。遗传的，自己完全不能选择，做好事吃素也逃不掉。成了毛孩还有啥救？一辈子被人看成猩猩咯。她为那毛孩感到痛苦，梦见自己雪白手臂上也长棕红色长毛，吓醒了就心不定了。

她问过阿爸自己要成了毛孩怎么办。阿爸抿着老酒哈哈大笑，发烫的手心摸她头发：“毛孩？你要是毛孩，阿爸送侬到西郊公园猩猩馆去。来看你的人都要买票，阿爸好买老酒吃！”她哼了一声，又去问姆妈，姆妈瞪大眼睛，也笑了：“脑子天天想啥怪事？侬要是毛孩，国家来抱得去，发给姆妈一大笔钞票！”

现在自然晓得阿爸姆妈听见小孩稀奇话忍不住好笑，同她讲戏话，那时却不懂，心里冰天雪地。之所以后来和刘粤一起不想要孩子，除其他原因，怕养不好孩子、懂不了孩子也是个起了作用的心病。那时候，她多想听人对她讲："侬是毛孩有啥要紧？欢喜侬的人照样欢喜侬呀！"

记得自己对施家儿子编了这一套，那白生生的家伙当场伸出舌头缩不回去。他倒是相信了，看他说什么？没想到他什么也没说，看上去第二天就把这事忘了。

不过，小姑娘的心是天下最多愁善感的，他照样笑，照样调皮，不过她敏感地觉察到他瞳孔深处干枯了，本来星星点点的晶莹像结了冰，毛茸茸的，没灵气，像不能碰，碰了会落下去，露出细密孔洞。

结局是一场电影，学校组织整个年级去平安电影院看《五朵金花》。邓小桔带着一个小包，包里有一包拷扁橄榄，有五颗亲戚送的日本巧克力。她想借着黑暗凑到施丰能耳边，告诉他那个可怕的故事是瞎编的，然后，然后塞一颗橄榄到他嘴里，不让他发出感慨叫自己难堪……那样，那样不就圆满解决了？

她落座时自然而然伸手占住了身边空位，同学们都习惯了，那是施丰能的位子。他们两个，要好着呢！

可是，简直让她有生以来第一次尴尬到哭：施丰能穿一件咖啡色灯芯绒上衣，一条黑白格子长裤，从电影院梯级下面往上走来。他的眼睛没寻找她，他一张脸没啥表情，像被人修理过似的。他走上来，离邓小桔还剩两排，邓小桔几乎就要招呼他了。不过，那天她怎么也发不出声音，喉咙像麻掉了，她眼睁睁看着他左手一转弯，坐到男生堆里去了。

有个男生还推了他一把："怎么了？你不是爱和女生坐一起吗？"

施丰能恐怖地沉默着，没发出声音。

后来的情节没刻录在记忆里，她只记得这让人悲凉的友谊的终结点。他俩后来还谈过什么没有？他俩还是同桌，难道后来不说话了？

不知道，忘了，一切后来都不在记忆里了。像一刀下去，断裂才是主宰一切的大痕迹。其他没必要记得。

这是邓小桔最最原初的一道伤痕。在这之前，生命光滑柔嫩，没有疤痕。

邓小桔后来上高中读到诗句“最是那一低头的温柔”，猛然从鼻腔深处发出一声极粗鲁的“哼”，吓了周围人一跳。她心里想：去他妈的什么一低头的温柔，一低头嘛，是为了回避，彼此不要眼睛看眼睛，眼睛是杀人的扳机。

她忘记了其他，记住了自己如何低下漂亮而温柔的眼睛，不去看走近来的施丰能。一直到他小学转学，俩人各奔东西。

难道，今天，四十多年过去后，这也可以被原谅？

多么轻薄呀，多么不成一回事呀，就在九号线地铁车厢里，他怎么能若无其事地调笑这道伤疤？你听，你听：“看来你没变成什么女毛人嘛！”

邓小桔愤愤地想：“来了！晓得人都是卑贱的。他想一句话摆平记忆。”

施丰能说过这一句，见邓小桔仿佛正想心事，没听见。他等待了微妙的一瞬间，就放弃了这话题。

车过七宝站，他们开始谈论一个安全话题：护工。施丰能母亲已经过世，当过远洋船长的父亲现在住在杭州的养老院里，他的日常全部由护工照顾。

地铁终于抵达了松江新城站。他俩并肩走出车站，夜里等客的出租车排成一条明亮的长龙。轻风拂面，空气叫人精神一振。

道别时刻到了，漫长岁月里，他们在同一个城市却从不相遇。今天是多么特别的一天，缘分，盘底已久，猛然迸发，金风玉露一相逢。

邓小桔优雅地抚了抚长发，对看着她不言语的施丰能说："谢谢你的礼物，谢谢你请我吃晚饭。好了，你该回家了。多多保重！"

她看见这男人眼眶里掉出一滴浑浊的泪水，顺着脸颊急急淌下，路灯照亮了泪珠的轨迹。

她的心弹跳了一下，难言的苦楚如天边乌云般膨胀，她感到自己有犯晕的可能，急忙想稳住自己。她伸手平衡身体，一只手伸过来，握住了她。

施丰能说："你身体不好，这样拼不行的。喏，不要说了，我陪你去第一人民医院。我还有朋友在医院里当医生，我可以帮你做一点事。"

"不！"她响亮地喊了一声。她立刻发觉自己声音过于响亮，像显露了对他的负面情感。

"不能给你添麻烦的。"她赶紧解释，"你有你的家，你有你自己的事。我们只是老同学，这样麻烦你是不合适的。"

她挥挥手，走开几步："施丰能，就这样了，你快回家！我们以后联系，等我忙完我这一段！"她朝头一辆出租车走去，拉开车门："师傅，第一人民医院住院部。"

司机翻下计价器，前门打开了。施丰能乐呵呵坐下，对司机说："走吧，走吧，去医院。"

他回过头，在黑暗的车厢里，看见了邓小桔凝视他的眸子。他咧嘴一笑："最近我特别有空。你别不好意思。我想过了，你这样真的撑不住的。给我一个机会，让我做点事！"

邓小桔没回答，出租车在新城的欧式建筑间穿行，让人以为到了外国。

站在住院部大堂，施丰能气定神闲，顺手又接过了他送给她的瓷器："我再解释一下，你不要误会。是这样的，正巧我太太带着孩子去欧洲，这些日子我都没家务。哈哈，上海男人，没有家务，你懂的。既然如此，我不帮你一把都不像样了，是吧？"

邓小桔看着这男人，他变得和白天的施丰能不太一样。她点点头，迈开腿，带他往姆妈病房去。

"哎，你妈不认识我吧？不用介绍了。"施丰能说，揌了电梯楼层。

他发现邓小桔冷冷看着他，只听邓小桔说："晚了。我妈早就知道你施丰能了。今天上午她还记得你，说'不就是那个听说你长大会变丑就逃之夭夭的人嘛'！"

"喔哟！"施丰能在没旁人的电梯里摆出一张尴尬脸，捂住了额头。

夜里病房静悄悄的，病人都缩在房里，不到走廊上来，家属也习惯陪在床边；走廊里走动的多数是护工，偶尔护士进病房看视病人。

邓小桔请的那个"一看二"的女护工先看见邓小桔，她跑上来压低声音打招呼："怎么来了？我以为你今天不会来了。老太太有点不舒服，我请护士给她打了止痛针，现在睡过去了。"

施丰能跟着邓小桔走进病室。病室里横放三张床，窗户很大，是南墙的一半。三个同患绝症的老太太都已躺下。邓小桔端详她姆妈，施丰能站在床脚也看了看：老太太已隐隐有骷髅相，嘴巴虚无地张开，好不容易刚睡着。

退出病房，施丰能打听他认识的医生，要了那医生的门诊时间预约表。

他俩在走道正中家属休息厅找座位坐下，窗户外的新城有明晃晃的灯火，也有可观的黑黢黢的树林。风从窗户吹进来，秋凉叫邓小桔打了个哆嗦。施丰能开始问邓小桔姆妈的病历，问着问着，设计师的细密性格呈现出来。

邓小桔微笑说：“你这么研究病人？我妈又不是一条船，不用一个个船舱检查的了，她生了癌，是绝症。”

“不，”施丰能说，“这方面你听听我的意见。国内医院总按泛例经验判断个体病情，如果想最好地诊治你妈，我们还得把她当完全的个案。也就是说，先别听任专家医生下判断，要把你妈目前的整个身体状况搞清楚。癌，一样都是癌，但按个人情况治疗会不一样的。”

邓小桔点点头，手指抚摩前额：“说得对。但我不懂医学，医生呢，又不会听我的。”

“我明天一早就找熟人，我跟他建议，请他帮你落实。”施丰能说。

看看腕表，邓小桔站起身：“我要赶地铁回去呢，明天一大早还要过来。”

他们相跟着下楼，走到住院部前面的小草坪上。秋虫还在唧唧，夜确实凉下来了。施丰能耸耸肩：“别怨我多管闲事，你上午还在生病，这样搭着九号线赶来赶去，会出问题的。这样，你别客气，我替你在前头五百米的开元大酒店订个房，你今晚就住下。明天一早我来找你，带你见医院的熟人。”

邓小桔没回答，她想赶九号线，但来来回回确实令人生畏。就算如此，住大酒店还是奢侈，更不适合任由施丰能埋单。

她说：“那好吧，今晚特殊，下不为例。不过，我自己付账。”

“我同你说了别客气。”施丰能摆摆手，“我公司和这家酒店有协议价，你拿不到。何必多花那冤枉钱？何况，松江是我地界，算我偶尔招待你一回。这是小事。”

两个人就沿着新松江路往大酒店走去，很像一对在九号线车站搭识当晚就去开房的男女。

施丰能拿着邓小桔的身份证到前台办登记，她坐在大堂咖啡厅，施丰能已随手叫了咖啡。

她啜着热腾腾的咖啡，眼前是准五星级大酒店的安适空间，到处装潢得美轮美奂。有个不知从什么地方冒出来的男人在替她办事，出钱招待她，安排她度过一个孤独但舒适的夜晚。

“他会不会找借口进我房间呢？”她不由得琢磨起这种可能性。她不知道是咖啡还是这种可能性让她觉得身体发热。

施丰能潇洒走回来，把房卡放在她咖啡杯边上，端起自己那份咖啡：“房间带两份早餐，我明天就不在家做早饭了，过来蹭一顿。”

他大方自然地笑笑，舒展身体，伸半个懒腰，看看自己的公文包，又看看他送给她的礼物。

邓小桔顺着他眼光看见脚边那沉甸甸的一套瓷器，她心里叹息一声。是了，也许就因着这瓷器了，他会很自然帮她提上去，提到她门口，然后……

门自然会打开，礼物自然要放进房间，一个中年男子富有经验、百般温存，一个离婚女人承蒙他照顾，又同他是从小有瓜葛的，蓦然重逢，难道板起脸，把人家推出去？

邓小桔觉得自己这年龄这情形，找一个世故的婆娘来旁观评点，可能要说她今晚走运了呢。

邓小桔忽然感到了暗中升腾的浪漫气氛。她板起脸，隐藏心绪。

施丰能一口一口喝完咖啡，他咂巴一下嘴，抬眼看看邓小桔："你今天累了，早点休息，明天我们再讨论其他。"他站起来，拎着自己的公文包。

邓小桔茫然站立起来，礼物还搁在地毯上。

"我就不送你上去了。"施丰能点头说，"这东西有点重，我买的时候考虑不周，要不我先拿回家，明后天带到市区去？"

"不不，不。"邓小桔绽开笑容，"我能拿，说不定今晚还有时间打开欣赏欣赏。"

"没到艺术品的程度。"施丰能并肩和邓小桔走出咖啡厅，"我看见这些瓷器，想起你小时候送给我的万花筒，那些花样，你记得？所以就非买不可了。"

"谢谢你。"邓小桔看着他眼睛道了谢，转身走进电梯，又一笑，按了楼层。

施丰能风度翩翩缓缓转身，嘴角漾起笑纹。他走到前台，再次重复他的叮嘱："我客人所有的消费都由我支付，请你记清楚，不能收她一分钱！"

前台女生答应着，心里揣摩这一男一女的奇怪关系。她本以为男人会一起上去，半夜出来，或者不出来。可他竟然走了？可惜了，这么贵的房费！

前台女生目送施丰能走出玻璃转门，看他往南边走。

路灯下，秋风吹动他西服的下摆，那有点驼的高大背影，好不落寞惆怅。

七

邓小桔推开客房门，没捂嘴就哇了一声："好漂亮！"

她放下东西，跑出房间，特意绕回电梯口，留神看，果真，是酒店的商务楼层，难怪刚才房卡上瞥见早餐有两个地点可选。

他这么有心!

邓小桔瞬间放下了在医院里挨着最后日子的姆妈，她心里暖洋洋的，还喜洋洋的。透过房间落地窗，她眺望松江新城的商业中心：那里，夜生活正活泼泼开展，红男绿女在霓虹灯影里漫步，人工小湖映射波光，小孩子骑着电马打转，有些在软垫上弹跳……人们正在活，死亡离姆妈虽近，离大群的居民们还远。日子普普通通，但普普通通的日子里，人们像知了吮吸树液般从时间里索取快乐……

邓小桔换上浴衣，从小冰箱取出瓶橙汁，喝了几口。发烧的感觉渐渐消失，她舒坦多了，力气慢慢回转身上。

她垂下眼帘看着这奇怪的一天中得到的礼物，想把它打开。

这礼物是不是来自四十年之前？一道道年轮竟没绕死她最初的情愫。

这是上帝的礼物吗？她喜悦地觉着是，却又惊惶，浑身不得劲，好比鱼儿看着水中扭动的肥虫，怕虫里藏着利钩。

想那么复杂干吗？打开看看好了。

她打开了礼物，里面是整整齐齐一套描花骨瓷茶具。杯盘碟盖，蓝花镶紫瓣，纤细的黄色花蕊，欧式画派，是虞美人还是幽谷百合？

她把茶具配成套，放在茶几上，托腮细细看。她看见自己和施家这个白生生的儿子站在阳台上，轮流把万花筒放一只眼前，闭起另一只；转动纸筒，叹息颜色万千变幻……她记起了天边晚云，如茶具上的花朵镶着亮色的边……那时辰，那种风光，那两小无猜，早过去了，只在记忆的深井里留个波影，无从打捞。

不，记忆是可以打捞的！譬如，她和施丰能一起，彼此合作，彼此珍惜，就打捞得起来，且宛如昨日。

施丰能可不像邓小桔想那么多那么细，他一路快走，在秋风里走得汗水直流，回到了自己的复式公寓。他楼上楼下走，翻找一些医学资料，洗澡，自己做咖啡，坐下打开电视看新闻，扭开台灯和太太在微信里聊必须处理的事，又看医学资料，上网查证，记录网上的病友经验，查看公司邮件，回复，吩咐下属，请第二天上午事假，最后看了看儿子学校的一份账单……

他躺在床上，秋夜有月色，月光透过窗帘落在床前。

往昔是一种什么物质？为什么早已过去的东西能触动人的柔肠？

他回想今天看见的中年妇女邓小桔，她和记忆中的小女孩邓小桔难道真是同一个人吗？

“你想，”他对自己说，“就好比股市行情，你判断得清清楚楚：上升有量，下跌无量，健康走势，不急着兑现离场，后头还会有新高。第二天上升下跌都没量。第三天下跌了，量更小。你会很放心呀，机会都是等来的，看谁笑在最后。第四天这股票放量下跌，原来的浮赢擦光，还套住了。经过慎重考虑，股票质地是好的，是绩优股，你决定熬一阵，风雨之后见彩虹。你熬了很久，股票年报出乎意料地亏损，有种种客观原因。你已损失了很多，难以断臂了结，决定相信未来。然后，两三年后，这股票市价竟连续低于面值，被退市了。你的投资蒸发殆尽……”

“一个聪明人，能相信自己的判断吗？”施丰能在黑夜中摇头，“跟着感觉走，掉在坑里头，跟着理智走，理智无厘头。人，其实什么也不能信。”

他自言自语：“尽我力帮她吧，也尽力保持距离。再一次重申，我只想远程治疗四十年前的那个伤口。”

四十年前的伤口属于她，也同样属于他。他睡着了，发出均匀和安心的鼾声。

早上七点半，施丰能赶到了大酒店，他打通邓小桔的电话，她精神抖擞地说马上下来。

他俩今天都很中看，男的气定神闲，风度翩翩，女的气色转佳，精心修饰。他换了体面的外套，皮鞋擦得锃亮。

秋色颇好，人仿佛沾到桂花的冷香。

一起吃早餐，邓小桔喝着红茶，忽然笑：“你们公司和这宾馆有协议价，那你的同事有时会住这大酒店吧？如果这会儿看见我俩，他们要误会了。”

施丰能说：“是呀，这个时代是图像时代，拍个照，人人看得出特别的意思，还满世界传来传去。”

他俩相视而笑，互相没看出什么忌讳焦虑。

邓小桔说：“我无所谓，只怕给你添麻烦。”

“让上帝决定吧，很多事，人自身没必要担忧，担忧也解决不好。”施丰能回答。

邓小桔点头，脉脉看他一眼：“你这话说得！好成熟！”

专家门诊这时候人挤人，施丰能决定晚点去打扰熟人。他俩先到了邓小桔姆妈的楼层。邓小桔姆妈已会过了查房医生，护工帮衬着吃过了早饭，姆妈正恹恹地倚在摇高的床背上。

施丰能寒暄叫了声“伯母”，邓小桔看见姆妈盯着施丰能看了几秒钟，把目光转移了。

下楼时，邓小桔晚出病房一步，她告诉姆妈施丰能来帮她找医生。姆妈说：“跟人打交道，从小看到大，人有秉性的。侬不要太烦劳人家，欠人情是债，为生癌的人欠人情一点没意思。”

邓小桔听得窝火，发作不得，说：“你那几句老一套，我听得耳朵起老茧。”

她走出病室，跟在施丰能身后。从背后看，施丰能高大厚实稳重，给人很好印象，特别靠谱的感觉。姆妈简直太无理了，从不从女儿的角度想。她竟然至今还对前女婿那浑蛋挺欣赏呢！

医生看见施丰能，热情地站起来招呼。他看了那些病理报告，摇摇头：“好的一面也是坏的一面。依我看，会挺快的。快了，痛苦就短。”

医生介绍了一种进口药，可以显著减轻病患的痛苦，不过这药松江没有，也不能用医保支付，得去市区的医院总部自己掏钱买，价格令人咂舌。

两个老同学无心无绪，直接从医院往九号线地铁站来，今天施丰能没提公文包，只帮邓小桔提着那套骨瓷茶具。

“你得想开。”施丰能觉得邓小桔浑身抽紧了，紧得她话也说不出，“这是天意呀，没办法想的。”

“嗯，我能想通，”邓小桔长长吐出一口气，“谢谢你的医生朋友，姆妈有了这药，少受点苦，我心里也安了。”

施丰能等来九号线地铁，本想抢个座位让邓小桔坐，可惜他不是有爆发力的人，抢不过年轻人。邓小桔朝他摆摆手，施丰能低声说：“你站这一头，我站得离你稍远些。这两排，只要头尾中间有人站起来，我们就去坐下。”

两个人隔开两三米，各自靠在一根杆子上，你看我，我看你，眼角瞄着座位上有没有人站起，慢慢地，彼此都好笑起来。施丰能手里提着瓷器，也不觉得重。

他恍惚间眼神越过了邓小桔，看见自己的太太站在另一节地铁车厢里。太太无声地瞪着他看，眼睛水汪汪的。她历来是个不张扬的女人，长得不难看也不出挑，从来不和自己丈夫争短长。

施丰能想太太应该在欧洲，急切间也到不了面前。自己还没丢失什么分寸，尚无可指摘处。不过，他承认这两天的事类似艳遇，身体肯定没出轨，心应该也还好，只算有点悸动。邓小桔是上帝四十多年前埋下的一粒种子，他渐渐不晓得拿她如何是好。

停了一站，无人下车，从邓小桔身后上来一个瘦小女人，穿着不伦不类的旧腈纶运动服。邓小桔正看施丰能，施丰能忽然看见那女人四处张望，脸部肌肉斜向右边，她的细小的五官忽然间地震般乱抖，怪异得像发癫痫。

一个人的五官怎么做到同时乱抖的？施丰能好奇得很，却发现这女人已从邓小桔衣兜里轻轻掏出手机来。

像条鱼那样一溜，女小偷溜到了施丰能身边，向这一头尚未关闭的车厢门冲去……

电光石火之间，施丰能空着的手伸出去一扯，扯住了女小偷的运动服，小偷正巧卡在关闭的车门之间。女小偷奋力一挣，挣脱了施丰能，往外一蹿，车门反弹打开，施丰能跟着冲了出去。

邓小桔不晓得发生了什么事，车门关上，地铁驶出了车站。她摸手机想打电话，手机没了，恍然大悟。

女小偷身手像泥鳅般活络，眼看要溜走。施丰能想这手机不能丢，邓小桔正在落难，丢了手机岂不是雪上加霜？他大喝一声“抓小偷啊”，一纵身扑过去，他身材高大，又不好意思压到女小偷身上，伸出长臂猛一推，女小偷一个狗啃屎，翻倒在地。

众人惊呼，施丰能不管不顾，先把地上邓小桔的手机抓到手里。女小偷一个鲤鱼打挺，头冲到施丰能胸口：“手机是你的吗？是你的吗？”

“手机是你偷一个女乘客的。”施丰能压抑自己的恶心，冷冷地说。

一个头发乱糟糟的大汉冲过来一把抱住施丰能，女小偷抓住施丰能的手，用力抢那手机，在他手背上狠狠咬了一口。施丰能坚持着不肯放弃，大汉卡他脖子越来越重。

正扭成一团，对面来车跳下邓小桔。邓小桔二话不说，冲上去揪住女小偷就是两个耳光。施丰能对围观人群喊道：“受害人来了！手机就是她的。”

男女小偷分头奔逃，像鸟兽散，瞬间没了踪影。

邓小桔接过自己手机，拉着施丰能紧张兮兮：“你受伤了！”

他手背上一排细密牙印，血淌了下来。

邓小桔拉着施丰能从九号线马当路站出来：“我家就在前头，上去处理一下伤口。”

她家在一栋很现代的高级公寓里，六楼。

踏进门，施丰能放下瓷器，看见很明朗的客厅。客厅靠窗的部分隔开成画室，有画到一半的国画，在画架上。

邓小桔拿出医药箱，纯水机放水，冲洗他的伤手，涂上碘酒，包了纱布。

施丰能踱到窗前看那国画，画的是鳞次栉比的江南楼舍，烟雨蒙蒙，石子路上有穿着旗袍的女人打油布伞走路。远处自然有汩汩小河。

“你画的？专业水准哦。”施丰能说。

“吃这碗饭嘛。”邓小桔说，“我在画院工作。”

女画家的房间显出精心维护的洁净和某种与落寞接近的品味，墙上的画作也都是孤孤清清那番调子。施丰能抱着胳膊看画，邓小桔坐下，在茶几上泡茶。

八

邓小桔泡的大红袍很不错，两个人都又渴又不安，喝了好茶，慢慢感到舒服，一种不想动弹的安适。

四十年的时间叫她成了个挺不错的画家，他想，岁月真是从容不迫，把每个人塑造成各种早就决定好的形状，任谁也没能耐说不。

“谈谈你的四十年可不可以？”他微笑着看泡茶的她，“想必总有些奇妙的故事吧？”

“我的四十年？”邓小桔显得困惑多于感怀，“发育、读书、画画、嫁人、离婚，没孩子。就这些。”

“把我当外人了吧？”施丰能摇摇头，“四十年嘛，无从说起是真，没东西可谈，那不可能。”

他四处看看，笑道：“你家里没K歌设备。想起我的四十年，我就想拿话筒唱。好歹也过了这么久啊！”

邓小桔站起来，从书橱拿出一本极厚极厚的画册，放在他面前：“我画了四十年，你要看，都在这里头。”

施丰能事后非常后悔随意打开这本画册，他觉得自己天真了，画家的画册，好比一般人的日记，比日记更赤裸裸。你去翻开女画家的画册，后果自负。

他翻了两下就愣在那里，嘴巴惊讶地张成一个小小圆洞：这是她很久之前画的一幅油画。

画上有个旧五斗橱，五斗橱的一个抽屉拉开着，里面是海沙、船模和珊瑚块。五斗橱上，放着万花筒。小男孩扑倒在旧地板上，小女孩跪着，拿听诊器听他脖子……

后面还有她的自画像，各种表情，有几幅没穿衣服，是裸体。

他啪地合上画册，跳起身转了个圈。

“找洗手间？”她戏谑地问。

他坐下，重新打开画册，这次他发现她先后画了不少婚礼和葬礼。这些人物众多的画很有特色：每个婚礼的男女主角都不般配，不是透着滑稽就是显得伤悲；而葬礼则喜气洋洋，死人一脸快活，活人如释重负。

“你的四十年里，最让你负疚的那件事是什么？”邓小桔问。

他愣在那里。

“很私密，不能说，是吗？”她极温柔地问。

施丰能张口结舌，说：“首先我一下子想不起来。”

“然后，想起来也没法告诉你，只能说相比这件事，我对你的负疚就微不足道了。”他微微一笑，归于严肃。

“是吗？你对我也有过负疚？”她喃喃自语，拿起了小茶杯。

“那么，说点快活的事情吧！四十年里，你有过多少快乐的事？”她歪头看着他。

“快活？各种各样的快活。你要知道哪样呀？说一样变态的给你听，要不要？”施丰能跷起二郎腿，接着翻画册。

“最好，就说变态的吧。”邓小桔往后一仰，头靠在沙发上，看着他。

“别恶心哦，”施丰能说，“那时该还在学校读书吧，家里米袋子老生虫。告诉你米袋子里一般有哪些虫：首先是软体的米虫，那是小蛾子的幼虫；还有一种比芝麻粒大点的甲虫，有个长鼻子，叫米象，这个你可能见过。这些全不稀奇，我那年看见有袋米里孵出一种腿特粗的黑甲虫，米粒那般大，全身黑硬壳子，带灰条纹，像豆。我就发明了一件令我快乐的事：我先倒一杯水，把粗腿甲虫扔进去，看它会不会蛙泳。喔哟，你没看到这虫子到了水里，还挺悠然的，像现在那些贪污犯到海南岛洗海澡了……”

邓小桔托着腮，眼珠子亮晶晶地看着他，笑了。

“当然，看虫子下水只是好奇，不是快乐。我越看越气，这虫子太壮太硬，水治不了它，捞起来一松手它还跑回米里。我就想了高招，我渐渐往水杯里兑开水，等水接近八十摄氏度那是最完美的。粗腿虫子一扔下去，它壳子粗嘛，一下子感受不到全部热量，还摆着臭架子慢慢划水。猛然它就一烫，哎呀呀，烫啊烫啊，呵呵，你没福气看见它们表演武术呢，那个热闹，拳打脚踢。这虫猛，大概会在烫水里发疯一分钟才摊开脚随波逐流。所以啊，我看得喜不自胜，尤其是拿来一大碗烫水，一把扔十五六只虫子进去，喔哟，不能说，不能说，比街上大妈们跳《小苹果》还好看！”

“你真是！”邓小桔笑着摇头，“你说这种给我听，很容易。其他你就不肯坦诚了。”

“你还想知道什么呢？”施丰能问。

“你太太是什么样子？有照片吗？我很好奇能长相厮守的夫妻。”邓小桔两只手放在膝盖上，文雅地歪头问，还带着一丝笑意。

“问这干吗，我看不出有满足你好奇心的必要。”施丰能低头翻她画册。

有张画跃入他眼帘，这是仿萨尔瓦多·达利的超现实主义。画面上女子的头发根根绽开，每根头发上都有一个小男人抱着头发的曲线在努力做爱；女人穿着保守的古典中式服装，一张脸空无表情，鼻子是透明的，露出鼻孔和鼻梁的生物学结构。

他凝视着这幅画，感到有种深藏在情绪底部的大东西在浮出，就像俯瞰动物园北极熊池子，白中带黄的熊皮慢慢从浑浊池水里浮上来。

“正如你无法对我解析这幅画，你也不至于要我有能力解析自己的生活。”施丰能看着邓小桔说，“生活就是存在主义的，不是我们制造的。”

他无意中又翻到她的裸体自画像，他急忙想翻过去。

“好看吗？”邓小桔问道。

施丰能没回答，他缓缓抬起头来。

邓小桔站起来，一旋身：“我去弄点吃的，吃完了我去医院，你还要上班吧？”

“嗯。”施丰能答应着。

到了办公室无心办公，这对施丰能而言是破天荒第一次。

邓小桔为啥要问他那个问题？难道女人真是直觉的主人？

假使邓小桔不用那种洋气的腔调问他，也许他也可以同她聊聊自己局部的婚姻生活。但邓小桔明显不是问他“过得好不好”，而是好奇他“幸福不幸福”。

嘿，她有什么资格问他这些呢？

不过，这证实邓小桔童年时必定喜欢过他。

按时间的长远步骤，若没发生那愚蠢的毛孩事件，他也许会成为邓小桔的第一个男友，同她发生亲昵的行为？

说起男人和女人的亲昵，他在犹疑。大概二十年前，他还笃信爱情；这二十年来，看着年轻人，观察、了解、琢磨，他认定，他这代人界定为爱情的那番情愫已灭绝了。

新人类已完成了情感清洗，把脆弱和伤人的陈旧爱情扫荡一空。他们的爱情已成为男女无差别游戏。

玛丽覃在他视野里走来走去，今天她打扮得特别撩人，身上曲线全被服装突出到九分，还有一分在她的体态里出没。她就是个在办公室浪费色相的满分妙人。

才想了想玛丽覃这样的女孩子，太太电话就打进来，他接了。

老婆带着儿子在法兰克福附近的米尔腾伯格小镇旅游，打电话不仅是报平安，还对家里放不下心。她唠唠叨叨提了不少琐事，都要施丰能去办。平时施丰能常对这些不耐烦，今天样样答应，还认真在便签纸上做了记录。他关照太太不要舍不得花钱，偶尔出门，玩个尽兴。

挂了电话，他想起四四方方小院子里的花草几天没浇水了，家里用过的杯子碗碟也没洗过，客厅里到处摊着碟片……

家庭生活到底是怎么一回事呢？

你和一个或几个人分享了自己的隐私，分享了自己的巢穴，不再有完全自由自在的权利。别人照顾你，同时把她或他们自己毫不掩饰地袒露给你，让你很快就忘记她或者他曾魅惑你的美。你终于看清人全是肉做的，个个会流口水、淌鼻涕、飙泪、尿失禁、便秘、长痔疮，身上藏不住各种丑陋和顽劣，不久她或他也在情绪失控时恶狠狠指出你身上同样的斑点和疤痕，这些东西日复一日折磨着你的家庭成员，大家忍不住全要发疯……

现在老婆和孩子正巧远在天边，还会在外头消磨些日子，施丰能收回了自己的巢穴，像一只终于独居的水獭。他可以买回一大堆垃圾食品，直接忽略老婆天天严防死守的反式脂肪酸和果糖，也不需要计较地沟油。假设往后像老婆扬言的那样她要长期陪儿子在德国，他一个人能把日子过出滋味来？

施丰能发呆想这些，没注意有人在他办公室门口探脸。

“老板，跟你说几句话行不？”玛丽覃笑容可掬。

“进来，坐。”施丰能伸右手在脸上抹了抹，“有事？”

玛丽覃的衣服轻托起她的丰乳，拢不住她具有反重力特征的翘屁股，她身上不全是香水味，还有一种微微辛辣的女人味。她顺手拢了拢直裙，姿势有些暧昧，坐到施丰能眼前。

“老板，我有点小想法跟你汇报。你看我在公司时间也不短了，现在就面临两难。要是待下去吧，我的位置和收入比不起我那些闺密呀。你知道她们能力可不如我，只是运气好，找到高薪高职的公司。我目前特想有机会升职加薪，你看有希望吗？实在不行，我也只好到人才市场看看去呢。你知道，我是很开心跟着你设计船舶的，虽然只是当助手。”

她说完了，聪明地带着亲切笑容看施丰能。施丰能自己从没这么对上司赤裸裸地提过要求，他有点为玛丽覃感到不得体，但也有些佩服她。毕竟是两代人，年轻人越来越简明，也是好事。

玛丽覃看他犹豫，忽然若有所思慢慢绽开一个挺腻歪的笑：“老板，听说你太太和孩子出国游学了，你一个人好自由喏！真让人羡慕。要是有机会，带我这样的素人出去见见世面哦！”

施丰能心里啧啧称奇，问道：“什么是素人？”

玛丽覃捂嘴一笑，吐吐舌头：“素人嘛，就是我这样子的没见过世面的；像你太太，就是熟妇。哈哈。”

不等施丰能再说什么，玛丽覃像条小蟒蛇那样华丽地慢慢站立起来，身材真是与众不同啊，曲线优美得连女人都要受引诱。玛丽覃轻移莲步往外走，到了门口，像美国电影女主角那样，长臂搭着门框，屁股蚂蚁般翘着不动，上身慢慢转回来，露出高挺胸脯线条，对他飞了一眼，原来她还穿着红色高跟鞋哪！

施丰能认为自己不吃她那一套，但小心脏扑扑跳，血脉激荡。

现在的女孩如此直接？要是自己帮她一把，她真会爬到床上来？

有可能，施丰能意识到这是质地粗糙的真实，是当今生活的质感。你喜欢或不喜欢，你要交易或者不要。这就跟麦当劳或肯德基一般，快速、简洁、合算，两不相欠。

他忽然把邓小桔和玛丽覃对比了一下。只能这么说：邓小桔是和他同时代同款的人类。在同款人类里，邓小桔也是拔尖的，她有灵气，非等闲女人。

你看看她画的那些画！

九

邓小桔姆妈用了进口药，减轻了疼痛，暂时处于脆弱的稳定。医生赞同病人的提议，说邓小桔可以暂时调整休息几天。

邓小桔回到家，整整两天足不出户，在床上躺着蓄力。

第三天醒来，神清气爽，身体明显缓过来了。

她想起了施丰能。那天在电话联系，施丰能听说医生让她好好休息，便说："你好好歇歇，有事随时打我电话；我嘛，就不来打搅你。"

看来此人言而有信，继续表现出靠谱的品质。姆妈说，人啊从小看到老，也许说得对，记得小时候施家这小男孩做事就蛮有决断的。当然，一旦感到恐惧，他拔腿就跑，也很果断。

邓小桔这半辈子过下来，虽也同意姆妈很多老话，不过更重视自己的经验和教训。她不认为自己有资格鄙视施丰能，她那时不该去试探他的人性，谁也不该试探一个小男孩的人性。

当了画家之后，她画了很多人，她知道最成功的那些作品都画出了人心里的无奈。

人性是低劣的，只适合去原谅去怜悯，不可苛求指责。

她拿起手机，打通了施丰能的电话。施丰能正在九号线上赶往公司，听上去他乐呵呵的，心情轻松，没啥压力。

“你若有空，今天秋高气爽，我到了办公室，处理下公事也就能出来。我可以同你到处走走，大家散散心。”施丰能如此回应养足了精神的邓小桔。

“也不能走远吧？”他体贴地说，“最好就是九号线附近地方走走，有事的话，就下地铁线。”

邓小桔兴致上来：“今天工作日，想来城隍庙人少，要不我们去逛逛九曲桥和豫园？”

“哦，这个好的，”施丰能响应，“不知道有多少年没去了。记得小时候，你阿姨带你和我去过，我没记错吧？”

当年阿姨只带着这两个小孩出去玩过一回，先到城隍庙，后来一直跑到外滩。看了黄浦江之后，女孩和男孩还意犹未尽，阿姨走不动了，在九江路找面店吃了面，后来坐27路公交车回家的。

邓小桔还记得过程，只不记得在城隍庙那儿自己到底看了啥做了啥，记忆像被虫子蛀过的书签，布满空洞。阿姨不在了，现在要问，只有问问这个施丰能。

约好在地铁十号线豫园站出口等，她放下了电话。

“看，梨膏糖和五香豆！”邓小桔兴奋地喊了一声。

两个老同学走进城隍庙景区五香豆商店，找了半天，没什么五香豆卖。

“五香豆已经没人吃了！”卖货老阿姨说，“梨膏糖倒还有，就嫌太甜！”

施丰能还是要了五种经典梨膏糖，他和邓小桔满口甜腻，走在林林总总的商铺间，觉得那股糖味和记忆中的全然不同。不过，终于有样不可能变化的老古董出现在眼前：九曲桥上照旧挤满了人，露出叫人舒心的清淡石色。池塘里五彩游鱼争相咂巴吞下游客扔下的面包屑。湖心亭老茶馆挑出一面红黄店旗，活像旧梦，依然吉祥如意。

“我想起来了，”邓小桔如释重负，“我以为我老年痴呆提早发作，老也想不起往事，可现在我想起来了。”

“我也想起来了。”施丰能微笑说。

他俩想起一张老照片，黑白的，但照片里的人物现在以彩色和鲜润的模样苏醒到记忆中。

那是邓小桔的阿姨给他俩拍的一张照片。

邓小桔说：“我记得我爬上很陡的木梯子，楼上房间有很多木格子窗户，然后听见阿姨和你在楼下喊我，我站到了窗口。”她说着，眼睛眯起来。

“是啊，我们大声喊，”施丰能说，“你阿姨还跳呢，差点把黑框眼镜掉到池塘里去。你出来了，就站在窗口。太阳照在你身上。”

阿姨让施丰能站到九曲桥石栏杆边，侧脸望向茶馆楼上，阳光照亮了他鼻梁。远景里是茶馆楼上的邓小桔，一个扎着两条小辫、穿着白色连衣裙的小女生。小男孩神情忧郁，小姑娘笑得灿烂……

后来邓小桔带给施丰能看过这张照片。邓小桔使劲回想说：“我没留照片，照片在阿姨手里。”

阿姨很久之前就因为心脏病去世了。她的遗物早消散在时光之中。

他俩沉默了，一起走上九曲桥，朝着湖心亭茶室走。

上得楼来，楼上客人不少，但还有空位。靠窗看风景的位子都有人占了，服务生把他俩带到中间圆桌边。施丰能一眼看见靠楼梯一侧留给评弹演员坐的高背椅，急忙问：“评弹有吗？”

“先生莫急，大概再过一刻钟开演。”服务生问，“喝什么茶水？”

“记得你姆妈喜欢听听评弹的。”邓小桔说，“她开着老式收音机，评弹慢慢播放。她削苹果给我们吃，红苹果皮从她水果刀上吊下来，在白盘子里一圈绕一圈，从不曾断开的。”

送上来的龙井倒还不错，在高高玻璃杯里碧绿生青，上下滚腾，喝一口，随你什么样子紧张的人，都会慢慢松弛下来。

人松下来，就好听听评弹了。

上楼来表演的并非什么老先生老太太，竟是二十多岁一男一女两个年轻人。男生提着小三弦，女生托一把琵琶。施丰能看那小小一对妙人儿，男的丰庄富态，女的凝重内敛。他悄悄对邓小桔说：“这两个，有点气派。”

游客来自五洲四海，没什么人懂评弹，只是举起手机拍演员的长衫和旗袍。施丰能觉得这样子没人会好好表演，对牛弹琴有啥意思？他特意站起来，走过去打招呼。

“两位好，今天表演哪个曲目？”

小演员猝不及防，倒过来问施丰能：“先生喜欢什么？你尽管点。”

穿蓝底白花旗袍的女演员笑道：“阿叔倒是喜欢听啥？说来。我会的话就给您演。”

施丰能受宠若惊，却一下子想不起来。他愣怔了一会儿，笑了：“记得我妈常听《杨乃武与小白菜》。”

“晓得了，您请坐。”两个小演员喜上眉梢。

吴语哝哝，咚地隆地咚，一曲评弹绕耳。

施丰能喝着龙井，耳听评弹，想起自己那当了一辈子远洋轮船长的阿爸。要是阿爸在养老院能听一场评弹，岂不是好？

他转脸看邓小桔，她陷在沉思里。

穿旗袍的女演员说好听的苏州话，她说为大家再演出一段《啼笑因缘》……

出了茶楼，施丰能忽然觉得一切不一样了，他感到自己两只脚变长，更深地站进久远的往日里，像荷花下的藕，落定淤泥中。

邓小桔擦去莫名其妙流的泪水，踮脚眺望豫园那边的葱郁。

施丰能问："去吃点东西吧，你喜欢小笼还是生煎？"

没想到从城隍庙地段走出来，两个老朋友意犹未尽。

施丰能讲："好是好，九曲桥也还是九曲桥，终归商业区，味道和从前不一样。我还是觉得没体会到小时候的光景。"他耸耸肩。

"大多数老弄堂都拆了，就是留着的，也翻新改建过，过去的味道的确难找。不过，如果你感到遗憾，我记得我写生时去过小南门一带，那里还是挺自然的旧区。你想去，我带你去？"邓小桔问。

自然，九号线通往一切有意思的地方。

他俩走出九号线小南门站，王家码头路穿过横道线，右转进入巡道街。没走几步，正看到一栋有老虎窗的老式楼房门口上演告别大戏：有辆普通轿车泊在窄小马路边，隔着马路，对面狭窄人行道上放两张圆玻璃桌子，撑起遮阳伞，有个胖女人和一个瘦男人拿着茶壶坐在桌边。有一个男人扶着个七老八十的老阿爷出楼，两人手里都拖着拉杆箱。老阿爷对着街坊大挥手："大家再会再会，下辈子再见啦！"

施丰能和邓小桔立定了看。

也许这老头要去养老院，也许搬去和儿子住，反正，他赖着不进轿车，眼泪汪汪，一个劲儿喊"再会"。街坊面上都有些尴尬，对面喝茶的夫妻挥手说："你倒是坐到轿车里再喊再会呀。"

这小街就是原来的规模，几步路就穿越小路。路边的房子都很局促，沿着路边就是有人住的房间的窗户。施丰能走到药局弄，指着路肩说："邓小桔，记不记得我们小时候男生都打弹子？五颜六色的玻璃弹子，就在这路肩上一磕，开始瞄准。"

邓小桔笑道："我知道你来了就会回忆的。我们过去住的地方比这里高级些，但男孩子玩的游戏全城统一的。还打刮片呢！"

"岂止岂止！我们还玩抽贱骨头、拍香烟牌子、飞电影票和斗田鸡什么的。"施丰能说，"女生玩的东西单调些，什么跳房子啦，跳橡皮筋啦，还有踢毽子。"

又逛了几家小烟纸店，沿着梅家弄穿到复兴东路上，两人登上人行天桥，回望这片保留下来的旧弄堂，时间的飞云在眼前乱渡。

"像是直接从小时候出来，回到今天。"施丰能感慨。

"像我们从小分手，各自去旅游，马可·波罗式的旅游，看尽天下风景，现在回到了出发点。是吗？"邓小桔看看他。

施丰能觉得邓小桔形容得好，他听了感到悲，也感到奇妙，他觉得邓小桔像一个历经幻景的女子。

不知道怎么一来，邓小桔伸出手，施丰能握住伸来的手，他们心无芥蒂手挽着手走过了人行天桥，朝四牌楼路走进去。四牌楼路可是老街，前头又是城隍庙了。

一个设计师爷叔和一个中年女画家，不是夫妻，却手挽手走在四牌楼路上，一副安安适适的模样。

十

施丰能在四十多年里很多次问过自己，他自然一片模糊，不晓得自己当年为什么把邓小桔的"秘密"那么当回事，以至于想要躲开她。

他记得清清楚楚：邓小桔带着一种颤抖的恐惧，告诉他她将来会变成丑八怪。她说这是命定的，家里有遗传史。

没重逢邓小桔，施丰能对这件往事的思考就是纯哲学或纯人文的，他不慌不忙地琢磨这件难解的往事。

虽然怀着一种羞耻，对邓小桔抱有某种歉意，但事情早已过去，在生活里“事如春梦了无痕”，没人会因此否定他攻击他，他可以以此悄然自责，或能让自己变更好，但无须因此丢脸。

施丰能曾认为那件事反映了自己的虚荣。

不过，他也觉察到这个解释不全面：虚荣的话，等邓小桔变丑再逃开也来得及。为什么她那时一点不丑，还非常美，他就赶不及地回避她呢？这里头到底有什么自己也不懂的隐情？

这一点，施丰能长期参不透，想想也就搁下了，没这闲工夫胡思乱想。

也就是最近这些年，施丰能儿子长大了，夫妻俩发现儿子若一离巢，他俩很难回到原先彼此知冷知暖的状态。双方都互相尊重没有外遇，但就是方方面面再也说不到一块儿去了；即便饮食，这些年没在意，竟然也吃不到一起了。施丰能吃得荤吃得杂，施太太吃得素吃得淡，还总在不多的几种食料当中选。她也不把吃当成大事，想起来怎么健康就怎么吃。施丰能屡有埋怨。

如果深究的话，夫妻俩是可以离婚的，因为性生活也已停止很久。但施丰能没主观能动性，太太也没这心思，日子就按惯性过下来。难道上一辈人不正是如此过了一辈子的吗？

但施丰能因此对自己有了新思考、新发现。他偶尔想起邓小桔，对陈年旧事有了一种尝试性的诠释：和邓小桔疏远是因为自己天性里的完美主义倾向。也就是天生不想要不能算作最好最理想的东西。

他判定自己天性里自爱过多，不是贵人命，却有不怕天高的自我期许。得不到最好的便心生不满。为显示自己配得上，放弃不要总可以吧？

不是接近完美的，一律不要。自己通过强调品味和挑剔，显示出过人眼光。以这种方式追求完美，接近到自己可以原谅自己的地步。

当然，所谓完美的标准完完全全由他自己采纳。一个男孩发育成男人，体能上长大，然后心智跟上，这过程犹如肥壮的天牛幼虫在枇杷树干里当钻心虫，不断膨大变态，能把一棵树蛀空蛀死，人也会祸害四周的。如果“完美”的标准不在自己手里，例如遵循某种戒律吧，那人可能很苦，却可以成圣，而这绝非施丰能的期望。

施丰能从少年到青少年，又到成人，嬗变成中年人，一路走来，他追求“完美”是不变的，但体现他“完美”标准的女主角却千差万别。有的极其清纯，仿佛无法踏足之池塘里的莲花；有的却肉感亲善，如饥肠辘辘者遇见的热狗；也有的纯粹是气质神秘，令无聊的灵魂产生刺激……施丰能的成长岁月里最大的缺陷也是最大的获得：他没来自父亲的管束，母亲对他放任宠溺，父母都尽力供给他足够的金钱作为父母之爱的替代。

施丰能自认天性算好，他行为举止遵守法律，并不因种种规矩感到拘束。他历来也表现出重感情的特征，他的男性老友们只会渐渐疏远他，从没因激烈冲突而断交，他持奉义气，不肯做坑朋友的事。

对女人，他起初坚信爱情，向他憧憬的女性展示柏拉图式的倾慕，那种爱情简直人畜无害。

等他发现洁癖式的追求只会带给自己少年维特的烦恼，

他陷入过无尽的青春期惆怅和迷惘。好在提升的荷尔蒙帮助了他，他在大学里终于意识到肉欲是突破爱情瓶颈的核动力。

他追随周围男女共同的趋向获得了人生最初的能量释放，而后有一个短暂阶段能量飚升到峰值，令他从此无法回眸这段叫人尴尬的罗曼史。打个比方，他尝试了酒吧里尽可能多的鸡尾酒，才摆脱酒精的诱惑。

欢乐遗留的惆怅和痛苦刻下的疤痕渐渐叫长大成人的施丰能变成一个平衡的男人。那一个阶段他回想起邓小桔时已心平气和：邓小桔肯定排不上他最愧疚的对象，邓小桔只象征着疯狂人生的第一个三岔口，他只是选择了一个方向走下去而已。如果他没顾及邓小桔的感受，他之后更有其甚，他甚至能不顾及某个女人同他匆促暗结的小生命，不顾及另一些女人对爱情发生的初次绝望……没改变的，是他一旦恐惧未来时逃离的决心和速度，邓小桔不过是第一个见证他秉性的女人而已。

施丰能原谅自己的理由，在旁人看来也许厚颜无耻，对他自己却是铁的纪律。

“这样下去就不完美了。”他如果接受上帝审判，一定会把这人生信条当呈堂证供。

仿佛得到“完美”是他的天赋人权，而因他的“完美”而沦陷的人都是可以自行重适人生的俗物，忘了一开始的时候他当她们是与众不同的仙子。

当然，施丰能原谅自己的时候还有其他的哀怨：总有比他更热爱“完美”的女人在他下手之前弃他如敝屣。他认为他破碎数次的小心脏已为他对别人的残忍付出了代价。

他和他妻子都只有唯一一次婚姻，彼此都在“对的时候”遇到了“对的人”，于是，都市人相安无事的婚姻再添新章。

施丰能感到自许的是他婚后过得很检点，他的行动忠诚了他的配偶和他拥护的婚姻道德。这保护彼此，也让他不用去思考自己的稳定到底是因为忠诚还是出于疲惫。

施丰能送邓小桔回家，一直送她进家门，喝了她一杯咖啡。离开的时候，邓小桔像一个女艺术家那样从容地拥抱住他，在他脸颊上亲了一吻。他没回应，他随即没有表示地离开了。

坐在回家的九号线上，他不停用手绢擦拭自己的脸颊，他感到害怕，他还从没有过把他推开的东西再捡回来的经验。太太送孩子去德国，使他在漫长的婚姻旅途中留出了一段需要独自穿越未知的探险，充满不确定性，就像把一艘超过服役期的油轮推入可能有惊涛骇浪的太平洋航线。

刘粤不声不响打开门，走进邓小桔的公寓。他手里还有一套钥匙，邓小桔并没追讨。

邓小桔正站在画室里画画，她看见刘粤，手一收，“嗐”了一声，却没停下画笔。

邓小桔创作很多幅画的时候刘粤都在一边，他喝着茶，喝着酒，喝着咖啡，或吃着什么东西，不声不响地观看邓小桔画画。邓小桔可以在刘粤的注视下画出任何她想画的东西。然而，别人从不被允许旁观她画画。

刘粤没打断她画画，他轻轻把钥匙放在茶几上，从黑大衣口袋里摸出一包食物，穿着大衣靠在沙发上。

那幅正接近完成的国画画的是被大风雨吹折的一排牡丹。牡丹正盛开，鲜艳的紫红色伏地，花冠缀满肥大晶莹的雨滴，深色牡丹叶子很肥硕……

“没事，这花。”刘粤轻轻说，“太阳一出，断掉的枯了，新的花苞会长得飞快。”

邓小桔无声无息，只挥舞着画笔，过了几乎半分钟，她才从鼻子里哼了一声。

刘粤津津有味啃着自己带来的那包东西，飘散一股酱牛肉的香味。

邓小桔放下画笔，退后五步看画，满意地嗯了一声。她转过头，居高临下看准了刘粤。

刘粤触电般把架在茶几上的腿放下，人坐正："我来还你钥匙。"

"放茶几上吧，我倒是忘了缴你的。"邓小桔冷冷地说，"天气冷了，玄关衣橱里还有你忘了拿的滑雪衫，今天拿走吧。不然，我也扔了。"

"呵呵，"刘粤笑道，"赶尽杀绝吗？又不是飞机航班，二十分钟清理完。"

"刘粤，你也是个外企高管，说话可不可以像个男人？我可没亏待你。"邓小桔中气十足，话风里蓄足了后劲。

"我走。"刘粤叹口气，"新欢面前，旧爱成屎。"

"你什么意思？你还有什么资格……"邓小桔语速飞快，没想到却被刘粤高声打断了。

"那男人是谁？怎么以前一点风声都没有啊？邓小桔，你这是才离婚就出门乱搭吧？"

"你！"

"别否认，邓小桔。我已经成全你了，不过至少我还可以说几句。你是个什么样的女人，还能在我刘粤面前装？我一直在成全你啊，你总知道的吧？你就是个玩弄别人感情的女人，不是吗？看看你的画册！"

"刘粤，请你尊重自己。你怎么前头不发作，现在倒来发作呢？你还想要什么吗？"

"我要？我真要你什么了吗？你最值钱的东西可能就是那些画，可我要过吗？留着吧，女人！你那些见不得人的都在画里。我对得起你，我不会点穿的。”

刘粤站起来，傻站着，忽然摇摇头，往自己嘴里疯狂塞酱牛肉片，咔咔地咀嚼，喉头上下耸动，咽不下去。一低头，全吐在地上：“我呸！”

邓小桔不言不语，泪水溢出眼眶，挂在腮上。她身体僵直像尊塑像，看着前夫。

“你没爱过我，我可爱过你！”刘粤冲到玄关衣柜，扯出自己的滑雪衫，夸张地穿到大衣外头，“如你所愿，我和我的东西都从你眼前消失好了。”

他拉开门，闪了出去，倏然又推门而入，关上门，打量着邓小桔。

“呵呵，我明白了！你画册上那些鬼魂全都到齐了吧？葡萄架下面举着白葡萄酒杯那个美国佬出现过了，和你在划艇上荡起双桨的那个现在胖成猪猡的家伙被我赶走了，差一点带你去深圳的那个老色鬼也不敢再来了，呵呵，他可吃进你不少习作……现在这个让我猜猜，大概只能是你青梅竹马了吧？你倒从哪里都能把这些旧货捡回来？”

“请你尊重自己，刘粤。你是不是在跟踪我？”邓小桔向他走来，伸出手。

“别碰我！”刘粤大叫一声，往后跳开，“邓小桔，我告诉你我心里话：你病了，你是个病人！你的心暖不过来了。别装，承认了吧！”

他大笑一声，拉开门冲出去，门哐当在他身后合上。邓小桔的私密空间里马上只剩下她一个人。

邓小桔站了一会儿，拿出扫帚和畚箕，打扫了房间。她从放在卧室的酒柜里拿出白兰地，走进画室；她换了画布，取出油画颜料，往玻璃杯里倒入酒浆……

很快，画面上有了影像轮廓：一艘巨轮在浪涛里起伏，海面宏大，没陆地出现在视野；她往天海之间添的不是海鸥，是一些不可能在洋面上存在的黑乌鸦。乌鸦翅膀收拢，鸟喙却张开，像在呱呱乱叫……

十一

也许出乎意料，也许一切都在医生的诊断之中：邓小桔姆妈的状况急转直下，进入了弥留状态。

邓小桔开始连续陪伴，衣不解带，留在急救中心病室外等医生随时询问和通告。施丰能临时向上司请了几天年假，他家在医院附近，就此做起了邓小桔的后勤支持。

邓小桔最难面对的是值班医师就种种抢救措施咨询家属意见：癌症晚期病人进入了弥留状态，所有指标都已恶化，医师却还是谨慎地要求家属在种种治标不治本的抢救措施下签名表明放弃积极治疗。邓小桔哀哭了一回，对施丰能说："你叫我情何以堪？"

施丰能这时的回答就显示了他出现在邓小桔身边的重大价值。

施丰能问："这些抢救措施能让你妈从癌症中复原吗？如果不能，又能叫她在痛苦中多活几天？医生说一两个月？那好，这一两个月里她能从昏迷中醒来吗？如果答案全部是不能，我们除了放弃所谓积极治疗，还能做什么对你姆妈更好的选择？老人，癌症晚期，你最好的孝敬就是减少她的痛苦。"

邓小桔小鸟依人般偎着施丰能："没你直说这些话，我简直要疯了！"

还好，只三两天工夫，邓小桔姆妈就过去了。施丰能帮着邓小桔把她母亲遗体送入医院太平间，帮她议定了由殡仪馆处理后事，打发了医院里讨要小费的护工和运尸工，置办了一套医院太平间推销的寿衣，算是完成了在松江医院的种种必经流程。

邓小桔抹泪说：“烦劳你也够了，接下来是我家亲戚之间的事。你好好休息，等我忙过了姆妈后事，我们再见面。”

回到办公室，知道有一小段时间不会和邓小桔见面，施丰能不但没感到轻松自如，反像被丝线牵住了心，总不由自主猜想邓小桔在干什么。

他越来越觉得邓小桔不是以姿色迷他，而是散发着深深的亲切感，就像他俩是很久前走散的亲人，比亲人多一丝男女间的吸引力，他总希望能时刻看见她。

邓小桔很丰富，比他认识的大部分女人都丰富。她出现在你面前，她的丰富既跟着她，也留在她大量的画作里。施丰能明白，他一看见她的画册，就爱上了她的画。所有那些画，都和他本性的审美相符。她仿佛画出了他种种梦境，不仅有梦境，还包括他对天堂和地狱的潜在认知。她能画出让他感官和灵魂同时悸动的画面。

施丰能忍不住想了想，若是一个油轮设计师有一个画家妻子，生活会有什么不同？他没想象出其他，但他认定他俩可能会乐于一起登上远洋船，在海上，在波涛和风浪里度过长长的岁月，走遍世界每个角落。他可以设计更好更现代的船，她可以画出海和天，画出远走天涯的人物和他们的灵魂。

正是在这时刻，在做了这番想象之后，施丰能对自己失望到了极点，他明白自己可能过不了这一关，他正不可挽救地陷入邓小桔的深坑。

他希望自己可以抓住邓小桔办丧事的空当，让自己有最后的机会挣脱出来，就像一只蜻蜓挣脱原先那不怎么起眼的蜘蛛网。不过他并没什么信心，内心深处，他差不多已缴械投降。

施丰能周六一早坐九号线赶往松江南站，搭高铁往杭州探望阿爸。

施丰能知道阿爸的老年痴呆和别人略有不同，他似乎还保持着某一领域的智慧，并非对周边环境全然无感。养老院在西湖不为人所顾的一个僻静角落，阿爸有独立公寓套间，还有专职护工护理。

施丰能记得阿爸那一年回家，在海员公寓遇到过邓小桔。阿爸挺喜欢邓小桔。

他坐出租车到达养老院，先到办公室代阿爸结清了该付和预付的款项。驻院大夫出来同他聊了聊他阿爸的身体状况和精神状态，结论还好。女大夫开玩笑说：“他现在是老风流，好几个大妈围着他转，还争风吃醋的。”

大夫陪着去老头公寓，老头人不在房间，房间里已打扫得干干净净，还喷过空气清新剂。施丰能打开阿爸的衣橱和抽屉，看见除了衣物、烟斗烟丝，还有从来不肯放弃的航海图和航海日志。

女大夫笑说：“船长大人的东西你还是别碰，他要发脾气的。他如果在房里，我们是不敢进来的，他会喊叫。”

走出公寓楼，在两排大柳树之间的石径上走了一会儿，前面就是活动中心。只要老人不病，医生建议他们每天必须一起共度五小时以上。室内不能抽烟，可以看电视、打扑克、玩象棋围棋，也可以打麻将。什么也玩不了的老年痴呆症患者，常坐在阳光里彼此呜呜嗯嗯。

一进门，施丰能就看见了老船长。老船长坐在一滩秋日阳光中央，周围围着几个婆子。这看起来很好笑，怎么说呢，非常像公鸡带着一窝母鸡。

护士把老船长搀起来，带他到门外望得见湖泊的地方和儿子一起喝茶。老船长顺从地吊在护士臂弯里，佝偻着腰，低着头，踮起脚，碎步走，看也不看跟在身后的施丰能。

落座在法国梧桐树下的藤椅上，老船长捡起一片落叶，看着手掌形的叶片。

施丰能接过茶水，给阿爸奉上："阿爸，你孙子去德国留学了，让我同你说再见，假期回来再来看你。"

"德国？哦，西德？"老船长不要茶。

"德国早就统一了。你忘了？他去法兰克福。"

老头不言语了，望着西湖一片窄小湖面。任凭施丰能扯东扯西、家长里短的，他再也不回应，像儿子说"德国统一"得罪了他似的。

施丰能想起邓小桔正办丧事，老人们像一茬庄稼，秋日过去，就消失无踪。不晓得阿爸还能撑多久。他想得难过，不由得哑了。

老船长摸摸藤椅扶手："你，新船？"

施丰能从衣袋里掏出打印的新油轮彩照给老头看，特意拍了船长室和新设计的娱乐设施。老头看了良久，什么也没说。

施丰能没什么可说的了，他试探着问："还记得一个小姑娘邓小桔吗？我小学同学，你见过的。"

老头头一点，爽气地回答："邓小桔嘛，白生生的那个。你俩结婚好久了？"

施丰能倒噎一口气："你记得她是谁？"

"你的小女朋友嘛，我还送过她一枚红珊瑚。"老船长咧嘴笑了。

护士半小时后来扶老头回房休息，阿爸对施丰能挥手："船长室你不要来了，都上甲板干活。我船上不养闲汉！"

护士笑对施丰能挥手："您回吧。这儿好着呢，放心！"

邓小桔低调地举办了母亲的追悼会，只有亲戚和母亲原单位的工会代表参加。刘粤也来了，动情地哀哭了一阵子。

邓小桔知道刘粤是真心的，“丈母娘看女婿越看越欢喜”这回事，落实到姆妈和刘粤之间，是真事。

现在姆妈故去了，姆妈的话就显得金贵，不得不去回想。

她下决心和刘粤离婚时，姆妈不开心，姆妈说：“刘粤虽有点小男人，不过看他那样，比张国荣终究男人些吧，对你真心。你说离婚就离婚，以后未必好过现在。”

刘粤在告别大厅里哭着拥抱了邓小桔一下，邓小桔心有点软，对他就客客气气的。追悼会之后，刘粤还像女婿那样帮她应酬客人，豆腐席上亲戚们也完全当他自家人。

席终人散，邓小桔想到回家后孤清一人，不由得发抖害怕。刘粤大大方方说：“我开车来的，送你到家。”

到家坐下喝茶，刘粤从衣服里掏出一个信封：“你妈给我的，你看看。”

邓小桔吓了一跳，连忙打开，竟是姆妈留下的遗嘱，落款时间是她最后被送进医院的两天前。

“她寄了挂号信。”刘粤解释。

邓小桔匆匆看了那遗嘱，没感到委屈愤恨，只觉得母亲的手又从阴间伸出来，在自己背上抚摩，那种带着热量的力气叫她万般难受，却又难以反抗。

姆妈简单明了写道：希望小桔和刘粤复婚。小桔有刘粤照顾，姆妈死了闭眼。实在不能复婚，姆妈名下淮海路一套公寓房子由刘粤继承，刘粤请看在姆妈面上，关心照顾好邓小桔。

邓小桔惨笑说：“她就是这样子不肯死。”

刘粤正色对邓小桔说：“她死了，你就别再说她。我肯定不能要这房子，这是你邓家的，我会放弃继承权。”

他站起来，朝门边走，一路走，一路情真意切地说：“小桔，你年纪也不小了，别再任性。这世界上，有些东西咱们不该有，就别执着了。我在，你有事随时可以让我替你去办。要不，人家怎么说‘一日夫妻百日恩’呢？”

他打开门正准备走，邓小桔跳起身来扯住他：“你先别走，我一个人害怕……”

和施丰能再见面，距离上次俩人见面差不多已过了两个多星期。邓小桔约的施丰能，施丰能接到电话，人却在松江家里。邓小桔说那还是九号线附近方便，施丰能说好，选个中点最合适，就到七宝古镇上走走。

秋凉沁人，蒲汇塘古桥如虹飞渡，镇上沿河都盛开粉红色木芙蓉，大花映在河水里，富贵悠然。

施丰能不见邓小桔十多天，老琢磨着地铁里偶遇邓小桔到底反映出什么天意，后来松弛下来不去想了。生活里平添一个亲切的女人，还有令他遐思的余地，这本身就足够他慢慢消化。他不是小伙子了，他是个妥妥的中年人。十几天时间，足够他再次警告自己别玩火。

邓小桔穿一身淡橘色小洋装，头发做成了小卷，漫披下来，洒在肩头上活络。她轻快地朝施丰能跑来，带一阵法国香水暖风，挽起他手臂一起走老街。

施丰能就给邓小桔讲这七宝古镇。怎么说这也是千年之镇，再加上和陆云啦陆机啦古代文人的瓜葛，足证此地人杰地灵，蕴蓄文化。尽管眼下全陷商业，满街卖纺织品、旅游纪念品和印度檀香什么的，也未必就毁尽千年遗韵。

邓小桔笑道：“我熟，我常来写生。”

他们走了一阵，先去古色古香沿河枕流阁茶肆吃素面，吃了面，点上茶来。

邓小桔叹道：“真可谓云卷云舒一人间，姆妈怎么就不在了，剩我一个孤孤单单。”

施丰能看着她，聊起他阿爸老船长。“老船长还记得你邓小桔呀，他真送过你一枚红珊瑚吗？”

“是的，有这么一枚红珊瑚。”邓小桔笑起来，“他不是有老年痴呆吗，竟然还记得我？”

秋阳西斜，射在人身上，并不暖。施丰能感到阳光一片金，时空乱转，有不知今年是何年之感。他看看气色好得跟木芙蓉花般的邓小桔，觉得近乎失去方向感。

“你太太快回来了吧？”邓小桔眯缝起眼睛，“你已经放假很久了！”

施丰能咂着一片茶叶，琢磨邓小桔这话的意思。他知道太太的归期离此刻还有一阵子，不过，他点头说：“是啊，凡是假期总要结束的。快了！”

正在这时候，他心中一动，觉得舒畅起来，像有什么看不见的良药突然注入体内，让他感到轻松自在。

邓小桔的脸色阴下来，她似乎有些恼怒，只是你不能下此判断。她从包包里掏出一枚钥匙，放在自己茶杯边。

施丰能想问这是什么，话到嘴边，及时收住了。

不说话间，一小段微妙时光滑过去了，太阳差不多已落山。施丰能从阳光里落回清静茶肆，看清了面前的邓小桔。

邓小桔也正怔怔看着他。

他看见的邓小桔是个打扮清洁、面相大方的中年妇女，有一股子睥睨人间的孤傲，她脸上有了细细的发散性的鱼尾纹，嘴唇丰满性感，下巴很有型，身材保持得不错，却仿佛有心事。

邓小桔也看清了好些天不见的施丰能：他比印象中显老，他的眼圈黑得仿佛有了蛮悠久的历史，他显出一种乐呵呵的习惯性表情。不过以一个画家眼光看，这完全不是他的真表情。他的头发里亮晶晶的，有不少白丝，他开始发胖，有了小肚腩。不用说，裸体的话不可能再显得性感。但他对自己显然怀有一种深情，这应该是真的。

他俩慌忙移走留在对方脸上的眼神，一齐笑了。

邓小桔说："哪里有什么好玩的？我这些日子都快忧闷死了！"

"好呀，我也正有此意，去哪里玩玩？可是，我们能玩什么呢？这世界属于90后了。"

他们温情地对视着，仿佛时光在彼此脸上变幻，他们也搞不清楚自己此刻几岁，到底是男孩还是大叔，是小女生还是准大妈。

"反正，咱俩还不到跳广场舞的时候，"邓小桔一把抓起桌上钥匙，用力塞进包包，她跳了起来，"我们去百乐门舞厅吧？你和我，你搂着我，陪我跳几支华尔兹？"

施丰能追着她往外跑，边跑边把一张百元大钞塞在服务生手里。他们跑到街上，邓小桔猛回转身，对着施丰能抬起脸，面上泪水涟涟。

施丰能呆住了，低头看她。邓小桔慢慢向他靠近，他浑身发麻。他们嘴唇吻着嘴唇了，忘记了周围那么多人……

没过多久，俩人置身在百乐门舞厅大舞池里。乐队奏起轻曼的西洋乐曲，他们隐在起舞的男女之中，亲昵地搂着彼此，顺音乐的河流漂荡……

很晚才走出百乐门，邓小桔笑吟吟对施丰能说："地铁打烊了。我打的回去，你也快打个的。"

"好的。"施丰能说，"你路上小心。到家给我个电话。"

"不，不用了。"邓小桔笑道，"今晚很开心啊，很开心啊，能这样，多开心啊！再见了，朋友！"

施丰能目送她乘坐的士离开，他在秋夜的愚园路上走了起来，他不急着回家，不急着从梦里出来。

等自己从梦里醒来，就不会再联系邓小桔。想必邓小桔也不会再打给他了吧！

他朝秋凉深处走，身上满是余温，手里仿佛还搂着柔软的灵动的那个身体。

十二

施丰能从没在九号线商城路这站出站，这是开天辟地第一次。

他到这站出来要做的事，也是开天辟地第一次。

玛丽覃给他手绘了一张图，告诉他出站怎么走才能找到那个外面不轻易看到入口的网红酒吧。酒吧在一栋大楼的地下室，每天晚上都有老外组成的重金属乐队在那里嗨。

那天，他把玛丽覃晋升为部门副主管的电邮发给了全公司。玛丽覃敲开他办公室门时，他正不可抑制地想着邓小桔。邓小桔的亲吻和拥抱产生的魔力深入了他感官，在那里驻留不去，他觉得自己开始病了。邓小桔，她是多么亲切呀，她来自久远之前，与他素来有缘。

施丰能几乎没在意玛丽覃的道谢，他淡淡说：“你好好在公司做吧，这公司牢靠，努力做，可以做一辈子的。”

玛丽覃对他说了几句，他没听，他还在邓小桔制造出的余韵里浮沉。

直到玛丽覃自说自话关上他办公室的门，他才愕然转脸看着她。玛丽覃说：“老板，我那天下班在地铁上看见你了，你和一位艳妇。”

他愕然到张大了嘴。玛丽覃笑道：“你太太不在国内呀！”

他觉得有必要解释，可他才解释，就看见了玛丽覃的讪笑及某种善意的表情。

“老板，你像是被蛊惑住了，对吗？解蛊，我是专家，要不要我帮你？”

他有不和下属交往的原则，他笑笑，宽待地说：“你去做事吧，大叔的事留给大叔自己。”

玛丽覃却摇摇头：“老板，你这样子会吃亏的。我猜，你大概误解了很多事，尤其女人的事。”

后面一周，他应邀和玛丽覃在公司附近吃了两次“工作午餐”。他把邓小桔的事断断续续告诉了玛丽覃。

玛丽覃像个占卜师那样问了他一些奇奇怪怪的问题，让他觉得玛丽覃和自己都很好笑，甚至有几个瞬间，他想打电话给邓小桔，把这番好笑告诉她。

最后，玛丽覃长吁一口气：“老板，我弄懂你的问题了。我帮你！”

那个周六，他有两件事办。

邓小桔父母的墓地就在松江境内。邓小桔告诉他周六落葬，施丰能说自己一定到场。

他计算了时间，出席完葬礼，他马上搭九号线往浦东世纪大道站，再换线到浦东国际机场接太太。

想起邓小桔，他很想马上见到她，验证一件很重要的事。

虽说这事不适合在葬礼上验证，但那个气氛，倒也适宜直面真相。

他不用去接邓小桔，她和亲戚是有车到墓地的。他订了一大束端庄的白百合，黑西服白衬衣，先到墓地等候。

这时节商场和办公楼里人声鼎沸，到处是人的机心以及人的算计，墓地里就只有漫漫石碑和淡淡黄菊了。天色悠远，白云飘飘，连园丁都不在，安安静静，墓园显得寒凉。

邓小桔捧着骨灰盒走在头里，一身白衣服，是个好看的中年妇女。她后面跟着十来个亲戚。墓园办公楼里迎出人来，要为下葬仪式开穴封穴。

施丰能跟着队伍迤逦到墓园的一个角落，看着园工打开墓穴，邓小桔亲手把母亲的骨灰盒放在父亲骨灰盒一侧，两只骨灰盒面对面，终于又聚首了。

众人呜咽行礼毕，园工用水泥封了墓穴，大家献上花，再次行礼如仪。

施丰能最后一个上前行礼，邓小桔握住他手喃喃道谢。这时候施丰能心里一阵颤抖，自己的年龄活到狗身上（白活了一大把年纪），差点搞错人生，行差踏错！这真要感谢玛丽覃！

他亲切地安慰着邓小桔，他眼角看见那些亲戚里有个男人时刻戒备地监视着他，不过，他心地坦然。

盘桓了一阵，邓家亲亲戚戚上车返回，邓小桔请施丰能搭车，施丰能说把他带到九号线地铁口就好。

邓小桔介绍说施丰能是小学同学，姆妈看病，多亏他帮忙照料；她也介绍那个瞪着施丰能看的家伙是她前夫刘粤。

施丰能大大方方伸出手，和刘粤握了握。

施丰能回答邓小桔："别谢我，我们的友谊从十来岁开始，已经四十多年了，不是轻易会改变的嘛！"

邓小桔愣了愣，终于微笑说："你可真会说话。说得对呀！"

告辞下车，施丰能进了九号线地铁口。这正是那天早晨巧遇邓小桔的地方。

施丰能回忆今天看到的邓小桔：一个端庄娴静的中年女人，已过了一个女人的花季，正慢慢从牡丹变成菊花。她正从炽热中冷却，也许菊花那些细碎的花瓣就是冷却时挣扎破裂开的。他感到亲切，但他不再有胃口去刺探她女性的内在。

玛丽覃用一个晚上和一个早晨充当了完美的演员，向他展示了女人可以给男人的所有温柔幻象。那些他体验过的和从未体验的。

玛丽覃对施丰能说："老板，我相信别的女人和我一样会演戏，有时候假戏真做也是有的。我们女人生来就是演员，天下没有丑女人的，只有蹩脚演员而已。你快点搞清楚吧。你对我不错，我不想看你老房子着火呀，嘻嘻。"

坐在飞驶的九号线车厢，此刻他觉得离老婆越来越近了，离自己的家也越来越近了。他明白人还是住在陆地上好，人不能长时间坐远洋轮，人并不属于大海。

九号线到了市区就拥挤，今天特别挤。一个胖子从徐家汇站台上挤入车厢，车门才关，他就大声嚷嚷起来："大家好，朋友们好，我是胖老师，我要检举PP集团上层腐败！大家听好了，PP集团已经被蛀虫蛀空了。董事长在集团里还有后宫，他潜规则了36个女下属……"

施丰能起先听得好奇，听完觉得自己也差不多是条腐败的虫子。他捂住额头低下脸，想念自己那遥远的童年时代，在他还没嫌弃邓小桔的时候，他俩之间曾有最真诚最纯净的感情：友谊如露珠，如春天绽开的第一朵花……

手机震动，是邓小桔发来一条短信：君住线西头，我住线中央……

施丰能心里一动，他认真想了想，回她短信：此线从来有，此线可以久，纵使难再见，友谊暖心头。

他不再想邓小桔，他开始猜想妻子的变化。他决定一到机场就向她挑明：孩子离巢了，两人世界又回来了；而夫妻生活已经久违了……

他看清中年危机像沉默的虎瞪视着他的家，他此刻真诚地希望在老虎面前护住他的妻……

到了浦东，九号线车厢一下子空净明亮。

散文／

花骨朵破胸而出

〇葛水平

单为了思念起一种颜色，那一份好和俏丽，都在练得住寂寞下盛开。好，隔着旧时光，它竟是华丽。一张红绣帷幔的檀香木床上，早晨的第一声鸡鸣推醒了她，手环和颈前饰佩叮当，伸一个懒腰，在幽暗的晨光中，所有是静止的，风从一个缝隙挤进来，又从一个缝隙挤走。

时光的伤痕像冬眠的蛇，或被一场雨敲醒，舔着长舌向脚前匍匐而来。你可以不知道你是谁，但不可以不知道自己喜欢。那样的意趣，只能在古典小说里了。一直喜欢老绣，比喜欢一个人更让我心仪。尤其是喜欢女子穿一片贴胸的肚兜，外罩一件披肩。初秋走在林子里，风像辽阔的秋叶，缓缓拨动那女子的头发，生活在时间的那一边，那一份藏着，这个好也叫出色。

肚兜早时称“亵衣”。“亵”意为“轻浮”，有“挑逗、勾魂”之意。悄没声息的喜悦，勾，或者魂，有许多风情，叫你去黏。我在夜晚走进一间保存完好的老屋，是一位古人的书房，有月光把心灵上的尘埃擦洗得干干净净，一些前尘往事在朦胧的光影下水一样晃动；想象发黄的线装书，一介书生，三两点墨痕，绣帕如雀，荡起了廊檐下一树尘影，一种背景下的氛围，穿梭在时光中像鬼狐一样，抬头四下，诡秘而寂寞。

什么是一场风花雪月啊？有比红绣银白，更能泛滥时间暗淌的泪滴吗？

汉朝开始，平织绢是汉朝常用的内衣面料，其上多用各色丝线绣出花纹图案，满工绣，把俗世的美意融进锦缎里，成为寓意的一部分。风华绝代，季节都开在胸口了，也只有中国的女子才有如此风情。

到了唐代，出现了一种无带的内衣，称为“诃子”。唐，就那样，一直蛰伏在历史深处，因为有杨玉环，唐，也许该是一个动词。杨玉环能从俗世中脱出来，与“诃子”有极大的关系,也是大唐外衣的形制特点所决定的。那时的女子喜穿半露胸式裙装，露，就算有风来，只要不那么鲁莽，悬着的双乳也只在“诃子”上荡几下，之后，安静端坐，聆听春歌。

透明的罗纱内若隐若现，因而“诃子”的面料是考究的，色彩缤纷，常用的面料为“织成”，挺括略有弹性，是手感厚实的麻料。穿时在胸下扎束两根带子即可，“织成”保证“诃子”胸上部分达到挺立。杨玉环在大唐占有着空间最重要部位，写她的文字始终呈现着永久，附带着的大唐奢靡、诡异，全都是因为“诃子”的暗香袭人啊。

风华正茂时武则天活在衣服里。金花红袄是她一抹机巧的显露和召唤，也是她的主要手段。

说到宋代，宋代把肚兜喊为“抹胸”，穿着后“上可覆乳，下可遮肚”，整个胸腹全被掩住，因而又称“抹肚”。平常人家多用棉制品，俗称土布，贵族人家用丝质品，绣花，花开富贵。宋比唐瘦了一圈，或许是因为“抹胸”？不要那么多繁盛，像宋徽宗的瘦金体，只是一种雅趣。宋代把抹胸穿得最有雅趣的是李师师。传言是古老生活的轨迹。幸好悄掩着的沉重的木门扇，入睡前已经用麻油把吱吱响的门闩涂了一下，才有了文字里的春夜。“并刀如水，吴盐胜雪，纤指破新橙。锦幄初温，兽烟不断，相对坐调笙。低声问向谁行宿，城上已三更。马滑霜浓，不如休去，直是少人行。”急促的短暂，由一片抹胸抹紧了被无限感动的那一刻。

元代叫“合欢襟”。仔细品，有一些些艳俗，可叫人想入非非，是媚惑，更是手段。仨字组合得真好。不妨想象一下，审美经验和生命态度下的情趣，是关乎生命最高秘密的隐喻和福音。合，欢，襟。“生命”终归是“动物性”狂欢。

也只有清代才把它叫了“肚兜”。棉、丝绸，系束用的带子并不局限于绳，富贵之家多用金链，中等之家多用银链、铜链，小家碧玉则用红色丝绢。那是由颈部滑下的曲线，沿肩往两侧顺畅而下，与腰线到骨盆处向外那种圆弧状构图有上下辉映之美，肩颈处微微看到锁骨，隐隐有一种风姿。像曲折幽深的花径，低调的张扬，因为它携有无所不在的繁华。

黛玉的衣着在《红楼梦》里少有具体描写，世人似乎都喜欢她那灵性。我总觉得好像她的衣衫是没有颜色的，只是简洁的一种布，纤腰一搦，樱桃小口里吐出的尽是尖酸刻薄。我喜欢看绣在布和绸缎上的花花草草，但也只是喜欢看，说细了，其实是在那里像读书一样读绣在上面的心情。寻常花草、日常物事，一些些逸出，一些些荫幽，一些些深情，一些些洇出的小颓废，花语心影，缱绻醉意。绣是养眼的物事呀，养心，养情，养命中的俗事。

花瓣的质地，是用语言形容不来的。而它的鲜艳，我只好说它像花朵一样鲜艳。

绣有夕阳的寂静之味。秋天了，光照的草地露珠烁烁。不要跟秋天说话，只看炕边、枕上、墙体吉祥的绣，有图必有意，有意必有吉祥。离尘世无比远，我忘了我是谁。那份心情炊烟般散散落落舒缓，一读一千年。好嘛！

好的绣品是拨动清水的手，一针一针扎出来的。一种丝线，是一种情感，几种情感重叠在一起，就出了浪漫的效果。南方的女红和北方的女红有很大区别（原谅我，我说的女红是只指丝线绣品，古典的）。南方叫“刺绣”，北方叫“扎花”。南方的绣品大都细腻温润。锦绣风景在一方绣床上，刺绣人脸上浮泛着一些暧昧。一块丝质的底布就这样在时间中一点一点地温柔起来。南方的刺绣有一种喧嚣世界的宁静韵致，贤淑得美丽，安逸得幸福，也让在外做事的男人，越发地有了做事的感觉，正如对以往温馨事件的渴望。儿女们在这种氛围中成长，个个都干净清爽，个个都俊秀飘逸。这都是南方女红真性情中恩养出来的。因此，被恩养出来的男人大都看上去很精明，而且精明中有一点儿挑剔的婉转，这也是观看女人的绣品，咂摸出来的。嫣红姿影，春也罢，秋也罢，她不会为取悦俗世红尘而改变性情，任你蓄意鹄守也好，无意相逢也罢，顶多只给你满眼惊艳，自在轻飘地栖止，相知相惜。

北方的扎花就不一样了。南方的一个“刺”字是一种滋味儿，可北方的“扎”是一种“痛”，这种痛从一开始就注定与生活情绪血肉相连。一个“扎”字可能是光明，是和煦的风儿，可能是咸如海水的苦。因此，北方女人的扎花是俗世的，热情满怀。北方女人做女红不用绣床，连绣花绷子也不用，绣什么，就在物件上扎什么。北方女人把一年两季的蚕茧卖掉，剩下那些晚上谷草的懒散的末梢子儿，取下来煮了，抽出丝，用颜色染出黄绿蓝等，凉透了在指间缠绕成一把一把的小绺，粗细不均珍藏在包袱里，用时拿出。

或一个肚兜，或一双鞋垫，或男人出门在外体己的钱夹，带着欢喜吉庆，大都花花绿绿，没有内敛的风格，对比鲜明，如北方女人的相思——要惦记，要相扶，要呵护，要不惜一切争得。大红大绿是激情高亢，是恒久的期待，是乡间地垄上的日头，历经一生，拟无终极。被扎花扎出来的儿女们，感情也是大起大落，心灵坦诚而不虚伪，直出直入，挺胸拍肚十二分热情。因此，北方的好男人，大都质朴劲勇，趋险耐劳。社会上常有镖客拳技之勇，好讼轻生，呼朋引类，动称拜兄，对女人也就多了份拳脚呵护。

世界万物都没有再走回来的路，有些东西已经永远地不在世间了。美，除却被时间吞噬以外，真的再没有其他消耗的途径了吗？

喜欢老绣的人心里都有一种风气，那么就在衣饰上变化一些小格调吧。多年前茨威格写道：“所有生活的安定和秩序最高成就的获得是以放弃为代价的。”不放弃，一定要把“姹紫嫣红”说道成一句“津津乐道”的成语。

散文／

潜伏在医简里的草木和沙场

◎刘梅花

敦煌汉简记载了常用药材二十余种，人参、当归、黄芪、桔梗、半夏……这些药材根本不是敦煌地区出产，那么药材是从哪儿来的？是中央朝廷把全国好药材调运来敦煌，供给边塞屯戍队伍。

敦煌是重兵之地，敌人铁骑扬起的沙尘遮天蔽日，动不动席卷而来，伤筋动骨是一种常见疾病。有一个“血瘀方”专门治疗跌打损伤。这个方子是“恩典惠君方”，属于王朝钦命配制，药物的组方剂量都是御医拟定，应该是一种配制好的散剂，或者丸剂。一旦伤损，立即服用，不耽搁病情。朝廷对屯戍史卒也是操碎了心。

武威汉代医简记载一百多种药材，属于民间郎中所写。这些药材大多数是本地所产，属于地域性比较强的药材。比起敦煌汉简来，少了龟板海藻之类的异域药材。靠山吃山，靠水吃水，武威出什么药材，就吃什么药材，不能跟敦煌比。有一个完整的治疗咳嗽的药方，君药为柴胡，臣药为紫菀，佐药款冬，皆为本地所产。

两汉时期的河西走廊，数十万兵卒守边，从敦煌汉简看，最常见的疾病是伤寒和跌打损伤。汉朝军队配备的药材，治疗这两样疾病的也最齐全。

伤寒这种病，传染性强大，连中原都被伤寒困扰。其实整个古代都被伤寒袭击，张仲景专门著有《伤寒论》医典。所以河西走廊出现伤寒也不足为奇。

那么民间怎么样呢？武威汉代医简里记载有内科外科妇科病历，没有消渴病记载——消渴病即糖尿病，这种病现在发病率太高。大概跟他们的饮食习惯有关系。实际上，一个地方的食物，控制着人身体里的疾病。也就是说，人是跟着自然界的植物来调节自己的身体的。

那么，守边兵士和百姓到底吃什么呢？谷类、蔬菜、野菜、牛羊肉、各种野兽肉。大概就这些。河西走廊的人喜欢开锅羊肉、锅盔，这一定是行军打仗留下的饮食文化。草原上，我见过藏族朋友吃生肉——刚宰掉的牦牛，冒着热气，他们把牛胸叉骨那儿的肉薄薄削片，就着蒜，大啖，据说味道鲜美。

农耕地区的人们根本不能这么大啖牛羊肉，因为身体是拒绝的。别说开锅肉和生肉，就是煮得熟烂的肉吃下去，也不能像藏族朋友那么完全吸收肉类营养。

两汉时期，河西走廊的人们饮食结构非常独特，牛羊肉保证了士卒强健的体力——他们的对手可是游牧匈奴人。但是牛羊肉不充足，有军事行动时候才充裕。

牛羊不足，野兽可以补充一部分。但是猎杀野生动物使得他们必须面对这样的现实——时而得到大量肉类，时而不得不忍受饥荒。而且捕猎有季节性，秋冬才行。

朝廷的供给路途遥远，十万里路上送粮食，太难了。于是屯兵垦田——平日里士兵从事耕田，有战事立即集结。

河西走廊的植被在古代相当茂盛——除了粮食之外，他们还需要大量的野生植物保护他们在饥荒时期能生存下来。这些植物除了多种维生素，大多都有药用价值，有抗氧化的作用。

古河西人喜欢吃的开锅肉只有三分熟，和野菜一样，进食后吸收速度缓慢，能抗饿，保持血液中血糖水平稳定。他们面对的疾病是伤寒和跌打损伤，属于外邪入侵。野生植物能保护他们邪不扰内。

人和植物相互依存，人们从野菜里获得了某种抵抗杂病的能力，从牛羊肉里获得营养，在这样的背景下，敦煌医简记载医案的背后，是食物与环境的紧密联系。

除了伤寒，医简没有记载大规模的瘟疫。从历史遗留习俗看，藏民族食肉很节制，不吃奇蹄动物。比如马、骡子、驴，它们的蹄子是圆的。还有很多动物也不吃，老鹰啊，旱獭啊，乌鸦啦，老鼠啦……它们来自大自然，不属于人类。他们只吃自己豢养的偶蹄动物，比如牛、羊——它们的蹄子是分开的，两个鞘趾。我在沙漠里生活时，村子里的人家不吃狗肉。

因此可以推断，古河西走廊的人打猎有所挑选，除了饥荒年，他们对自己的食物不随心所欲。其中以野羊为主，其余寥寥——如今凉州许多地名可以作证，野羊沟、黄羊川、青羊岭、羊圈湾。我的老家古浪，有可能是藏语古尔浪哇的简称，意思是黄羊出没的地方。

和羊肉搭配什么蔬菜呢？能查到的是蔓菁、秋葵和小蒜。

本草记载：（诜曰）蔓菁出河西，叶大根亦粗长。和羊肉食甚美，常食都不见发病。冬日作菹煮羹食，消宿食，下气治嗽。诸家商略其性冷，而本草云温，恐误也。

秋葵是非常古老的蔬菜，河西走廊肯定有。至于小蒜，野生的、种植的都很多。

那么，西夏的情况怎么样呢？我总是心心念念惦记西夏。大概因为古凉州是西夏的辅都吧。或者，我有西夏情结。

司马光怎么说西夏呢？在《论西夏札子》里说：“氐羌旧壤，所产者不过羊马毡毯。”

你以为真是这样吗？错啦。看看西夏和宋朝贸易的榷场，其实西夏的草药非常多。榷场是宋朝设置的贸易场所，一般在边界上设置。黑土城出土的医书简里记载，两家最常以物易物的是以西夏的甘草、大黄、麝脐、羚羊角、柴胡、苁蓉、红花、枸杞、青盐等物，换取宋朝的瓷漆器、姜桂、布匹等物。

成吉思汗破了西夏灵武城之后抢的是什么？《元史·耶律楚材传》记载：“诸将争取子女金帛，楚材独收遗书及大黄药材。既而士卒病疫，得大黄辄愈。”一个男人，不为金帛美女所惑，很可怕。

那么，耶律楚材是谁呢？成吉思汗的临终遗诏就是托国于耶律楚材。成吉思汗病重时，西夏的分崩离析指日可待，他把攻击目标转向南宋。此时，他的大军正在征剿西夏与金国，于是他把灭金攻宋的重任托付给耶律楚材。

西夏的药典《杂字·药物部第十》记载药材一百四十多味。《天盛改旧新定律令》记载药材二百三十多味。《医方》记载药材七十二味。草木药材、矿石药材、动物药材都有。

那么，西夏人最常得什么病呢？黑土城出土的医药文献记载，最常见的是伤寒和癞疮。大规模的瘟疫是在被成吉思汗大军围城数月，加上地震、暴雨、饥寒等情况下暴发的。

伤寒不必说，地球人都在得。西夏人相当害怕癞疮，以至于赌咒发誓时，说，若有负人，愿意秃头生疮。倘若某人患有恶疮，犯了罪可以减刑。可见这种病难治愈，且传染——“传染”是非常可怕的一个词。历史上有些城市明明很繁华，却诡秘地消失在时空里，有可能是瘟疫传播所灭。

西夏尚武，马惊人坠地，跌打摔伤出现的病例也比较多。另外有一种病叫“喉涨”，大概类似于胆汁返流。还有“脉阻”病，血脉不通。有一种方剂治疗女人“身重心病”，这个病没弄懂。所以西夏一边和宋朝打仗，抢宋朝的东西，一边又派人到宋朝学习医术——大哥，你不能眼睁睁看着白高夏国有病不能医吧？给点药，给点方子，给点医典。

西夏不停地朝着宋朝要这要那，多次官方请求宋朝赐给他们各种典籍。宋景德四年（1007），宋真宗“诏赐赵德明冬服及仪天历”。宋嘉祐七年（1062），西夏“求《九经》、《唐史》、《册府元龟》及宋正至朝贺仪，诏赐九经，还所献马”。西夏学习宋朝的医学知识，然后建立起自己的医学体系。

一直想不通，宋朝为啥对西夏那么好，一边挨打，一边啥都给。像我这样小气的人，连一个子儿都不愿意给，谁叫你动不动挑衅来着。

西夏的药材炮制方法也遵从中原医学的炮制方法。不过他们因地制宜，自己也发挥一下，有他们独特的地域特色和民族特色。河西走廊是西夏的大后方，和西域商贸频繁，所以西夏采用西域药材，如粟特人贩运来的胡椒、乳香、大食粉等。这些药材虽不是常用药，但也必不可少。他们的调料，也有一部分来自西域。

西夏贵族中间流行一种病，叫“脂病”，皆因肥胖所致，大概就是糖尿病。于是上层中流行宋朝的道家养生法，求得瘦身。西夏太子宁明怎么死的？“喜方术，从道士路修篁学辟谷气忤而死。”是减肥练气功练得走火入魔了。

西夏的百姓怎么样？别提啦，尽吃野菜，哪有肥胖呢，得病也是营养不良所致。

《隆平集·西夏传》记载：其民春天吃鼓子蔓、咸篷子。夏天食苁蓉苗、小芜荑。秋天食席鸡子、地黄叶、登厢草。冬则蓄沙葱、野韭、拒霜、灰条子、白蒿、碱松子，以为岁计。

穷啊。这些野草野菜找来瞧瞧。碱松子、席鸡子，不知所云，找不到。

苁蓉苗。肉苁蓉是多年生寄生草本，沙漠里多，圆柱状，长得跟老鼠尾巴似的。肉苁蓉也是一味药材，补肾阳，益精血，可提高人的免疫能力。

小芜荑。芜荑，有大、小两种。小的是榆荚，揉开取仁，酝酿成酱，味道辛辣。也有人摘了榆荚，盐渍，秋后食之。可能当作酱菜。

地黄叶，矮小，普通，看上去干茬茬。稀稀疏疏几片叶子，寸许长，软塌塌趴在地上。地黄是一味地道的中药材，常用于恶疮、手足癣治疗。估计做菜不大好吃。

拒霜，花名，木芙蓉的别称。古籍说，拒霜冬凋夏茂，仲秋开花，耐寒不落，故名。又说拒霜花常多叶，始开白色，明日稍红，又明日则若桃花然。拒霜也是药材，有清热解毒、消肿排脓的作用。

登厢草，也叫东廧草，又名沙蓬，救荒植物。《辽史·二国外记·西夏》记载："土产大麦、荜豆……登厢草、沙葱。"登厢就是沙米，一种草籽，沙漠里很多。

沙米苗高两三尺，像蓬草。暮春发芽，夏季遇见雨水迅速生长，十月结籽成熟。籽碎小，扁圆，黄褐色，如罂粟子。沙米肥而有脂，很养人，相当美味。西夏在河西走廊的驻军常拿沙米充军粮，叫野谷。

至于沙葱、野韭、灰条子、白蒿，到处都有，饥荒年都是上好的养命野菜。

我们再看看在西夏谚语中，他们到底吃些啥。谚语来自民间，无从雕饰。

> 吃完棘草颚不穿，口小不嫌野菜苦。
> 互饮残羹不嫌心，同穿补衲不觉丑。
> 只喝稀汤不饱人，粥菜合吃可延年。

老百姓日常就吃这些野生植物，绝对。这些野草野菜属于一种“慢食”，除了维生素之外，有强大的药用功能，能够延缓食物吸收，能保持血脂水平稳定，阻止心血管类疾病的发生。倘若不是征战，西夏人的寿命大概也不算短。

西夏人最害怕的癞疮是怎么来的？西夏最强盛的时候，战马接近五十万匹。牛羊不算。所以癞疮是从饲养的牲口那儿感染了疥虫，然后蔓延开的。这种病传染性极强，古人的卫生条件差，所以很难遏制。

西夏人食用沙漠植物比较多。沙漠植物为了适应干旱气候，不断进化，把叶子变成针，把所有多余枝叶都抛弃掉。那么，它们有可能拥有了某种能力，食用它们的西夏人身体里的疾病，也被它们扼制——从进化的过程来看，沙漠植物不断在做删除运动，把它们认为不好的全部剔除。

西夏人勇猛好斗，也可能跟食用的野菜有关系。有些草药催情，有些草药能提高人体的多巴胺分泌。比如肉苁蓉，它能刺激神经元，分泌一种让人愉快的化学物质，这种物质类似于兴奋剂，使得西夏人在战场上产生快感，厮杀带来的亢奋使得他们攻击力强大。看看西夏谚语：

肠子露，腰上缠。
腹子破，用草填。
心怯也别趴下，
箭尽也别投降。

凶悍不凶悍？亢奋不亢奋？一定还有别的野草促使他们的大脑释放出大量多巴胺，不然不好解释西夏人年年打仗的理由。就是为了抢夺宋朝的财物，也有消停的时刻。可是，他们就那么不知疲倦地攻打宋朝，胜了打，败了也打，搞得宋朝很恼火，也很无奈。

野菜适应自然的能力比家种的菜要强，它们的某种物质也相应强大。它们有可能拥有了控制吃它们的人类的能力——给予能量，祛除疾病。宋人食用种植作物，野生植物几乎抛弃，那么之前野生植物留在身体里的保护作用就会逐步消失，所以爆发力不如西夏人。宋朝生活的地方实在温软，食物经过精心烹调，丧失了原有的物质成分，导致宋人软糯含蓄。看日本人的饮食，生鱼片、生菜，大概就是为了保持食物本有的功能。

野生植物和三分熟的肉类，黏堵在肠道，消化慢，吸收也慢。所以壁画中的西夏人难得有胖子，除了贵族。

唐人胖，不单单是对食物烹调精益求精，使得人体吸收特别快，容易储存脂肪——经过精加工的食物会成倍增加血液中的血糖水平，能快速堆积脂肪。还有一个原因，唐朝物产丰富，不必常年吃野谷野菜。饥荒少，百姓也吃得起正经粮食，自然能量储备有余，胖子多也无可厚非。

那么，唐人吃肉多不多呢？肉类富含蛋白质与脂肪，营养价值高，但会导致心脏病和糖尿病的发病概率上升。从李时珍记载的医案来看，唐朝患此类疾病的人并不多，大概他们食用的蔬菜瓜果多于肉类。

李时珍这个人，有佛心。他记载的医案，看起来好像是说病，其实每个医案都是历史的一个片段。他说，有个婢女总挨打，逃走了，躲在深山。十来年后被樵夫碰见，婢女黑发童颜，不见老。樵夫回去立刻告密，原来的主人带人进山抓住婢女。问来问去，婢女十来年就是吃柏子仁，这味药材才被大家发现。

他只是给你讲柏子仁，但是你仔细想想那个婢女，多可怜。

又说："时珍自京师还，见北地车夫每载之，云暮归煎汤饮可补损伤，则益气续筋之说，尤可征矣。筋被斫断者，用旋花根捣汁沥断处，仍以滓敷，日二易，半月即续。"

什么意思呢？时珍在驿站，遇见几个马夫，晚间煮着连根带叶的野草吃。问起原因，马夫回答说，我们赶车人，野地里奔跑，伤筋动骨免不了的。这味草叫鼓子花，吃了可以舒筋活血。时珍后来发现，鼓子花对续筋骨也很好，筋被斫断者，用旋花半月即可愈合。

不过，笔锋一转说："凡筋断者取旋花根，捣汁沥入，仍以渣敷之，日三易，须令断筋相对，半月后即相续如故。蜀儿奴逃走多刻筋，以此续之，百不失一。"

对逃走的奴，逮住后刺断筋，令其不敢再逃，吃尽折磨。然后拿旋花根给续接上，继续给主人干活，受其控制。太可怕了，不敢细想。

李时珍就是要告诉你药材之外的故事。不，是药材之外真实的人间。这人间，有药可医，也无药可治。

人类在进化过程中，必须适应周围环境。如果外界传递来的信息总是饥荒和贫乏，那么身体里会获得一种抗体，保护人顺利渡过难关——流浪汉、疯子，总是拣拾残渣剩羹，压根也不见吃坏肚子。养尊处优的人若吃一顿就食物中毒。

都说一方水土养一方人。本地食物有一种能力，能够保护原住居民，使得他们的身体不会产生异常。这么说可能有点难懂，比如我是沙漠里长大的，很少吃肉，从小到大吃什么呢？面食，小米、黄米，自己种的小白菜、茄子、辣子。有一年我去海边，第一餐吃了生鱼片，还有海鲜。然后这些食物滞留在胃里不消化，吃了好几天药——身体对本地食物有辨认度，本能拒绝外来的东西，从而启动了保护系统。

古时的河西走廊，冬天寒冷漫长，看看苏武牧羊的历史就可得知一二。那么夏秋两季食物供应比较充分，冬春就匮乏了。西夏人做酱菜，晾晒干菜抵御食物匮乏的季节。而身体也在不断调节，适应食物供给的变化。所以西夏人行军打仗，多选择在夏秋，牛羊野兽肥美，野菜茂密之时。这是体能状态最好的时候，也是战马劲头最足之时。

宋朝出兵，会在冬春突然袭击。因为宋人属农耕民族，食用谷米类，能量储备均衡，不存在身体需要额外脂肪储备，也不存在冬春疲乏的情况。宋朝步兵强大，战马少，中原草料充足，所以兵马未动，粮草先行。也有那么几回，宋朝把邻居们打得满地找牙。要知道，步兵和骑兵的差异那是非常巨大的。宋朝实在不容易，南宋更加可怜。

一般来说，游牧民族经历食物匮乏时期和饥荒的概率比农耕民族要多——农耕民族特别会储存粮食，有院子，盖好多房子，就是为了储备物资。游牧民族居无定所，就一顶帐篷，没有办法储藏大量食物。

成吉思汗灭西夏王城，选择春天。游牧民族最怕“春乏关”，人困马乏，战斗力不行，不大符合兵家之道。但是，他的军队即便没有隔夜粮，打起仗来也很卖命。

其实成吉思汗根本不打没有把握的仗。他打定主意要攻下西夏王城，那么春天出兵是最合适的。二月，成吉思汗破临洮府。三月，破洮河、西宁。四月破拔德顺等州。五月，抵达六盘山地区，直逼西夏王城。

心怯也别趴下，箭尽也别投降——西夏王城兴庆府一天两天拿不下，需要长时间来围攻。夏秋草木茂盛，牛羊野兽肥美，成吉思汗掐算得相当好。历史上多少败仗，就是因为粮草不足坏了事。他盘踞在金、夏、宋“三处交界之地”的六盘山地区，野兽、野草、野菜多得吃不完。

倘若他夏天出兵，攻打到西夏王城时，必定到了初冬草木萧萧之时。大军围城之时，他将不得不面对一个现实——没有绿叶野菜和战马的青草。

野菜提供给人体的，除了叶酸，还有许多必要的维生素、矿物质，以及膳食纤维。倘若没有野菜补给，天气寒冷，他的将士身体免疫力不够，容易生病，战斗力暴跌。

被围在兴庆府城里的西夏人恰恰相反，得不到大量新鲜野菜——西夏人日常根本离不开野菜，身体里认可的是野菜带来的爆发力。紧接着，兴庆府地震、暴雨、饥荒，各种磨难。老天要抛弃他们了。

为臣不惜命，射箭不择地势——西夏人饿着肚子死守。而摧毁西夏末主李晛的，是一场城内流行的瘟疫。断了草药，他不得不献城投降。西夏兴庆府最后被屠城，李晛成为成吉思汗的陪葬。

我觉得成吉思汗热衷于征战，不断拓展版图，就是为了逃避单调的食物，为了找到更好吃的东西。尤其南宋都城，天哪，藏着天底下最好吃的东西。

医简的字很节俭，就那么寥寥数语。但是，潜伏着整个古代的时空。人间多少事，都藏在木简里，说与不说，都是尘封往事。

诗歌／

替父亲拾骨（组诗）

◎朱山坡

替父亲拾骨

我首先担心多雨的天气
午后的阳光像地火，往往招来阵雨
如果是暴雨，他们将无法开挖

三个工人都是平政镇北河村人氏
赤膊单肩扛金缸的才是师傅，姓窦
1986年出生，家里有两个孩子
谈到工钱时，他羞涩地憨笑
“每人三百
红包不算”
另两个工人也很壮实
他们管窦师傅叫哥

山高路险，窦师傅滑倒了两次
却总能将金缸稳稳固定在肩头上
汗水浸泡着他的眼睛
那么长的路，他只有一次抱怨
“怎么没有一丝风啊”
跟在身后的工人说，昨天是有的

父亲的墓地是生前亲自选好的
窦师傅赞叹说，左青龙右白虎，方位很正
他们往下挖了一米多
才得一砖块，上面刻着父亲的字
“请往下再挖三米六”

坟坑没过了他们的头顶
越往深处，越闷热，越难呼吸
我摇着草帽给他们送风
他们累，我也累
后来他们只能轮番上来抽烟
如果没有这块砖头
他们会怀疑挖错了地方

先是拾起两只瓮
瓮里的糯米和花生还可以入嘴
窦师傅说，怎么两个瓮都放了花生啊
当初干活的人太粗心了

棺木终于重见天日
还很新鲜，不像已经埋了七年的样子

窦师傅很担心：可能肉还粘着骨头，骨头
还连着骨头
如果像那样，有些家属同意用斧头砍，用刀子刮
“这种缺德的事，即使给十倍的工钱，我们也不干”
如果像那样，只能原封不动填回去
他们用帐篷、树枝遮盖墓穴
不能让肉身见到阳光

兄弟们围着墓穴
弯着腰，伸头看深渊
等待一场赌博的揭晓

墓穴像一口眼睛盯着我们
多出来的泥土是红色的，红得像棺木
红得不像群山的一部分
群山星罗棋布，草木葳蕤，一直绵延至高州

窦师傅打开棺木，揭开了谜底
骨头很干净，没有水泡，没有余臭
但没有期待中那么金黄
有些骨头藏在鞋子和衣物里
需要耐心寻找
这时候不能嫌弃阳光
我们撤去帐篷和树枝
恳请它照亮父亲的脸庞

兄弟们弹冠相庆
当年新坟初立，重金请人守夜

是值得的
七年了，我们一直担心
遗体会不会被盗尸贼贩至粤境
成了别人的父亲

有一物令我惊喜
我亲手扔进棺材里的那本《三国演义》
还清晰可读，仿佛还被翻阅多次
打开至赵子龙长坂坡救主处，字节仍在栩栩跳动

窦师傅把每一块、每一根骨头都徒手擦拭几遍
然后，整齐地摆放在金缸里
虽然骨头很亲切，但我没能从骨头认出父亲
他的颅骨，还有挥鞭抽打过我的右手
跟别人的骨头没有什么两样
父亲，我们依然像爱你一样爱着这堆骨头
只是，你不再需要锦衣玉食
也不必背负多余的肉身
你的缸，是镇上最好的
金光闪动，正面有“福”，背面有龙
黄昏将至，暮色四合
父亲端坐在金缸里
等待谁给他点上一支烟
两个工人将他扛上肩膀
上山，下山
他被抬了两次
估计至今仍不适应

父亲的骨头不能回家
要在离家三里地的荔枝林寄宿一晚
此地原来属于冤家
只不过前年也死了
我们担心有恶意的人向金缸砸石头
用树枝、杂草做了伪装
让父亲也有安全感
窦师傅说，其实不必如此多虑
我说，我们村的人你还不太懂

明天，我们要将父亲再次下葬
新墓穴也是他生前亲自挑选好的
方位，时辰，尺寸，深度
他早早写下了遗嘱
但除了我们兄弟，谁也不知道
熟读《三国演义》的父亲
一辈子都在给我们上保密课

此夜虽无星光
却也无风无雨

若得此女
——致晋代美女绿珠

若得此女
我愿以三省版图换
以满天繁星换
以十万雄兵换
以阳关三叠换
以头颅热血换
以三生三世换

若得此女
我待她胜己
江南以南的臣民
供她差遣
给她盖高楼，建亭阁，宫殿绵延三百里
赐她以权柄
可以开仓放粮
可以号令百兽
可以杀人如麻

若得此女
我愿意是高山上的一颗露珠
那是世界上最后的一滴水
我让她比所有人多活了半秒
看见万物消亡和末日盛景
她终于懂得了尘世
跟我有了共同语言

从此，她不仅风华绝代
还满腹经纶

若得此女
我愿称万民为父
拜所有的老妪为母
割血肉喂养
若失此女
江河湖海从此涸
万古长夜不复明
天地玄黄，宇宙洪荒
正史野史，均不必提我

诗歌／

时间的河岸（组诗）

○陈年喜

二十年后　再过雁门关

代县县城以北二十公里
雁门山中雁门雄立
“天下九塞　雁门为首”
伟大的关隘早被时间打破
雁群向南　改落平沙

2001年　一群人路过的下午
赵武灵王和李牧已走了两千多年
这并不影响天空落下一场两千年前的细雨
一群胡服骑射的人　过风陵渡　运城　太原
计划在傍晚赶到繁峙

时间过去了二十年
一个人由北逆行再次来到这里
轰动一时的新闻降格为传说
青丝降格为白发
不认命的青春
降格为一腔尘肺

山河和人生都无须凭吊
在春风面前多么不值一提
连翘花正漫过古老长城
让5A景区又升格1A
勾注山下　青麦无涯
让万物一年一度擎出白旗

“山里的晚上很冷
同龄人　你要多穿衣裳”
在去往偏关的路旁店
一片油菜地左边
卖刀削面的店主这样对我说
端茶倒水的人
是他油菜花开的女儿

杏花开了

八道河岭上的杏花开了
开得没有一点提醒
昨夜的小雨落在岭头
早上起来就变成了浩荡的白
春天取代了冬天
一件事情取代了许多事情

杏花开了
无数的人赶来踏青
他们去年已经来过了
他们沿着怀沙河逆流而上
河流之侧　是一段野长城
历史的谜底在这里紧锁

2006年　在祁连山
我们去寻找一条金脉
远远地托来山顶雪花如盖
在大山之侧　我们坐了一个下午
冷风如泼　吹彻青春的身体
我们至今不知道那天在等待什么

生活给过我们太多严肃的答案
而杏花就是杏花　只对自己负责
它不是镜子　也不映照什么
甚至与地理没有关系
像一些事件　一些时间
在春天里　彼此相遇又匆匆交臂

小石潭记

这石潭淹死过一个哑巴
在哑巴之前还淹死过谁
村里没有人能说得清楚
人们出生之前就有了石潭
祖先们插草为界　之前它就在那儿

少年哑巴淹死那年整十三岁
死的那个下午　他的牛群
在岸上欢快地吃草
他的小伙伴们正从潭壁上欢快地跃下
下一锅欢快的饺子

1987年峡河“6·5”大洪水
小石潭被夷为平地
走散的少年　后来有人淹死在打鱼的公海
有人淹死在阿勒泰的矿山炮声
极少数人偶尔抬起头　看一眼小石潭上
拔地而起的芦苇年年白到天涯

我曾问过一位小学同学是否还记得哑巴
（他是哑巴的亲弟）他说不记得了
哑巴是真的走了　他至少带走了他的少年
我被夷为平地的中年　只有夜晚接纳
少年哑巴　我们没有一个人活到
你死去的年岁

峡官公路

峡官公路七十里
两旁布满了荒草和流水
土地庙 祖师庙 五峰寺 寥落的香火
惦记着远道的香客
只有虚无是虔诚的

那一年
峡河人以梦为马
要打通生活与美好间的距离
祖传的火药用来炸石
烧酒的大锅用来煮饭
而遗落民间的军号成为了施令之声

在西街岭
秦岭与伏牛交界处
有一处泉眼　它洗净过
因工而伤的短指和伤口
洗不净梦想对梦想者的羞辱

峡官公路七十里
一头通向故乡　一头通往外省
肩扛行李出门的人　一去
再也没有回来

泡桐记

老屋门前
有两棵泡桐
一棵死了多年
一棵还要活很多年
每年开花的季节　他们都会香一阵
没有人说清　那芬芳的香气
是谁发出来的

它们像两代人
它们的确是两代人
一棵是父亲栽下的　一棵是我栽的
但它们的生和死并不代表什么
生和死只代表生死自身
甚至不代表秩序
树木从不代表人类

我曾闻过桐木刨花的气味
它们与桐花略有不同
也许是沉淀得太久
已经变得轻淡
像罗兰开满废墟的山岗
只有那浓烈的紫色还在
它们被锁进一只柜子或木桶
成为生活气息的一部分

两棵泡桐
一棵已经谢幕
一棵仍在演出
风吹走了一切　只留下一个地名
两棵泡桐　一生一死
风吹雨打的人
一些活着　一些死去

燃灯寺

据说　这是西峡县位置最高的寺院
据说　这是唯一供奉燃灯古佛的道场
其实我与燃灯道人早已相识
在借读的一本《封神演义》里
那时候我十六岁　正在寻找
生活的道门

从这里可以俯瞰县城全境
山峦　大河　树木　312国道
在一头伏牛的脚下铺开
可以俯瞰城东角的人民医院
肿瘤科316房　一位母亲
她已无力决定和明天的相见

修建了又倒塌　坍圮了再修建
这是寺院共同的命运
供奉者如排山而过的晨昏
供奉是因为无可供奉
冬青树从岩脚伸向大河
为生锈的钟声添加新意

鹳河

只有无语的大河理解黄昏
河面漂着十二月的寂静
车辆替代了渡船　今天取代了昨天
流水无可取代　它浩荡奔腾
流向注定的远方

跨河大桥连通着南北
它有彩虹之形与美
三辆三轮车并排从桥面跑过
它们卖完了地里最后的白菜
尾音有饱满的喜悦

没有人说得清河流的数目
它载过的舟都覆了
倾覆的舟变成了浩荡的泥沙
多少王朝被流水劈为两瓣
而缺席流水的人不舍昼夜

起风了
激荡的河风与流水无关
鹳河　我已与你无关
我的脚已被峡河濯过
我所有的诗歌已由峡河完成

评论／

他活在了世界的全部之中

——谈阿来的《云中记》与《尘埃落定》

〇来颖燕

2019年，阿来推出长篇小说《云中记》。这部以2008年汶川地震为题材的28万字的作品，阿来酝酿了十年，却只用了五个月来完成。说是酝酿，其实并不涉及对作品的具体构思。阿来的酝酿，是一种沉淀和远离，让情绪和故事自行发酵，用他自己的话来说，他有创作冲动，但在“等待那灵光乍现的时刻”。所以，虽然“厚积薄发”可以作为对他的创作状态的贴切形容，但事实上一切都法无定法——对于阿来而言，何时构思，何时提笔，何时落定，只能也必须寄托在水到渠成之上。写作与生活，同是流淌在阿来身体里的血脉，生活的质感决定了他在作品中的发声方式。所以，他虽然当年曾经深入汶川灾区，亲历那场巨大灾难的现场，却选择沉默。直到十年后的地震纪念日，成都全城警笛声大作，阿来的内心被触动了：“想起在地震中失去的那么多生命，不禁热泪盈眶。我觉得开写的时刻，真正到来了。”

但是提笔的那一刻，阿来除了知道自己会把聚光灯投向一个祭师和一个村庄，清楚自己的写作是要寻到能直面死亡和灾难的出口，一个让人不只在悲伤之中沉溺和自怜的出口，而小说的具体框架和细节，都还在半空中影影绰绰。但是那一刻他的内心是淡定的，他确认自己有话要说，有情感要疏解，这一切十年来虽然被隔离，欲辨已忘言，却时时在消化之中。当“真正的灵光乍现的时刻”到来，他终于再一次认定这个题材十年来都不曾远去，而是始终在“骚扰”他。他唯有把自己交付出去，和他笔下的世界一起生成，一起坚固，一起远行。

这是一个特殊的题材，但确是很容易被作家关注的题材。巨大的灾难，背后是巨大的人世悲恸，和无所不包的自然万物。越是庞然的公众事件，对于有意书写它的作家而言，就越意味着角度的两极分化。一极会有着类同的隐患，比如直接记录地震中的事件——民众的受难个案或英雄的救灾事迹，当然也会埋伏下串接的线索，但就像阿来说的，“那会把新闻报道转化成小说的样子”，“不是说不能这么写，但作为一个写小说的人，我本能地觉得，要这么写，对小说艺术本身，其实是没什么意思的”。（阿来、傅小平：《将灾难记忆寄存在云中，十年后落下文字冲洗大地》）阿来确实在后来看到了许多相似的“地震小说”，这导致他对为灾难而写灾难更加警惕。而另一极，这样的题材会敞开多样的可能性，甚至是无限的可能性，只是这可能性需要理智与情感的双重发掘。阿来于此是自觉的，因而他一直在寻找承托和表达的途径，他要记录的，不只是灾难中出现的悲痛或是英雄事迹，而是呈现和发掘整个事件引发的对人生和自然的重新审视和考量，并且这一过程，必须用小说独有的方式来表达，用米兰·昆德拉的话来说，那是“唯有小说才能表达的东西”。

于是，《云中记》的开篇，平和、淡然，与我们意料中的书写这场灾难的小说相去甚远。祭师阿巴在陡峭的山道上一步步走向云中村。那是地震后的第四年了。灾后，阿巴和云中村的幸存者一起去往政府安排灾民的一个平原上的村庄。现在，阿巴离开移民村，独自一人重新回到云中村。他要安抚亡灵，要招魂，然后和这个即将随滑坡体滑落的村庄一起永远消失。

主角阿巴，是这个故事自始至终的藤蔓。他的经历，他的所思所想所念，支撑起《云中记》的脉络。阿巴这个人物是有由来的。在地震发生三四年后，一个摄影师朋友拍摄的一个祭师孤身一人在一个村子里做法事的照片，留在了阿来的心里。但一开始，他并没有预料到这个祭师对自己产生的作用力，直到那天听到纪念的警笛声：“我突然一下就感觉情感上被启动了，一下眼泪就下来。我愣在那儿坐了半个小时，祭师那个形象突然就回来了。当时我就想把这个形象写下来，我在想那个人怎么回去，但回去后他该干什么，我不知道。到晚上，大概就写了三四千字。我一想，小说结构在我脑子里就哗啦一下全出来了。”

好像一切都是注定的，都非如此不可地发生了——所有路过的、遇见的，都渐渐促成了《云中记》。阿来曾经言明：“我写作是拼命逃避原型的。”这是他的创作方式——因为“你对生活熟悉了，想象就不成问题了”。所以，小说里那么多的发生在灾难前后的窸窸窣窣的故事，都是在阿来的写作过程中逐渐呈现的。他太熟悉那些村子了——“对生活熟悉了，想象就不成问题了。我们对想象力的理解，都偏向于结构、情节方面。我倒是觉得想象力最是关于细节的，想象力最是体现我们对细节的创造能力。”（阿来、傅小平：《将灾难记忆寄存在云中，十年后落下文字冲洗大地》）“太熟悉”往往意味着能打破生活原型的壁垒，将一切混融后重新组织、熔炼。“在一个创造者思想里会有千百个被人忘记的爱情的良宵又重新苏醒。”（里尔克：《给一个青年诗人的信》）这种看似的“想象”，实则是一种积蓄和沉淀。而只有经过这样的积淀，巨大的悲恸才能渐渐跋涉出新的表达途径，那是更加冷静克制，但更加深入人心的途径。这途径让我们拨开蒸腾喧嚣的情绪，在悲哀和痛苦中升华和提炼出新的情感。

这样自如又一发不可收的创作状态，让阿来想起当年写《尘埃落定》时的情形——他惊喜地发现那种似曾相识的酣畅淋漓感又回来了，越写越得心应手。这是遥远的呼应。写于1998年的《尘埃落定》是阿来的第一部长篇小说，让阿来成为史上最年轻的茅盾文学奖得主。当人们谈起这一名号时，常不忘提及另一个标签——阿来也是第一位获得茅盾文学奖的藏族作家。确实，《尘埃落定》在题材上更全方位地显露出阿来的特质，或者说是我们预设的特质。这部关涉藏族土司制度兴衰历程的作品，显露出浓烈的异域格调，但它的魅力更在于能将我们对这个陌生世界的兴致勃勃的情绪，引入对它的审视和思考之中。故事由第一人称“我”来讲述，但这个本该可靠的视角，却从一开始就让我们在信任与怀疑间颠簸，因为“我”是老麦其土司和汉族女人所生的傻瓜儿子。傻子的眼睛，当然是懵懂无知的，这“当然”二字却要打上引号，因为那不过是我们的自以为是。小说毫不客气地告诉我们，“傻子”常常能出其不意地洞穿为众人所漠视的角落和层面——譬如，在其他土司遍种罂粟时，“我”却建议改种麦子，结果鸦片因为供过于求，无人问津，大批饥民反而投奔麦其麾下，令麦其家族的领地和人口达到空前的规模……“我”的许多言行，看似荒谬，实则暗含命数。而读者一边不得不通过“我”的眼睛去看世界，一边又要记得“我”是傻子而时时反观所见世界的真实性。这其间层层的悖反和落差，将读者悬置在现实和玄幻之间，时而称奇，时而茫然。在清醒和痴狂之间，小说坦然但强烈地暗示着，当有违常理的一切，却显出笃定的真切，一种启示性的力量便诞生了。

在《尘埃落定》问世时，藏族作家的身份确实将人们对阿来的注意力引向了特定的方向。它开启的是一种倾向性的期待，同时也积压成一种无形的限制——我们理所当然地觉得阿来的作品能够也应该带我们去往一个异域的神秘世界，这是他与其他民族的作家所具有的天然的区别性特征。但对于作家而言，这样的预设是一种敞开，却也会是一种遮蔽——阿来，首先是一个作家，其次才是一个藏族人。阿来称自己的第一母语是叫作嘉戎语的藏语方言，但他的创作一直都回归汉语雅正的书写传统，用他自己的话说，是在警惕内部的东方主义。语言的背后潜藏有对世界的思维方式和生活态度，他希望读者能最大程度地感知到他和他笔下世界的独特，但同时这种感知的肌底不是猎奇和误解，而是认识到这看似神秘奇异的世界也是活生生的人间。所以，他的每一次写作，都会在脑海中历经一道翻译的程序——从藏语方言到汉语，他需要经此来保证语言在状物上的准确凝练，更重要的是葆有其中充沛丰盈的情感。而我们之所以能顺利接手和感知到作品中的异质性，正要归于作品背后普遍性的力量和可能。

在写作的路途中，作家们总是对自己的众多身份，有所接纳也有所抗拒——文学创作，是不断认识自我和出离自我的过程。阿来的文学之路，就在这场沉溺和摆脱藏族身份的较量中，不断延展、拓宽，同时回望、聚合。对语言如此，在题材的选择上，亦复如是。

作家的首部作品，常常会从自己熟悉，最好是有特别的发言权的领域起航。毫不意外，阿来会在第一部长篇里讲述一个关于藏族地区的故事。但是阿来的特别，在于他并没有停滞在情节的离奇构思和对异域风情的自如把控之上。引人的情节和独特的格调当然是吸引读者的重要因素，但除此之外，能将这个独特的故事与人类的普遍生存状态相勾连，让读者在读完这个跌宕起伏的故事之后，自觉到情节之外还有更为浑然却重要的东西久久不散，是小说更重要的魅力所在。阿来选取的题材具有非凡的特殊性，但他的着力点意在拨开特殊性的云雾，面向更宏大、抽象的普遍性层面的哲思。我们从小说中领会到的，不只是一个故事，不论它是如何的精彩和曲折，“而是关于人类行为更为普遍的内涵：对正义的渴望、对被爱的需要，或正当的举止。我们忍不住；人类是一种爱推理的物种。给我特殊性，我们就从中得出普遍性……人的生命有价值，不是因为它属于一个拥有者、一个统治者、一个集体或一个政党，而是因为生命就作为生命而存在”（里尔克：《给一个青年诗人的信》）。

这正可以解释，为什么在多年后的《云中记》里，他会如此“冷处理”一个特别“煽情”的题材。如果说写《尘埃落定》时，阿来还在努力地维持曲折跌宕的故事与宏观、抽象的生命体验之间的衔接和互动，那么到了《云中记》，他则自如肆意地将这两者交融在一起。他以阿巴的精神世界为契机，从安抚亡灵的角度，逐一再现作为个体的民众在这场灾难前后的遭遇，这些微不足道的人生因此显得平静但异常清晰；他看似采取了全知全能的第三人称视角，实则却更加怂恿我们注意到全知全能的不可靠：可见之外有不可见的灵魂世界，那里同样有情有爱，就像阿巴回到云中村之后，跟死去的妹妹说话时，他看到两株鸢尾花开了……万物有灵的想法绝非自此才有，但阿来的难得在于，他没有将人置于万物的中心，他看到了人的渺小和命运的无常，并且尊重这些渺小和无常——他相信“这渺小会不知不觉地变得庞大而不能测度”（里尔克：《给一个青年诗人的信》）。

所以，《尘埃落定》里的“我”会讲述自己出生之前的故事，而《云中记》则始终在阿巴回到云中村之后和之前的经历间来回穿梭——前世今生，被绑定在同一个现实里：“他是从一切的前人那里生成的”，所以“必须补上在他降生前已经发生过的事”。如果说《尘埃落定》因为设置了第一人称的视角，建立了一定的秩序，如同因循了视觉透视的规制，那么到了《云中村》，一切则是共生的、交互的，世间可见的、不可见的万物在合唱。“勿听我，听‘道’，智者承认世间万物皆为一体”，在世间的各个角落，万物正以我们未知的秩序和平共存。这个共存的空间类同于约翰·伯格对岩洞画的识别：画中之物所属空间“跟舞台空间毫无共同之处。游牧的‘透视’关乎共存，无关距离”，这是“标明存在的万物及其存在所占有的终极空间领域”。（约翰·伯格：《抵抗的群体》）

阿来的小说里也存有这样一个“终极空间领域”，所以他常常会将现世具体的情节与恒长的自然情境并置，它们“关乎共存”，这是他体味到的万物真实的存在情境。

《尘埃落定》中，“我”爱在官寨前的广场上和人下棋，从中却悟到了战争之理，虽简单却实在：下棋的规则就比如土司间的战争，“我们总是问，他们来了多少人，如果来的人少，我们的人就冲上去，吃掉他们。如果来的人多，就躲起来，聚集更多的人，聚集更大的力量，再冲上去把对方吃掉。可到了我下棋这会儿，这种规则已经没什么作用了”。“我”就这样一边沉迷在六子棋中，一边发现一个又一个春天的到来：“我们早上起来，就在等待天黑，春天刚刚播种，就开始盼望收获。由于我们的领地是那样宽广，时间也因此显得无穷无尽。”生活的琐碎糅进生命的节奏，自然兴替的影子落在麦其家族的起落之间，撑起一个时空；那里有宇宙的叙事秩序，从小到大，从具体的当下到无尽的苍穹。

而“我”跟侍女塔娜亲近之后，总会做梦，“这一向我常做的梦是往下掉。在梦里往下掉可真是妙不可言。你就那样掉啊，掉啊，一直往下，没完没了，到最后就飞起来了，因为虚空里有风嘛”。梦里的“往下掉”有别于真实的日常——“平常我也不是没有从高处掉下来过，小时候从床上，大了，从马背上”，“梦里可就大不一样了。往下掉时，第一个念头当然还是想，我掉下去了。可这话在嘴里念了好多遍之后，都还没有落到地上”。“我”于是明白了自己在害怕些什么——“我害怕从梦里，那个明明是下坠，却又非常像是在飞翔的梦里醒来”。这种恐惧，细碎但真切，带着禅意，诱使我们拼命回忆，我们应该也有过相同的梦境吧。

到了《云中记》，自然的恒长与人世的短暂对照就更加像丛生的藤枝，在整部小说里蔓生缠绕。阿巴在震后第四年回到云中村，望着比震前安静千百倍的村庄，“松树正在长出新叶。新叶长出，旧叶落下。那些细细的针叶落下，簌然有声。落在阿巴肩上，落在阿巴怀里，落在阿巴头顶”。新叶、旧叶，承载着对生命循环的比喻，它们不断地长、不断地落，重复和延伸着这比喻。阿巴走在震后云中村的路上，这条原先布满人们和动物脚印的、从山腰横过去的路，现在什么脚印都没有了。原先坚硬的路面，因为腐烂落叶的覆盖，变得松软，阿巴太熟悉这条路了，那一刻，他记起从前在这条路上遇到的树，记起关于这些树和山的传说……它们都在，又都不在了。阿巴回到云中村待到第二个月时，当他辟的院子里的蔬菜长起后，他睡觉是连门都不关的。“早上一睁眼，他就看见院子里那一片可心的翠绿。日子过得慢，阿巴就醒得越晚。睁眼时，刚好看见早晨斜射的阳光把那些翠绿的叶片照耀得晶莹剔透，叶片边缘上坠着的露珠闪闪发光。这情景，使他摆脱过于寂寞，以及在一个被世界遗弃的村子中特别容易产生的沮丧。”而这沮丧，不是为了自己，居然是为了回到村中后，没有看到过真正的鬼魂。

是否真的存在鬼魂，一直是阿巴的难题，也是我们的难题。阿巴的父亲是祭师，父亲的父亲也是祭师，阿巴少年时就看着父亲给鬼魂施食。曾经，生活在飞速变化世界里的阿巴是一个半吊子祭师，他知道自己只是在表演祭师。而当他在震后独自回到云中村招魂、祭山神时，虽依然对鬼魂的存在将信将疑，但已经满心希望鬼魂能真的存在，希望能遇见他们——“他想这些家伙，是故意不让他看见。也许，他们还在背后对他做着鬼脸”。他是一个真正的祭师了，全身都是云中村的味道了。上山来劝阿巴回到移民村的外甥仁钦一看到阿巴的样子，就知道他已经进入自己的角色，陷入了一个非现实的世界，回不去了。仁钦的视点连缀着现实的此岸，但是现实与非现实的界限在哪里呢？阿巴的现实在不断扩展，平凡之物的神秘气息也在不断扩展。直面可能存在的不可见世界，是另一种更彻底的现实主义。是否真的存在鬼魂，此刻已经不再重要，这一路走来，阿巴进入了更宽广的生命感。

“你的肉眼看见的玫瑰，生长在永恒的上帝里。”（约翰·伯格：《抵抗的群体》）在可见与不可见之间，深埋有更多的寂寞和虚空、执着和留恋。最后的时刻，云中村的大地缓缓下沉，大地内部经历着剧变，而“草原上，夕阳下，蜿蜒的河流闪闪发光。在向东而去的过程中渐渐宽阔，渐渐壮大。河水流去的方向是云中村的方向”。阿巴端坐不动，大地最后翻了一个个儿，包裹起他，拥他入怀……

自然界不断地运动、生生不息，个体的生命则来来回回地忙碌、轮回。同一时间内，一逝而过的瞬间和亘古不变的恒长并行不悖，仿佛它们本来就同属一处。不同的时刻“挤进同一个时间的签名”（詹姆斯·伍德：《不负责任的自我》），它们踩着不同的鼓点，具有不同的拍号，交汇、混合或是变奏，迫使我们在沉溺于生活的琐屑的同时，不时抬头冥想天际。（詹姆斯·伍德：《小说机杼》）阿来的笔法凌驾于具体故事之上，以至于在一些时刻，人物或是情节的痕迹开始褪色，化入更为浑然和抽象的意象之中。所以，在阿来的眼中，长期的和短期的、重要的和不重要的、日常的和神秘的之间的界限是模糊的，他有意取消了它们的区间，他努力地贴近万物、自然、天地。这种贴近更多的是情感上的，而非理智上的。因而，自然对阿来而言，并不只是被动的被描摹的对象，而是主动参与创作的合作者——只有开启合作，而非只是描摹，作者才能足够逼近自己要呈现的世界。这像极了约翰·伯格眼中的画家与作品之间的关系：“每一幅真正的画都体现一个合作关系。”（约翰·伯格：《抵抗的群体》）圣维克多山是塞尚的同伴，因为从其他人和其他角度看去，它会完全不同。同样，自然万物也是阿来的同伴，阿来一眼望去，自然这样近又那样远，细微到不可分辨，伟大到不可思议，它们此刻都属于阿来。他退至与自然最初、最深的联结处，腾空自己的内心。那时，他不只是其笔下世界的创造者，同时也是接受者。“看似创造之举，实际是为他所接受的东西赋予形式。”（约翰·伯格：《抵抗的群体》）如石涛所言：“画受墨，墨受笔，笔受腕，腕受心。如天之造生，地之造成，此其所以受也。”（《苦瓜和尚画语录》）笔下的一切，因此逐一主动现形，它们此刻依靠的不是作者的观察或是构思，而是基于熟悉之上的灵感和本能——《云中记》的细节和情节架构会逐渐自我呈现，绝非妄言。

写《云中记》的阿来看到了生命深处的活力和法则，感应到内心的召唤，继而才要去寻找合宜的容器去容纳创作的冲动。他的写作并非是因题材而起，而是“反向”的，源于灵魂深处的震慑。迎面而来的题材，如果是属于他的，就会让他自觉亲切亲近。这会成为写作者的命运，“我们所谓的命运是从我们‘人’里出来，并不是从外边向着我们‘人’走进”（里尔克：《给一个青年诗人的信》）。

可贵的是，虽然是“反向”的创作，但阿来的小说满布细节，并不急于直白地呈现出他的形而上和抽象意念。细节具有不可降解性，因为细节就是生活本身。阿来作为自然的“接受者”，其对自然的“接受”过程也具有接地的属性。“接受”二字，不仅是对他创作过程的抽象指涉，更具象化为细碎的情节，成为他作品的明线或是暗流。所谓“接受”，必然会包含有选择、拒绝等一系列的进退和纠结，这些都在阿来的故事中有了化身——藏族地区的古老土司制度，面临新时代的冲击，它试图接纳过，也为保存自己而拒绝过，它兴盛过，最终土崩瓦解。而《云中记》更是面临一个巨大的接受问题——生者如何面对死亡。阿巴寻到的途径是，不仅是要生者接受死亡，更要亡灵接受死亡：“人死后，一个鬼魂长久存在，不肯消失，那是死人深怀着某种执念，尘世的记挂太多。对云中村或许还没有魂飞魄散的鬼魂来说，更可能是对猝不及防而又惨烈无状的死亡不明缘由，而游荡在生死边界的两边。阿巴已经无数次地告诉他们，死亡已经发生，紧接而至的将是云中村的消失与死亡。如果还有鬼魂没有意识到这一点，永远带着惶惑、带着惊恐与怨怼之气不肯归于大化，等到云中村消失，世上再无施食之人，他们就会成为永世的饿鬼与游魂了。”这正可以解释，为什么阿巴要牺牲自己的生命去安抚亡灵，选择与云中村一起消失。是的，阿巴在安抚亡灵之后却坚持选择与云中村一起消失的情节，令人费解。但这个疑点的存在，提醒我们，我们与阿巴的世界是有隔阂的，阿巴对自己祭师身份的认知和接受过程正是他的自我世界生成的过程，非物质文化传承人的标签对于他的意义，敌不过他的自我世界里那超现实的神圣力量。阿巴以及古老的祭师们，因而具有了非凡又平凡的意义——他们是生者与死者沟通的桥梁，同时又自行阻断沟通渠道，令世间万物不可侵犯。“鬼魂存在一段时间，就应该化于无形，从这个世界上彻底消失。化入风，化入长空，化入大地，这才是一个人的与世长存。”因为了悟到死亡是所有自然生灵的宿命，万物具有相通的生命节奏，阿巴唯有选择与云中村一起消失，才能真正获得灵魂的安稳和净化。

本雅明曾经说，经典的故事讲述围绕着死亡展开。阿来对死亡的接纳和呈现，是对小说权限的突围：“小说既是伟大的生命赐予者，也是剥夺者——不仅因为小说故事里的人物通常会死，更重要的是，即使他们不死的话，也是已经活过的人了。”（詹姆斯·伍德：《最接近生活的事物》）但阿来把这种局限延展至了永恒。只有坦然面对对不可见物和未知物的恐惧，比如鬼魂，比如死亡，人才能从个体生存的贫乏中解脱出来，而人与人之间，甚至是活人和死人之间的关系也不再受限。

阿来小说中的宗教意味于是不动声色地现身了——它意识到生命的有限与自然的恒长，并接受这种限制，以坦然面对死亡。作家的文化背景注定会融进作品，对于用文字来召唤内心的作家而言，这不可遏制——“观看即阐释”（贡布里希语），作家目之所及，就已经染有他个体的色彩。他们无意识，同时也自然地敞开自我，肆意地沉入现实，浸入自然。对于阿来而言，他的写作基于神秘的感官，并依赖小说来显形，那里有宗教和文学双重的虔诚，所以他会说：“我看到一朵小花匪夷所思的结构时，就回头望向蓝天，我以为一定能看到上帝。”（阿来：《为什么植物在中国文学中越来越枯萎？》）他呈在我们眼前的作品如同一幅既古老又现代的画，同时叩击着当下和远方。“当画中形象非复制现实，而是一次对话结果时，画中物便说话了，只要我们倾听。”（约翰·伯格：《抵抗的群体》）《云中记》中遍布着足以让我们安静、迫使我们屏息倾听的自然天籁——阿来的笔法表露出自然万物想被倾听的欲望；同样，《尘埃落定》里的“我”虽是世人眼中的傻子，却与混沌的自然有着天然的亲近。阿来赋予这种神秘的关系以从容又平凡的光芒，他让傻子少爷和阿巴与万物自然对话，并保守它们的秘密。

作品底色的动能来自作者的情感方式。毕飞宇和张莉从作家的情感方式切入，探讨俄罗斯文学：“每个作家都有自己的情感方式。”而俄罗斯文学之所以博大，是因为它的情感方式是母性的，怀有一种宗教精神和牺牲精神。（毕飞宇、张莉：《小说生活：毕飞宇、张莉对话录》）阿来的创作冲动来自灵魂，他的情感方式当然有别于俄罗斯文学，但其中的那种对生命近乎偏执的谦逊和包容，以及对天地万物的绵延不绝的生命力的感知，却隐现出这两者间的叠影。这种情感方式从阿来的一个文本流到另一个文本，并始终围绕着自然与人之间如何相处的命题。

如果说，每个小说家的心中都会有一个小说之眼，可以聚拢起他所有创作的核心基点，那么阿来的小说之眼便在于这个命题与这种情感方式的相互滋养。虽然中国文化自古以来就有“天人合一”的精神命脉，但在漫长的文学史上，自然万物更多地被视作感情的载体，所谓“托物言志”，“寄情于山水”。用阿来的话说：自然植物总是作为投射情感的意象频繁地出现在中国诗歌中，当植物被过多赋予象征意义，作家也只书写被赋予某种象征意义的意象时，自然本身的自然意义就慢慢在中国文化中萎缩了。阿来的眼中，人与自然从来不是单一的对峙，且也无法自在地融合，而是有距离的平等的存在。它们会始终处于彼此依存、成全并伤害的过程之中——这是一个在接受、抗拒、妥协之间轮回往复的动态。在《尘埃落定》《云中记》，以及他的其他小说、散文、非虚构作品中，这一动态的影子或隐或显，却从未远离。他的情感方式决定了他的立场是双重的，他当然理解人类的意愿，同时也不忘从自然的角度出发。

于是，我们看到在《云中记》的扉页，阿来写道：“大地震动，只是构造地理，并非与人为敌；大地震动，人民蒙难，因为除了依止于大地，人无处可去。”阿来对自然法则的理解，让他的视角不再囿于受难者，而是大写对自然天地法则的体验者。这是真实的命运，让人痛苦，但也提供了“更多的机会走向伟大，更多的勇气向着永恒”（里尔克：《给一个青年诗人的信》）。这向着伟大和永恒的脚步，是一种深刻的理解，其中蕴蓄着对自然的敬畏——自然在崇高中存有的漠然，可以对人类的生存做出新的解释。而这种解释，提醒我们重新意识到对“众生平等”四字含义的习焉不察——所以当阿巴回到云中村时，会对亡灵有着同样的怀念和爱，即使是曾经欺侮乡邻、不受人待见的祥巴一家；会在云中村彻底消失之际，喂饱了震后跟随他来到云中村的两匹马儿，念叨着父亲当年说过的话："人经受什么，它们就跟着经受什么。"阿来用小说验证了里尔克的话："动物和植物中的一切美是一种爱与渴望的、静静延续着的形式"，"人们要更谦虚地去接受、更严肃地负担这充满于大地一直到极小的物体的神秘，并且去承受和感觉，它是怎样重大的艰难"。（里尔克：《给一个青年诗人的信》）

阿来著有被称为"山珍三部"的系列中篇《三只草虫》《蘑菇圈》《河上柏影》。对于自然与人类之间的博弈，以及其中暗涌的秘密与艰难，这三个中篇的揭示愈加直接和显眼。虫草、松茸、岷江柏，这些自然宝藏与人类消费社会之间的消磨和制衡，是人与自然关系即时的、精准的图示。此刻阿来的忧虑和反省显得更加迫切和外露。这种迫切，让我们更加看清，虽然阿来笔下的世界情感丰沛，甚而可以套用俗语说是"充满情怀"，但一定是以对自然万物规律的理解和认知为前提的。他和他的小说主人公们都很清楚，人类世界终究是隶属于自然界的，那里有更庞大的情节和终极的叙事者。这就是为何阿来在作品中表现出来的悲悯，不同于让人沉沦和颓丧的痛苦，而是对自我有了清醒认知之后的担当；也是为何当阿来的眼睛掠过天地之间，即使心潮澎湃，下笔也必定会内敛克制。

当阿巴在震后第四年要离开移民村去云中村安抚亡灵时，村民们用祈祷、用歌唱为他送行："让道路笔直，让灵魂清静"——"岩石在听。苔藓在听。鸟停在树上。鹿站在山冈。灵魂在这一切之上，在歌声之上。"阿来以及阿巴都深深明白，道路当然不会笔直，而是充满险阻的，但只有经历过才能过滤掉生命的喧嚣，灵魂才能获得清净。是以，阿来的文字始终是精确清醒的，他笔下的人物，即使奇特也并不浮夸。他切近真实和日常的生活的笔调，并不会因为面对神秘和未知，而成为浑浊的涂写。他站在大地之上，庄重而从容地聆听自然，直面世界的各个角落和层面，不论是可见的或是不可见的、晦暗的或是光明的——他活在了世界的全部之中。詹姆斯·伍德曾在《破格》中论述梅尔维尔的创作时引述歌德的建议："一个人必须'活在世界的全部中，你便会感到幸福'。"信哉斯言。

评论／

从中汲取，以及感受智力和情感的愉悦

◎李浩

我是一个书虫。图书和其中的故事、智慧和美妙的语词时常会使我欣悦，在这里我愿意再次引用马里奥·巴尔加斯·略萨在获得诺贝尔文学奖之后演讲中的一段话：“倘使列举所有令我或多或少受益的作家，他们的影子一定会将在场的所有人都笼罩在黯然之中。因为有惠于我的作家实在太多了，可以说是数不胜数。他们向我揭示讲故事的秘诀，更促使我探究人性的奥秘，让我敬仰人的丰功伟绩，也让我惊恐于人的野蛮恶行。这些作家是我最诚挚的良师益友，他们激发了我的使命感。我在他们的书中发现，即使在最恶劣的环境下，希望始终存在；即便只为能阅读故事、能在故事中任幻想驰骋，此生不枉也。”他道出的，也是我的感受，我对文学的阅读感受。我觉得自己无法说得比他更好。

若谈及影响到我的、获得诺贝尔文学奖的作家，无疑，马里奥·巴尔加斯·略萨是其中的一位。相对于他的小说，我大约更“着迷”于他的演讲和言说，他的那些访谈和随笔，我在其中的获取可谓是颇多，在我的随笔和评论中也曾反复地引用——不过，若只谈三位对我影响最深刻的诺贝尔文学奖作家，我会悄悄地将略萨排在略靠后一点儿，我要谈的是加西亚·马尔克斯、君特·格拉斯和伯特兰·罗素。我不否认这里面所充斥的个人偏见，只是一旦涉及“我来看”，我就会强化甚至固化我的个人偏见，除非在某个时段我的大脑重新说服了我的大脑。事实上，选三位对我最有影响的诺贝尔文学奖作家，我还在威廉·福克纳、若泽·萨拉马戈、米沃什、帕斯捷尔纳克、埃利蒂斯、维斯瓦娃·辛波斯卡之间犹豫过；我也曾想将太过“热门”的加夫列尔·加西亚·马尔克斯置换出去，曾想在谈论文学的时候将伯特兰·罗素加入是否合适（尽管他所获得的是1950年的诺贝尔文学奖）……但最后，我说服了我自己：我要谈影响到我，对我作用巨大的诺贝尔文学奖的作家。

我无法绕过加西亚·马尔克斯是因为他是我文学趣味的试金石。它告诉我有些“溢出”我旧有审美的作品未必是它不够好，很可能是我不够好，是我的理解力和感受力不足。在一篇题为《被阅读支撑起的写作》中，我曾谈及我和他的著名的《百年孤独》的相遇：在我听说这个书名的时候，它已经显赫得不得了，然而我无法连夜找到这本书——我只得一次次羞愧地听着别人谈论。直到我认识了李文东，他把我领到他的书橱旁边，一次性“塞”给我三本书，其中就有《百年孤独》。然而，我回家后迫不及待地翻开，大约两三天，三四十页；然后又有三五天，七十页左右。我读不进去，那么多的线头、那么多的人物把我缠绕在里面，让我找不到路径甚至感觉到某种窒息。在一个月的时间里，我一次次打开，用依然的“先期的热情”，最多的一次读到八十几页。其间我还和李文东有过交流，然而我不得不说，我被阻挡在外面，一次次。如果不是它显赫的名声和我准备下的“先期的热情”，它将会和我永远地错过。或许是某种机缘巧合？1995年，郑州《百花园》组织小小说笔会，从未发表过一篇小说的我意外地受到邀请，叫我去郑州——当然是兴奋不已，这是我第一次参加这样的笔会。书，是一定要带的，带什么书？我踌躇了良久，决定装得有理想有学问些，带了这本《百年孤独》。笔会时间不短，我和沧州的高海涛同居一室，他在《沧州日报》工作，和小小说作家们极为熟悉，而我，则全然陌生——是他们对我陌生，我对他们是熟悉的，我读过他们多数人的作品。我凑过去和他们交谈，得到的是客气的冷漠，而我的提问得到的往往也是敷衍性的回答。一百余人的大会，我突然感觉异常地孤独。没办法，我就躲在房间里，翻开带来的《百年孤独》，一页一页往下翻：这一次，我读到了一百多页，突然间读出好来了，有种豁然开朗、突然透过了强光的感觉，那种美妙实在让人兴奋。我用力地按下这份兴奋，决定从第一页“多年之后，奥雷良诺·布恩地亚上校站在行刑队面前，他就会回想起他父亲领他去见识冰块的那个遥远的下午……”重新读起。

有人进进出出，有人找寻高海涛，午夜时分，高海涛归来，然后是鼾声响起……我没有受到任何的打扰，我一个人，在《百年孤独》的故事和氛围里沉浸，感受着遥远的、阴影巨大的土地上种种事件的穿梭更替。何塞老人的房间里行走着忘记了时间的灵魂，奥雷良诺·布恩地亚上校融化了他已经做好的金鱼，俏姑娘雷梅苔丝飞上了天空，食肉的红蚂蚁毁掉了花园和“最后一个人”，“这手稿上所写的事情过去不曾，将来也永远不会重复，因为命中注定要一百年处于孤独中的世家决不会有出现在世上第二次的机会”。我读到最后一句话的时候是凌晨五点，我极不愿意读完它，因为读完意味着这一美妙旅程的某种终止……我百感交集，我兴奋不已，内心里涌动的激情和幸福极需要迅速地说出，于是我故意弄出巨大的响动，故意在高海涛的耳边咳嗽，故意——但他睡得很沉，不肯醒来。没办法，我就走到楼道里，在楼道里一遍遍来回走动：我希望能遇到早起的人，试图晨练的人，我一定要把他拦下来和他谈《百年孤独》，无论他是谁。《百年孤独》于我来说是极为重要的，它是一块试金石，是一个曾经的巨大阻碍。在没有读过它之前，许多的小说、诗歌我曾读过，但没有什么感觉，只是满足了“知道”，而读过《百年孤独》之后，我竟然能迅速地明晰哪些风景是被我错过的，我需要重新阅读；而之前一直拒绝的一些现代作品，在阅读过《百年孤独》之后，我的审美已不再会那么固执地拒绝，有时竟然变得顺畅无比。《百年独孤》带给我的远比这本书要丰厚得多，尽管这本书已经足够丰厚。

在一个漫长的时期里，我曾努力地寻找马尔克斯的其他作品，真的是如饥似渴；我也曾在与别人谈论文学议题的时候反复引用《百年孤独》或是《没人给他写信的上校》，《霍乱时期的爱情》以及《一桩事先张扬的谋杀案》，以其中的故事、人物、对话和种种设计来为我的文学理解“佐证”……加西亚·马尔克斯告诉我，小说完全可以写成一首绵长而有魅力的诗，诗性可以一直充溢其中，始终不会有所减损；时间在小说的建构中作用巨大，小说的磅礴、恢宏和繁复的交织都建筑于时间之上，从某种意味上来说，时间即结构；一种史诗性的写作未必要用凝重和坚硬如石头的笔墨来完成，它也可以有飞鸟之翼和似锦的繁花来铺垫，它开启了一种原在我心目中封闭着的可能；每一种耐人寻味都可以交给故事来完成，而这个故事的折叠、丰富和多意又直接影响着“耐人寻味”的深度与广度，它不自我阐释，却让阐释的空间延长和无限……我也承认，阅读加西亚·马尔克斯也有一个“反复”的过程，在《被阅读支撑起的写作》中我未曾谈及，大约十年后，我的阅读也更加丰富，个人的品位慢慢固定之后，我曾和朋友刘建东谈及我对加西亚·马尔克斯的“某种不满”，我觉得他可能过于醉心故事了，本应停滞和仔细追问的地方他都不那么经意，有些“滑过”，然后追逐的是新的故事和新的发展——他如果有些凝滞之处，有些回旋和缠绕可能更好。这一评判至今还有所坚持，我还是觉得，他如果加些石头和金属的坚固，凝滞一些或许会更好。及至后来，我到学校教书，准备和研究生们深入地谈及影响过我的经典作品，马尔克斯同样无法绕过：这时，我重读以为自己几乎“了如指掌”的加西亚·马尔克斯，却又重新读出了陌生、美妙和意外，包括他埋伏于小说细节中的诸多耐人寻味的深意。这让我想起伊塔洛·卡尔维诺在《为什么读经典》一文中谈及：“一部经典作品是每次重读都像初读那样带来发现的书”，“一部经典是一本即使我们初读也好像是在重温的书”，“一部经典作品是一本永不会耗尽它要向读者说的一切东西的书”。——马尔克斯的小说其实就是如此。后来，我在加西亚·马尔克斯的《百年孤独》中何塞领着两个儿子“见识冰块的那个遥远的下午”的故事中，读到他对人类习惯性“先于理解之前做出判断的愚蠢”的讽喻；在上校送给母亲的洁白的圣母石膏像中塞满了准备下次起事用的黄金的故事中读到诸多的杀戮和暴力都是以圣洁之名、光明之名实施的内在含义；在热爱尊严的上校毫无尊严感的死亡中读到加西亚·马尔克斯的人生吁嘘……这些所谓“后来”的读出，都是我在重读的过程中读到的，而之前的过程中忽略了它有那么深宏的“背后之意”。

必须承认，加西亚·马尔克斯让我受益诸多。他让我自觉地汲取，将那些美妙和宽宏、丰富和诗性容纳于自己的小说中；他也让我自觉地“抵抗”，努力在影响的焦虑中慢慢建筑自己。

我需要承认君特·格拉斯是在加西亚·马尔克斯之后第二个阻挡住我的人，让我感觉他的写作“溢出”了我的审美。初读名声显赫的《铁皮鼓》，我又一次被阻挡在外面，无法进入：我觉得他的写作过于黏稠，铺张的头绪过多而匮乏连接感，太过世俗化……六十页，七十页，八十页。我强烈地认定他是浪得虚名。许多人对他的叫好不过是屈从于他的名气和诺贝尔文学奖的光环——偶尔有一天，我生出一种恶作剧的冲动，拿着一支红铅笔在书上勾画：我决定把《铁皮鼓》中过多的“废话”去掉，看它能不能变得更为清爽、简洁，更有魅力感——把我阻挡在外面的就是这些实在过多的“废话”！我开始做，从一个早晨，兴致勃勃地做到下午……我突然意识到我是错的，我勾掉的废话其实有用，而且极为有用，正是它们的那种喧哗感使小说产生了特别的调性，生出了丰富和歧义，有了那么多耐人寻味的延伸。我决定从头再看这部《铁皮鼓》，这一次，我读出了好，读出了惊讶，也读出了强烈的惊艳。我承认自己如果不是先期的热情和那个恶作剧的冲动，很可能会和另一种高妙的文学、另一种高妙的表达方式失之交臂。在我看来，自《铁皮鼓》始，君特·格拉斯甚至发明了一种独特的语言方式，我愿将它命名为“复眼式”写作：

“它是复调的丰富、繁杂和歧义的再次拓展，它将属于时代的、历史的、记忆的、个人的、物质的和精神的种种都一一‘照顾’到，将它们赋予艺术之光，并将这种繁复有机地纳入整体故事之中。之所以将这种写法称为‘复眼式’写作，是因为它极为类似蜻蜓、蜜蜂那类复眼式动物的看见：每一颗小眼，都会有所捕捉，而这个捕捉是有光的、有效的，具体而生动，并极富艺术魅力；这样的小眼可以说数不胜数，因此被看见的生活和生命微点也就数不胜数；核心性的是，所有的复眼又有集中的、统摄的光，它们所有的看见都会容纳在‘整体’中，和整体完美匹配。就我的有限阅读，我认为时下的作家中使用‘复眼式’写作并卓有建树的只有两个：君特·格拉斯、萨尔曼·鲁西迪。”

> 如果这一天不是一九三九年九月一日的前夜的话，我们这一趟会又清静又高兴。可是，从马克斯·哈尔贝广场起，五路电车连同拖车都挤满了从布勒森海滨浴场回来的疲惫不堪仍吵吵嚷嚷的游客，叮叮当当朝城里驶去。如果韦斯特普拉特对面的港口没有停泊着那两艘战列舰“石勒苏益格”号和“石勒苏益格-荷尔斯泰因”号，如果它们的钢铁船身、可旋转的炮塔和大炮不出现在红砖墙后面的话，等待我们的该是一个多么美好的夏末的夜晚啊。我们把鼓交给科比埃拉以后，就会去魏茨克咖啡馆，摆上两瓶果汁汽水，插上两根麦管。如果在最近的几个月内，邮局内部没有装上钢板而使之成为一个要塞，如果善良的邮局职工、官员和邮递员每周周末没有在格尔根和奥克斯赫夫特受训而变成一支要塞守军的话，那么，走到邮局前，按门房的铃，并把无害的儿童玩的铁皮鼓托看房人科比埃拉修理，那该是件多么美好的事情啊！（君特·格拉斯：《铁皮鼓》）

“将边缘性的个人经历和历史事件天衣无缝地粘接起来，让个人以最大的有效性参与历史进程是君特·格拉斯的卓越‘发明’，在这里，君特·格拉斯有意选取了那一个时间节点（一九三九年九月一日凌晨，希特勒的150万大军将入侵波兰；第二次世界大战爆发）、地理节点（但泽）、环境节点（马克斯·哈尔贝广场及邮局），然后又描述到大战爆发前的基本日常；描述到军舰的驶入，同时也描述到隶属波兰的这家邮局变成了要塞，而邮局职工经过了训练，接下来的‘邮局保卫战’便顺理成章。它其实还介绍了奥斯卡和‘假想’的父亲扬·布朗斯基一道进入邮局的原因，让奥斯卡从侧面‘目睹’这一历史事件的发生……在他的叙述里包含众多，耐人寻味，但它们又是隶属于故事整体的。”

当然君特·格拉斯给我的不只是技术上的教益，绝不只是！我看重的是他的专注的言说，是他所说出的、给予我们生活的种种警告。“我不得不再一次地埋头在历史的进程、杀人的战争、思想的迫害的故事堆里，把那些通常很快就会被遗忘的东西昭示于众。”即使在书写古老德国“三十年战争”的历史小说《相聚在特尔格特》中，君特·格拉斯也走至前台，“已有之事，后必再有，已行之事，后必再行。我们当今的许多故事绝非现在发生。本书所讲的故事，即肇始于三百多年前。其他故事也大体若是：举凡在德国发生的故事，无一不是源远流长”……他看重的，是事件的“后必再有”，是贮含其中的那个“源远流长”，是那样发生的可能性，是那种可能性里的可怕之处。在书写历史的小说（包括幻想的小说）中，君特·格拉斯埋下了警告。毫无疑问，一种显著的、强烈的恶容易遭受抵御，稍具理性的人就会自发生出反抗，至少会消极对待，它如果不加以修饰、掩饰，是难以成为“集体意识”的，何况是在以理性著称的德国——

阿伦特在《极权主义的起源》中曾向我们指认，作为二十世纪专制形式的极权主义现象，其特殊性就在于，它会通过意识形态的蛊惑，赋予自己“假定正义”，全能地控制至少在一定时间内得到几乎是全社会的支持……在君特·格拉斯的写作中，他让持续的光打在纳粹主义者“假定正义”的镜面上，从而让我们得以确认和审视。他让我们审视纳粹“激动人心的宣传”——在《我的世纪》，题为“一九三一年”的那一小节，其中的内容全部由引文构成：“向哈尔茨进军，向不伦瑞克进军，这就是口号……”“被奴役的时代终于一去不复返了！新的分队将接受洗礼！他们甚至从沿海各地，从波瑞沙滩，从弗兰肯地区，从慕尼黑，从莱茵兰地区，滚滚而来，坐卡车，乘公交汽车，开摩托车……”“是的，战友们，我头一次体会到这座纪念碑的整个压力，我看见那些支撑在刀剑之上的英雄形象，我知道，在莱比锡大会战过去了一百多年的今天，解放的钟声再次敲响了……”“结束被奴役的时代！”“就该这样，战友们！不是在国会的那些喋喋不休的、早该烧掉的小屋里，而是在德国的大街上，整个民族终于找到了自我……”“是的，我们，只有我们，才能代表未来说话……”而在《铁皮鼓》中，格拉斯甚至为纳粹的宣传开辟了专门的章节：《演讲台》，纳粹利用了一战失败后德国人心理上的“耻辱印迹”，将它重新撕裂并培养仇恨感，利用诸如“纪念碑”“英雄”“解放”等大词，使得德国民族进入“信”和对领袖的崇拜中；“对称”是演讲台的风格，也应是一切纳粹建筑的核心风格，它将刻板的庄重注入其中，强调着令人眩晕的严肃。而口号和合唱，青春焕发……“这些乌合之众！然而这种一浪高过一浪的狂喊乱叫也使人感到激动，今天我也不得不承认，确实很有魅力，尽管只有一场阵雨那么短暂。”他让我们审视纳粹文化中“恻隐之心的自我销毁”，譬如《铁皮鼓》中记叙的“砸玻璃之夜”和玩具商人的死，譬如一向温雅、和善的幼儿园园长考尔小姐对因受伤而哭泣着的斯特凡的拒绝，“他是个波兰小孩，对此他（指打人者）不能负责”……《我的世纪》，一九三四年，格拉斯冷静地写到对一个“让我感到莫名其妙的畏惧”的犹太人的处决：“不管怎样，我给了米萨姆四十八个小时，并且建议他在这个期限之内动手做个了结。那么就会是最干净的解决。”“可是，他没有帮我们这个忙。因此，施塔科普夫只好动手。他显得是在一个抽水马桶里把他溺死的。我不想知道具体细节。严格地说，这纯属敷衍了事。事后再伪造成上吊自杀，当然也很困难。双手痉挛的样子并不典型。我们也没办法再把舌头弄出来。那个结打得也太内行了。米萨姆绝不可能打成那样。施塔科普夫这个笨蛋还继续干蠢事，他在早上点名时下达了他的那道‘犹太人出列去割断绳子’的命令，从而使这件事公之于众……”从众的心理和仪式的狂欢让人们变得麻木，进而不仁，当然他们的友善、团结与互助都在，但只针对“同一族类”，而对那些被纳粹宣布或暗示为“他者”“敌人”或者“可能的破坏者”时，则是冷漠和残酷的，它影响到孩子也影响到了女性。一九三四年的那件事并非孤例，它具备集体心理的无意识特征，从中我们可以看出“消灭恻隐之心”的渐进与成功，在这时，他们不关心那条生命的被动消失，不关心具体细节，（让自己不审不察，不去面对）关心的是如何掩盖它，让被动呈现出自杀的样子。

不止于指认“平庸的恶”，格拉斯还从不同侧面让我们见识纳粹者高声宣传的蛊惑之处，譬如对希特勒的元首崇拜，譬如纳入集体的强烈荣誉，责任感的召唤，譬如集体生活的温暖感和活力感，“内部友善”，譬如恩惠式的福利……让人着迷的还有纳粹者对集体“纯洁性”的维护，在这里，它排除着“不适合”，也排除着在他们看来的“恶行”：《猫与鼠》第四章曾提到对流苏的拒绝，“我们学校的校长、高级参议教师认为，戴这种流苏太女人气，配不上一个德意志的年轻人，因此他禁止在教学大楼和校园里戴流苏”。这项（或类似的）禁止是有根据的，根据的支点当然是阿道夫·希特勒：“我们对我们德国青年的期望不同于过去对他们的期望。在我们的眼里，未来的德国青年应该是身材修长，敏捷，坚韧，像克虏伯的钢铁一样坚强。”（古多·克诺普：《希特勒时代的孩子们》）《铁皮鼓》中也曾写到，一名叫迈恩的冲锋队员因为对猫的虐待和残杀而被开除出冲锋队——在希特勒的冲锋队里，残害动物的恶行是不被允许的，偷盗、酗酒等也是不被允许的，但对某些人、某种人的仇恨乃至杀戮却可以堂皇，直到被当成“英雄”。

文学承担娱乐功能，这一点不可或缺，保障其魅力性、生动性和吸引力是文学应备的，它当然应当获得强调；而另一功能，即感悟世界、认知生活、提供启示的功能，或者同样拓展外延来使用的——“寓教”“宣道”的功能，其实也不可或缺。这是君特·格拉斯给我的教益。

在《被阅读支撑起的写作》中我曾谈及罗素：“《西方哲学史》，是我几乎过一两年就会重读的书。是的，它不是那种特别的‘创见之书’，而是不偏不倚的‘中庸’之书，它对西方哲学家的诸多评判和我对他们的阅读感受很是接近，只是我远达不到他所说的深刻、宏观，于是我愿意从他那里获取。阅读哲学，我并不想成为某一家、某一体系的拥趸，而是希望自己从这样那样的认知中获得智慧，拓展自己的认知。”罗素的《西方哲学史》是我的枕边书，偶尔我会拿它和梯利的《西方哲学史》对照着看，但我个人更倾向于罗素多一些。罗素不惊不乍，没有任何故作高深之语，却是认真辨析和说理，真正能带给我启示。

在阅读罗素之前，我曾对柏拉图的《理想国》抱有强烈的好感和信服，罗素的解析于我是种反思的开启，让我意识到我需要从另外的角度审视和辨析，而不是在读书的时候只能顺从，而是要一边信一边辨析，要更多的逻辑推衍；在阅读罗素之前，我以为自己“了解”犬儒学派和他们的学说，然而经由罗素的梳理则让我意识到，我之前的判断是肤浅的，甚至有太多的错谬的成分，“事情远不是我以为的那么简单”。罗素，也为我理解亚里士多德的《形而上学》，理解伊曼努尔·康德，理解尼采和休谟建立了可靠而有效的通道，若不是他的帮助，我或许永远无法真正地靠近他们，靠近他们所提供的种种智慧。他告诉我：“哲学，就我对这个词的理解来说，乃是某种介乎神学与科学之间的东西。它和神学一样，包含着人类对于那些迄今仍为确切的知识所不能肯定的事物的思考；但是它又像科学一样是诉之于人类的理性而不是诉之于权威的，不管是传统的权威还是启示的权威。”他告诉我：“在思想的领域内，清醒的文明大体上与科学是同义语。但是纯粹的科学，是不能使人满足的：人也需要有热情、艺术和宗教。”他还告诉我：“研究一个哲学家的时候，正确的态度既不是尊崇也不是蔑视，而是应该首先要有一种假设的同情，直到可能知道在他的理论里有些什么东西大概是可以相信的为止；唯有到了这个时候才可以采取重新批判的态度，这种批判的态度应该尽可能地类似于一个人放弃了他所一直坚持的意见之后的那种精神状态。蔑视便妨害了这一过程的前一部分，而尊崇便妨害了这一过程的后一部分。”他还告诉我：“哲学理论，如果它们是重要的，通常总可以在其原来的叙述形式被驳斥之后又以新的形式复活。反驳很少能是最后不易的；在大多数的情况下，它们只是更进一步精炼化的一幕序曲而已。”

我想我需要承认，我阅读罗素，并不是希望自己借用他的知识而变成自我的谈资，而是希望汲取智慧，和对个人生命的启发、启示；我阅读罗素的《西方哲学史》，希望读到与我理解的某些不同，也希望通过它来裨益我的写作，拓展我的写作和认知。是的，我前面提到的那些引文，在抄录下来的时候我会悄然地把“哲学”更换成“文学”，把“哲学家”更换成“文学家”——他帮助我完成审视，帮助我将自己的文学理念有所延展。

我喜欢阅读，我喜欢阅读更多的原因是源自自私：我希望这一过程能帮助到我，能帮助我完成对人生、世界、生命和死亡的理解，能帮助我的写作有所提升，能帮助我成为更好的自己，能帮助我在这一生中减少些盲目、愚蠢和浅陋的错谬，能帮助我在怀疑和不断怀疑中获得智力的愉悦，以及博弈、商榷和追问的快感，当然也包括情感上的愉悦和快感。我不会避讳谈自己的自私，我的阅读当然要更多地服务于我，让我从中得到——以另一位让我汲取众多的诺贝尔文学奖获奖作家的话为结语吧：“一旦我们让自己与世隔绝，我们很快就会发现，自己并不如想象中的那么孤独。我们有前辈们的言语、别人的故事、别人的书——也就是我们称为传统的那些东西——为伴。我相信，文学是人类在探索和了解自身的过程中积累的最有价值的宝藏。”（奥尔罕·帕慕克：《父亲的手提箱》）